Klaus H. Dunst

# Portfolio Management

Konzeption für die strategische
Unternehmensplanung

Walter de Gruyter · Berlin · New York 1979

*Dr. Klaus H. Dunst*
Projektleiter mit Schwerpunkt in den Bereichen strategische Planung, Marketing und Organisation beim internationalen Beratungsunternehmen A. T. Kearney GmbH, Düsseldorf

*CIP-Kurztitelaufnahme der Deutschen Bibliothek*

**Dunst, Klaus H.:**
Portfolio Management: Konzeption für d. strateg.
Unternehmensplanung / Klaus H. Dunst. – Berlin,
New York: de Gruyter, 1979.
　ISBN 3-11-007748-5

© Copyright 1979 by Walter de Gruyter & Co., vormals G. J. Göschen'sche Verlagshandlung, J. Guttentag, Verlagsbuchhandlung Georg Reimer, Karl J. Trübner, Veit & Comp., Berlin 30. Alle Rechte, insbesondere das Recht der Vervielfältigung und Verbreitung sowie der Übersetzung, vorbehalten. Kein Teil des Werkes darf in irgendeiner Form (durch Photokopie, Mikrofilm oder ein anderes Verfahren) ohne schriftliche Genehmigung des Verlages reproduziert oder unter Verwendung elektronischer Systeme verarbeitet, vervielfältigt oder verbreitet werden.
Printed in Germany.
Einbandentwurf: L.-H. Stehr
Satz: IBV Lichtsatz KG, Berlin. – Druck: Karl Gerike, Berlin. – Bindearbeiten: Buchgewerbe GmbH Lüderitz & Bauer, Berlin.

# Vorwort

Sowohl externe Veränderungen in der Umwelt als auch interne Veränderungen im Unternehmen haben in den letzten Jahren die Anforderungen an die Leistungsfähigkeit der strategischen Planung und den Zwang zu mehr Planung erheblich erhöht [213, S. 20]. Als Folge permanenten Wachstums und relativ hoher Renditen waren die Unternehmensstrategien in der Vergangenheit überwiegend auf eine starke Expansion ausgerichtet. Die Entwicklung einer Unternehmensstrategie wurde häufig nur als Summe von unabhängigen Produktstrategien ohne Berücksichtigung bestehender Interdependenzen durchgeführt. Erst durch fallende Zuwachsraten in den Absatzmengen, verstärkten Wettbewerb um Marktanteile und sinkende Rentabilität wurden in vielen Unternehmen langfristige Konsolidierungserfordernisse erkennbar. Seitdem besteht ein akuter Bedarf an Planungsmethoden zur Überwindung struktureller Probleme und zur langfristigen Unternehmenssicherung, die neben der Erstellung von einzelnen Produktstrategien zusätzlich eine sinnvolle Integration der Teilstrategien zu einer Unternehmensstrategie einbeziehen.

Die betriebswirtschaftliche Theorie und Forschung hat zwar zur Lösung einzelner Teilprobleme der Produkt-, Geschäftsbereichs- und Unternehmensstrategie beigetragen [104, S. 784 ff.], aber erst in den letzten Jahren haben breit angelegte empirische Untersuchungen in den USA der strategischen Planung neue Impulse gegeben [45, 177]. Insbesondere amerikanische Unternehmensberater waren sehr einflußreich bei der Entwicklung neuer Planungsmethoden. So ist z. B. für das amerikanische Multiprodukt-Unternehmen General Electric unter Mitwirkung von Unternehmensberatungsgesellschaften das Produkt-Portfolio seit Anfang der siebziger Jahre als neues Instrumentarium in der strategischen Planung eingeführt worden [42]. Jedoch befindet sich der Produkt-Portfolio Ansatz in Detaillierung und praxisbezogener Anwendung vorerst noch in der Entwicklungsphase [84, 89, 101, 135, 140, 145, 163].

Im Rahmen dieser Arbeit soll unter Berücksichtigung veröffentlichter Fachliteratur und persönlich gesammelter Erfahrungen aus eigener internationaler Beratungstätigkeit auf dem Gebiet der strategischen Planung der Produkt-Portfolio Ansatz vertieft und zu einer umfassenden Portfolio Management Konzeption mit den erforderlichen inhaltlichen und organisatorischen Anwendungsvoraussetzungen ausgearbeitet werden. Ziel dieses Buches ist es, den Führungskräften nicht nur von großen, sondern auch von kleinen und mittleren Firmen Grundlagen für die strategische Unternehmensplanung zu vermitteln. Es sollen nicht Prinzipien mit dem Anspruch auf

Allgemeingültigkeit, sondern vorrangig situationsadäquate und praktikable Handlungsweisen herausgearbeitet werden [124, 131, 189, 191, 192].

Das Buch gliedert sich in fünf Abschnitte, von denen der eilige Leser den 2. und 3. Teil sowie Auszüge des 4. Teils beachten sollte. Zu Beginn werden die begrifflichen und konzeptionellen Grundlagen (1. Teil) für die Arbeit dargestellt. Der Begriff der strategischen Unternehmensplanung wird definiert und abgegrenzt. Seine historische Entwicklung wird in direkter Beziehung zu den wesentlichen Veränderungen in der Umwelt und im Industrieunternehmen untersucht. Die in der Praxis bestehenden Anwendungsprobleme herkömmlicher Planungsmethoden werden eingehender analysiert, und aus kritischer Betrachtung werden Forderungen nach Verbesserungen abgeleitet. Anschließend folgt eine Darstellung der aus dem finanzwissenschaftlichen Bereich entlehnten Konzeption der Porfolio Selektion [123, 136, 144]. Diese Konzeption erfordert eine Betrachtung des Systems als Ganzes und berücksichtigt die Interdependenzeffekte einzelner Teilsysteme. Diese beiden Aspekte werden als wichtige Bestandteile für die Entwicklung einer Portfolio Management Konzeption herausgestellt.

Der Erfolg einer systemorientierten Strategie für Multiprodukt-Unternehmen ist abhängig von dem Erfolg einzelner Produkt- bzw. Bereichsstrategien. Aus diesem Grund werden die dezentralen Systemelemente (2. Teil) einer zentral orientierten Portfolio Management Konzeption herausgestellt.

Strategische Planung ist sowohl in dezentralen Bereichen als auch auf zentraler Unternehmensebene notwendig. Für eine wirkungsvolle strategische Planung werden Produkt- bzw. Geschäftsbereiche nach bestimmten Kriterien in sogenannte strategische Geschäftsfelder klassifiziert. Daran anschließend werden strategische Erfolgsfaktoren als die Parameter herausgearbeitet, die in bestimmten Situationen einen bedeutenden Einfluß auf den Erfolg oder Mißerfolg eines strategischen Geschäftsfeldes ausüben. Zu diesem Zweck werden die Konzepte der Produktlebens- und Erfahrungskurve sowie das PIMS-Modell („Profit Impact of Market Strategies") eingehender behandelt [196].

Im anschließenden Abschnitt (3. Teil) steht die eigentliche Entwicklung der Portfolio Management Konzeption im Mittelpunkt. Zuerst wird der bekannte Produkt-Portfolio Ansatz eingehender analysiert. Es werden drei verschiedene Methoden der Kategorisierung in ein Produkt-Portfolio vorgestellt. Zur Illustration folgt nach der allgemeinen methodischen Darstellung die Auswertung eines bestehenden Produkt-Portfolios eines metallverarbeitenden Unternehmens. Aus der Analyse der Ist-Situation können grobe Soll-Vorstellungen für ein künftiges Produkt-Portfolio erarbeitet werden. Zur Feinsteuerung wird eine Methode entwickelt, die die geeignete Kombination aus den Alternativen für einzelne strategische Geschäftsfelder und unter Berücksichtigung der internen und externen Restriktionen auswählt. Es wird gezeigt, daß neben der auf das eigene Produkt-Portfolio ausgerichteten Betrachtungsweise nicht nur die Portfolios der Hauptwettbewerber, sondern auch regionale Aspekte berücksichtigt werden müssen.

Für die Weiterentwicklung einer umfassenden praxisorientierten Portfolio Management Konzeption sind eine Reihe von inhaltlichen und organisatorischen Anwendungsvoraussetzungen sicherzustellen (4. Teil). Für die Entwicklung, Durchführung und Kontrolle einer auf der Portfolio Management Konzeption aufgebauten strategischen Planung ist ein entsprechendes Informationssystem zu entwickeln. Ein bei der General Electric erfolgreich eingeführtes Organisationsmodell, das die organisatorischen Aspekte der strategischen Planung in die bestehende operativ ausgerichtete Organisation integriert, wird als Beispiel für Planentwicklung und Durchführung vorgestellt. Eine Unternehmensstrategie, die sich an differenzierten Zielvorstellungen für einzelne strategische Geschäftsfelder ausrichtet, erfordert die Mitarbeit und das Gesamtverständnis aller am Planungsprozeß beteiligten Personen. Für eine effiziente Gestaltung des strategischen Planungsprozesses mit den Phasen der Zielabsprache, Plandurchführung und Kontrolle werden deshalb situationsadäquate Interaktions- und Kommunikationstechniken erläutert. Notwendige Änderungen in den Anforderungsprofilen und Leistungskriterien für Führungskräfte werden dann in Abstimmung mit den differenzierten Zielvorstellungen einzelner strategischer Geschäftsfelder erarbeitet. Darüber hinaus ist es erforderlich, zur Einführung einer Unternehmensstrategie die strategische, taktische und operative Planung aufeinander abzustimmen.

Im letzten Teil der Arbeit (5. Teil) werden Anwendungsbeispiele aus der Praxis aufgeführt, die zeigen, wie Elemente der hier dargestellten Portfolio Management Konzeption in der strategischen Unternehmensplanung einzelner Industrieunternehmen bisher Anwendung finden. Abschließend wird eine weitere Anwendungsmöglichkeit für nationale Volkswirtschaften zur Steuerung eines „Branchen-Portfolios" vorgestellt.

Herr Professor Dr. W. H. Staehle war eine der beeinflussenden Personen, die mich zu dieser Veröffentlichung ermuntert haben. Er hat die Arbeit mit kritischen, aber zugleich konstruktiven Beiträgen gefördert, wofür ich ihm an dieser Stelle aufrichtig danken möchte. Herrn Professor Dr. G. Specht danke ich für die eingehende Durchsicht der Arbeit und seine wertvollen Anregungen, die er mir trotz vieler Verpflichtungen in dem kurzen Zeitraum geben konnte. Herrn E. Schnelle bin ich in besonderem Maße für die vielen anregenden Diskussionen über das Thema „Organisation und Führung" dankbar, das in einem Kapitel dieses Buches im Zusammenhang mit den organisatorischen Anwendungsvoraussetzungen vertieft wird. Meinem Freund Dr.-Ing. J. Langen danke ich für die Wochenenden, die er für die kritische Durchsicht des Manuskriptes geopfert hat. Mein besonderer Dank gilt der

Geschäftsleitung der A. T. Kearney GmbH, die es mir ermöglichte, neben meiner Beratungstätigkeit dieses Buch zu schreiben. Ebenso möchte ich mich bei Frau B. Behrens für die Sorgfalt und Mühe, die sie beim Schreiben der Manuskripte aufgewendet hat, herzlich bedanken. Mein Dank geht auch an den Verlag Walter de Gruyter in Berlin für die sorgfältige Drucklegung der Arbeit. Nicht zuletzt schulde ich besonderen Dank meiner Frau Inez, ohne deren ständige Rücksichtnahme und Ermutigung dieses Buch nicht in so kurzer Zeit hätte entstehen können.

Düsseldorf, im Januar 1979                                              Klaus H. Dunst

# Inhalt

*1. Teil: Entwicklungstendenzen der strategischen Unternehmensplanung*    13

A. Begriff und Merkmale der strategischen Unternehmensplanung . . . . . . .    13

B. Historische Entwicklung von Umweltfaktoren, Unternehmen und Planungsmethoden . . . . . . . . . . . . . . . . . . . . . . . . . . . . . . . .    19

| | | |
|---|---|---|
| 1. | Veränderungen in der Umwelt . . . . . . . . . . . . . . . . . . . . | 21 |
| 1.1 | Globale Umwelt . . . . . . . . . . . . . . . . . . . . . . . . . . | 21 |
| 1.1.1 | Ökonomische Faktoren . . . . . . . . . . . . . . . . . . . . . . | 21 |
| 1.1.2 | Technologische Faktoren . . . . . . . . . . . . . . . . . . . . . | 22 |
| 1.1.3 | Rechtlich-politische Faktoren . . . . . . . . . . . . . . . . . . . | 22 |
| 1.1.4 | Sozio-kulturelle Faktoren . . . . . . . . . . . . . . . . . . . . . | 23 |
| 1.2 | Aufgabenspezifische Umwelt . . . . . . . . . . . . . . . . . . . | 23 |
| 1.2.1 | Kunden . . . . . . . . . . . . . . . . . . . . . . . . . . . . . | 25 |
| 1.2.2 | Kapitalgeber . . . . . . . . . . . . . . . . . . . . . . . . . . . | 26 |
| 1.2.3 | Lieferanten . . . . . . . . . . . . . . . . . . . . . . . . . . . | 26 |
| 1.2.4 | Konkurrenten . . . . . . . . . . . . . . . . . . . . . . . . . . | 27 |
| 1.2.5 | Staatliche Institutionen . . . . . . . . . . . . . . . . . . . . . | 27 |
| 1.3 | Notwendigkeit einer Umweltanalyse . . . . . . . . . . . . . . . . | 29 |
| 2. | Veränderungen im Unternehmen . . . . . . . . . . . . . . . . . . | 29 |
| 2.1 | Unternehmensgröße . . . . . . . . . . . . . . . . . . . . . . . . | 29 |
| 2.2 | Produktstruktur . . . . . . . . . . . . . . . . . . . . . . . . . | 30 |
| 2.3 | Organisationsstruktur . . . . . . . . . . . . . . . . . . . . . . | 31 |
| 3. | Entwicklung von Planungsmethoden . . . . . . . . . . . . . . . . | 33 |

C. Anwendungsprobleme herkömmlicher Unternehmensplanung . . . . . .    39

| | | |
|---|---|---|
| 1. | Formaler Planungsprozeß . . . . . . . . . . . . . . . . . . . . . | 39 |
| 2. | Unternehmensplanung und die Profit Center Organisation . . . . . . | 42 |
| 2.1 | Profit Center als unabhängige Teilsysteme . . . . . . . . . . . . . | 43 |
| 2.2 | Profit Center mit Kurzfristaspekt . . . . . . . . . . . . . . . . . | 44 |
| 2.3 | Gewinn als einzige Steuerungsgröße . . . . . . . . . . . . . . . . | 45 |
| 2.4 | Zusammenfassung . . . . . . . . . . . . . . . . . . . . . . . . | 45 |

D. Portfolio Selektion . . . . . . . . . . . . . . . . . . . . . . . . . . . .    47

| | | |
|---|---|---|
| 1. | Konzeption . . . . . . . . . . . . . . . . . . . . . . . . . . . | 47 |
| 2. | Anwendung . . . . . . . . . . . . . . . . . . . . . . . . . . . | 50 |

## 2. Teil: Elemente einer Portfolio Management Konzeption ........ 53

A. Strategische Planungsebenen .......................... 54

B. Strategische Geschäftsfelder ........................... 56
1. Definition strategischer Geschäftsfelder ................ 56
2. Bildung von strategischen Geschäftsfeldern ............. 56
2.1 Allgemeine Abgrenzungskriterien .................... 57
2.1.1 Produkt ........................................... 57
2.1.2 Markt ............................................ 58
2.1.3 Produkt-Markt Kombination ........................ 59
2.2 Spezifische Abgrenzungskriterien .................... 61
2.3 Detaillierungsgrad ................................. 63

C. Strategische Erfolgsfaktoren ........................... 65
1. Definition und Abgrenzung strategischer Erfolgsfaktoren ....... 65
2. Modell der Produktlebenskurve ....................... 65
3. Modell der Erfahrungskurve .......................... 68
3.1 Die Lernkurve als Element der Erfahrungskurve ........ 68
3.2 Aussagekraft der Erfahrungskurve ................... 69
3.3 Schlußfolgerungen für die strategische Planung ........ 75
3.3.1 Bedeutung des relativen Marktanteils ................ 75
3.3.2 Bedeutung des Marktwachstums .................... 78
3.3.3 Bedeutung der Kostenplanung ...................... 79
4. PIMS-Modell ...................................... 79
4.1 Bedeutung des relativen Marktanteils ................ 81
4.1.1 Produktqualität .................................. 82
4.1.2 Relativer F & E Aufwand .......................... 83
4.1.3 Kapitalintensität ................................. 84
4.1.4 Bestellhäufigkeit ................................. 84
4.1.5 Unternehmensgröße ............................... 85
4.2 Bedeutung des Marktwachstums .................... 86
4.2.1 Produktivität .................................... 86
4.2.2 Vertikale Integration .............................. 86
5. Zusammenfassung .................................. 87

## 3. Teil: Aufbau einer Portfolio Management Konzeption ......... 89

A. Portfolio Darstellungen ............................... 90
1. Druckers strategische Kategorien ...................... 91
1.1 Einteilung in strategische Kategorien ................. 91
1.2 Kategoriespezifische Verhaltensmuster ................ 93

Inhalt 11

| | | |
|---|---|---|
| 2. | Marktanteils-Wachstums-Matrix | 94 |
| 2.1 | Einteilung in Portfolio Kategorien | 94 |
| 2.2 | Kategoriespezifische Verhaltensmuster | 99 |
| 3. | Branchenattraktivitäts-Geschäftsfeldstärken-Matrix | 100 |
| 3.1 | Einteilung in Portfolio Kategorien | 100 |
| 3.2 | Kategoriespezifische Verhaltensmuster | 105 |

B. Analyse der strategischen Ausgangssituation ............ 107

| | | |
|---|---|---|
| 1. | Portfolio Analyse | 107 |
| 1.1 | Auswahl einer SGF-Portfolio Darstellungsform | 107 |
| 1.2 | Beispiel einer SGF-Portfolio Analyse | 108 |
| 1.3 | Cash Flow Analyse eines SGF-Portfolios | 112 |
| 2. | Analyse des Finanzierungspotentials | 113 |
| 3. | Ableitung von Zielvorstellungen | 117 |
| 3.1 | Unternehmensbezogene Zielvorstellungen und Restriktionen | 117 |
| 3.2 | SGF-spezifische Zielvorstellungen | 119 |

C. Strategische Feinplanung ............................. 121

| | | |
|---|---|---|
| 1. | Entwicklung alternativer SGF-Strategien | 121 |
| 1.1 | Erforderliche Maßnahmen | 122 |
| 1.2 | Erforderliche Daten | 124 |
| 2. | Berechnung alternativer Strategiekombinationen | 126 |
| 3. | Auswahl einer geeigneten Strategiekombination | 128 |
| 3.1 | Selektionsverfahren | 128 |
| 3.1.1 | Modell der Linearen Programmierung | 128 |
| 3.1.2 | Simulationsmodell | 129 |
| 3.2 | Berücksichtigung bestehender Interdependenzen | 130 |
| 3.2.1 | Interne Bezugs- und Lieferverflechtungen | 130 |
| 3.2.2 | Wettbewerbsverflechtungen | 131 |
| 3.2.2.1 | Wettbewerbsanalyse | 132 |
| 3.2.2.2 | Entwicklung einer Wettbewerbsstrategie | 136 |
| 3.2.3 | Regionalverflechtungen | 138 |
| 3.3 | Zusammenfassung | 139 |

4. Teil: Anwendungsvoraussetzungen ..................... 141

A. Management Informationssystem ..................... 142

| | | |
|---|---|---|
| 1. | MIS als Kontrollsystem | 143 |
| 2. | MIS als Frühwarnsystem | 145 |

B. Organisation und Führung des Portfolio Management . . . . . . . . . . 148
1. Planungsinstanzen . . . . . . . . . . . . . . . . . . . . . . . . . . . 148
1.1 SGF-Leitung . . . . . . . . . . . . . . . . . . . . . . . . . . . . . . 150
1.2 Geschäftsbereichsleitung . . . . . . . . . . . . . . . . . . . . . . . 151
1.3 Unternehmensleitung . . . . . . . . . . . . . . . . . . . . . . . . . 151
1.4 Strategischer Planungsstab . . . . . . . . . . . . . . . . . . . . . . 151
2. Interaktionsprozesse . . . . . . . . . . . . . . . . . . . . . . . . . 154
2.1 Kommunikationstechniken . . . . . . . . . . . . . . . . . . . . . . 156
2.2 Kooperationsverfahren . . . . . . . . . . . . . . . . . . . . . . . . 157
2.2.1 Problemlösungsklausur . . . . . . . . . . . . . . . . . . . . . . . . 157
2.2.2 Informationsmarkt . . . . . . . . . . . . . . . . . . . . . . . . . . 159
2.2.3 Integration der Kooperationsverfahren in den strategischen Planungsprozeß . . . . . . . . . . . . . . . . . . . . . . . . . . . . . . . . . 160
2.3 Technische Voraussetzungen . . . . . . . . . . . . . . . . . . . . . 160
3. Anforderungsprofile und Leistungskriterien für Führungskräfte . . . . 162

C. Von der strategischen zur operativen Planung . . . . . . . . . . . . . . 165

*5. Teil: Praktische Anwendung der Portfolio Management Konzeption* 169

A. Management eines „SGF-Portfolios" . . . . . . . . . . . . . . . . . . . 169
1. American Standard . . . . . . . . . . . . . . . . . . . . . . . . . . 169
2. Texas Instruments . . . . . . . . . . . . . . . . . . . . . . . . . . 170
3. General Electric . . . . . . . . . . . . . . . . . . . . . . . . . . . 170
4. AEG-Telefunken . . . . . . . . . . . . . . . . . . . . . . . . . . . 171

B. Management eines „Branchen-Portfolios" . . . . . . . . . . . . . . . . 172
1. Erfordernis strategischer Planung auf nationaler Ebene . . . . . . . . 172
2. Mögliche Anwendung der Portfolio Management Methode . . . . . . 174
3. Management des japanischen „Branchen-Portfolios" . . . . . . . . . 175
3.1 Japan als Konglomerat . . . . . . . . . . . . . . . . . . . . . . . . 175
3.2 Hoher Verschuldungsgrad . . . . . . . . . . . . . . . . . . . . . . . 176
3.3 Auswirkungen und Ergebnis . . . . . . . . . . . . . . . . . . . . . 177

Schlußbetrachtung . . . . . . . . . . . . . . . . . . . . . . . . . . . . . 178
Literaturverzeichnis . . . . . . . . . . . . . . . . . . . . . . . . . . . . 181
Sachregister . . . . . . . . . . . . . . . . . . . . . . . . . . . . . . . . 193

# 1. Teil: Entwicklungstendenzen der strategischen Unternehmensplanung

Ausführungen über Begriff und Merkmale sowie über die bestehenden Anwendungsprobleme der strategischen Unternehmensplanung und eine konzeptionelle Darstellung der Portfolio Selektion und ihre Anwendung stellen die Grundlagen für diese Arbeit dar. Darüber hinaus werden neue Anforderungen an die strategische Unternehmensplanung herausgearbeitet, die bei der Entwicklung einer Portfolio Management Konzeption berücksichtigt werden sollen.

## A. Begriff und Merkmale der strategischen Unternehmensplanung

Man findet in der deutschen und insbesondere der amerikanischen betriebswirtschaftlichen Literatur viele Veröffentlichungen über das Thema der strategischen Planung [20, 29, 84, 89, 101, 140, 153]. Es ist bislang jedoch nicht gelungen, ein allgemeingültiges und anerkanntes System der strategischen Planung zu entwerfen. Ein einheitliches Begriffssystem steht nicht zur Verfügung und über die Definition und Abgrenzung des Begriffs der strategischen Planung bestehen terminologische Unklarheiten.

Aus diesem Grund wird im folgenden Teil der Arbeit der Begriff der strategischen Planung definiert und von anderen Planungsaktivitäten abgegrenzt. Die Planungssysteme der heutigen Praxis unterteilen sich nach unterschiedlich zeitlicher Reichweite und Plandetaillierungsgrad in drei Planungsphasen [213, S. 166]

- *strategische* Planung
- *taktische* Planung
- *operative* Planung

Alle drei Planungsphasen haben sowohl unterschiedliche als auch gemeinsame Merkmale und Aufgaben. Die *gemeinsamen Planungsmerkmale* können wie folgt detailliert werden:

- *Zukunftsbezogenheit:* Planung beinhaltet Vorbereitung auf die Zukunft. Sofern Planung auf unvollkommener Information aufbaut, kann sie nicht die Ungewißheit der Zukunft beseitigen [68, S. 9]. Jedoch für die Prozesse, die schon jetzt absehbar sind, soll die Planung einen reibungslosen Ablauf sicherstellen [127, S. 107]. Das Vorbereiten auf die Zukunft schließt die Prognoseaufgaben ein. Damit besteht eine enge Beziehung zwischen Planung und Prognose [92, S. 25]. Planung ist aber mehr als reine Prognose, obwohl die Vorherschau eine wichtige Grundlage für die Planung bildet [138, S. 43].
- *Organisation:* Der rationale Aspekt der Planung liegt im Entwerfen einer Ordnung, dem Organisieren, und steht damit im Gegensatz zum Improvisieren [91, S. 148]. Bewußtes, zielgerechtes Denken wird dann zur Planung, wenn die Absicht zum methodisch-systematischen Vorgehen und zum aktiven Handeln hinzutritt [170, S. 134].
- *Zielorientierung:* Planung impliziert das Festlegen von Zielen [9, S. 17]. Es werden geeignete Maßnahmen, Mittel und Wege als alternative Lösungvorschläge erarbeitet und diese hinsichtlich ihrer Zielwirksamkeit beurteilt. Planung ist kein punktueller, sondern ein sich häufig wiederholender mehrstufiger Prozeß, der durch Vor- und Rückkopplungen im Sinne eines kybernetischen Modells eine Zielanpassung möglich macht [213, S. 14]. Damit beinhaltet Planen, verstanden als zielorientiertes Gestalten der Zukunft, Entscheidungen [142, S. 74].
- *Systemorientierung:* Die ständig wachsende Umweltdynamik und die größer werdende Innenkomplexität von Unternehmen erfordert gezielte Anpassungen in Teilbereichen und Veränderungen der gesamten Organisation. Es gehört zu den Hauptmerkmalen der Planung, die durch die zahlreichen divergierenden, externen und internen Störungen erforderlichen Anpassungsprozesse auf der Basis einer dem Gesamtsystem dienlichen Art und Weise durchzuführen [107, S. 24].

Zu den *gemeinsamen Aufgaben* der drei Planungsphasen gehören folgende Planungsaktivitäten:
- *Erfolgssicherung:* Nicht nur die Erfolgssicherung durch eine Zielerreichung, sondern auch der Grad der Zielerreichung, die Effizienzsicherung, sind Funktionen der Planung. Einbezogen ist die Überprüfung der Ziele selbst, um zu verhindern, daß unrealisierbare Ziele gesetzt werden.
- *Risikoerkenntnis:* Im Rahmen der Planung sollen Risiken aufgedeckt und kalkulierbar gemacht werden [5, S. 14]. Auf dieser Basis

kann explizit eine Risikoreduzierung oder -erhöhung vorgenommen werden.
- *Flexibilitätserhöhung:* Planung als antizipative, zeitlich vorgezogene Problemlösung schafft zukünftige Handlungsspielräume, die ohne Planung später unter Sach- und Zeitzwängen nicht mehr realisierbar sind [4, S. 2]. Krisen-Management wird zum Teil durch frühzeitiges Planen ersetzt. In einigen Fällen ist eine rasche Anpassung an veränderte Bedingungen nur durchführbar, wenn durch eine vorhergehende Planung die möglichen Anpassungsmaßnahmen sowie deren Voraussetzungen und Konsequenzen vorausgedacht und festgelegt wurden [92, S. 16].
- *Komplexitätsreduktion:* Pläne beeinflussen zukünftiges Handeln und können in der Durchführung in Form von organisatorischen Richtlinien und Anweisungen das Verhalten der Systemmitglieder regulieren. Ein Plan mit entsprechenden Handlungsvorgaben bedingt den Ausschluß weiterer Handlungsalternativen und bewirkt damit eine Komplexitätsreduktion [120]. Durch eine vorgegebene Ordnung mit eindeutig festgelegten Zuständigkeiten und Verantwortlichkeiten stabilisiert Planung die Verhaltensweisen der Mitarbeiter [213, S. 17].
- *Ausnutzen von Synergieeffekten:* Planung ist die Integration von zeitlich und materiell abhängigen Einzelmaßnahmen zu einem umfassenden Gesamtplan. Sie erfordert die Ausnutzung aller sich anbietenden Synergieeffekte, um entweder überhaupt erst durch eine Integration aller Einzelmaßnahmen eine Zielsetzung sicherzustellen oder um einen höheren Zielpunkt zu erreichen.

Nach der Darstellung der gemeinsamen und allgemeinen Planungsmerkmale und Aufgaben können die unterschiedlichen und speziellen Aspekte der drei Planungsphasen insbesondere die der strategischen Planung herausgestellt werden.

Speziell beschäftigt sich die strategische Unternehmensplanung, manchmal als Unternehmensstrategie oder öfter auch nur als strategische Planung bezeichnet, primär mit den wichtigen grundsätzlichen Problemen der längerfristigen Politik in einem Unternehmen. Nach *Wild* werden im Rahmen der strategischen Planung „relativ global die längerfristigen Ziele und die grundsätzlichen Wege (Strategien) zu ihrer Erreichung skizziert. Gegenstände der strategischen Planung sind demgemäß z.B. die künftigen Märkte, Produkte, Technologien, das Unternehmenswachstum, langfristige Investitionen, die Rechtsform, der Standort, das Führungssystem und ähnliche Innovationen" [213, S. 169]. Auch für *Gälweiler* liegt die spezifische Aufgabe der strategischen Unternehmensplanung in der langfristig angelegten Unternehmenssicherung [85, S. 362]. Diese ist durch „das systematische Herausfinden und

Entscheiden über die Arbeitsgebiete (Produkte, Leistungen und Märkte) und über die Marktpositionen..." sicherzustellen, besonders wenn man dabei „stets das Gesamtunternehmen mit allen seinen Teilfunktionen gesamthaft im Auge hat" [83, S. 67]. Ebenso betont *Hahn* den gesamtunternehmungsbezogenen Aspekt, indem er sagt: „Die Analyse der Erfolgsquellen und die Entwicklung langfristig angelegter Konzepte zur Zukunftssicherung der Unternehmung stehen im Mittelpunkt und bilden im Kern den Bereich der strategischen Planung" [93, S. 1]. *Bircher* definiert Unternehmensstrategie als „langfristig wirksame Maßnahmenkombination, welche die Wege zur Zielerreichung bestimmen" und klassifiziert diese in drei strategische Aufgabenfelder, die sich im wesentlichen an folgenden kritischen Fragen orientieren [29, S. 94 f.]:

- *Produkt/Markt-Strategien:* Mit welchen Marktleistungen (Produkten) auf welchen Märkten kann das langfristige Gesamtziel erreicht werden?
- *Mittelstrategien:* Welche Anforderungen sollen an die Leistungspotentiale, die dem Unternehmen als Kapazität langfristig zur Verfügung stehen, gestellt werden, um die geforderten Gesamtziele zu erreichen?
- *Verfahrensstrategien:* Wie sind Art, Zeitpunkt und Ort im Rahmen eines Planungsprozesses zu bestimmen, um die Entwicklung einer wirksamen Unternehmensstrategie zu gewährleisten?

Man kann die Überlegungen zum Begriff der strategischen Unternehmensplanung wie folgt zusammenfassen:

Die *strategische Planung* liefert Grundlagen für Entscheidungen über die langfristige Bindung von Mitteln. Sie beschäftigt sich mit der Frage, welche *Produkte* in welchen *Märkten* mit welchem *Mitteleinsatz* (Inputgrößen wie z.B. Finanzen, Personen, Rohstoffressourcen) und zu welchem *Zeitpunkt* vertrieben werden sollen. Die kritischen Entscheidungen im Rahmen der strategischen Planung sind Investitionsentscheidungen:

- Wo, in welchem Umfang und wann sollen die knappen Mittel angelegt werden?
- Welche Bereiche sollen abgebaut werden und wo können wann Mittel freigesetzt werden?

Ziel der strategischen Unternehmensplanung ist es, *heute* so zu investieren, daß in der *Zukunft* eine nach Rentabilitätskriterien ausgerichtete Unternehmenssicherung gewährleistet wird.

Im Gegensatz zur strategischen Planung ist die *taktische Planung* mittelfristig orientiert, d.h. sie entwickelt konkrete Maßnahmen zum Erreichen von Zielen, für die die Mittel bereits abgestellt sind. Die taktische Planung bewegt sich im Rahmen der Entscheidungen, die durch die strategische Planung gesetzt worden sind. Die taktische Planung kann nach funktionalen

Schwerpunkten orientiert sein und sich dabei mit Planungsvorhaben wie z. B. dem Aufbau neuer Vertriebswege, Organisationsstrukturveränderungen und dem Bau neuer Fertigungsstätten beschäftigen [15, S. 8].

Bei der *operativen Planung* sind die Detaillierung und Differenzierung am größten. Sie umfaßt alle Pläne mit einer zeitlichen Reichweite bis zu einem Jahr und beinhaltet alle für die kurzfristige Steuerung eines Unternehmens notwendigen Aktivitäten. Sie erfaßt Planungsaktivitäten, wie die Erstellung eines Vertriebsplans, die Erarbeitung eines Fertigungsprogramms und die Festlegung von Bestellmengen [15, S.5].

Die Aufgabe der operativen Planung ist es, in dem bevorstehenden Geschäftsjahr das kurzfristige Erfolgspotential so effizient wie möglich auszuschöpfen, ohne jedoch langfristige Erfolgspotentiale zu gefährden [85, S.371].

In Abgrenzung zur operativen Planung ist das *Budget* eine spezifische Vorgabe bzw. Vereinbarung von Plangrößen wie Ergebnisse, Kosten und Leistungen für einen bestimmten Verantwortungsträger innerhalb einer festgelegten Zeitperiode. Damit wird die Budgetierung der Phase der Plandurchsetzung zugeordnet. Die operative Planung geht der Budgetierung voraus

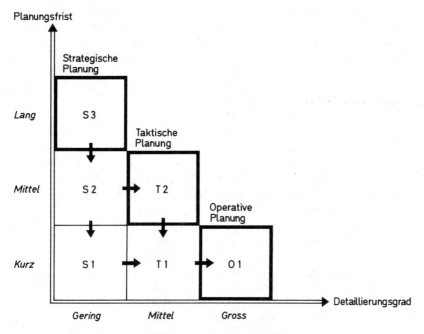

Abb. 1: Darstellung der strategischen, taktischen und operativen Planungsphasen; Quellen: [145, S. 44; 213, S. 170].

[213, S. 40]. Allerdings wird in der Praxis häufig der Begriff der operativen Planung dem der Budgetierung gleichgesetzt.

Die obige Darstellung (s. Abb. 1) zeigt, daß die strategische Planung, obwohl schwerpunktmäßig langfristig orientiert, mittel- und kurzfristige Elemente enthält, die später in der taktischen und operativen Planungsphase zu konkreten Einzelplänen führen. So z. B. kann die strategische Planung für eine bestimmte Produktlinie einen Ausbau des Marktanteils in Europa aufgrund von nichtausgenutzten Chancen in Exportmärkten von derzeitig 20% auf 30% innerhalb von fünf Jahren festlegen (Feld S3). Zusätzlich wird im Rahmen der strategischen Planung der Ausbau des Marktanteils mittelfristig von 20% auf 25% (Feld S2) und kurzfristig von 20% auf 22% (Feld S1) festgelegt.

Die taktische Planung orientiert sich an den Vorgaben (Feld S1 und insbesondere S2) und entwickelt z. B. Planungsvorhaben für den Aufbau neuer Vertriebswege zur gezielten Expansion in bestimmten Exportmärkten (Feld T2). Die taktisch orientierten Pläne werden für das bevorstehende Geschäftsjahr in detaillierte Teilpläne zerlegt, um eine reibungslose Durchführung der taktischen Konzeption zu gewährleisten. Inhalt dieser Teilpläne können die Einstellung neuer Außendienstmitarbeiter und das Aufsuchen einer Reihe von potentiellen Großhandelspartner im Ausland sein (Feld T1).

Zweck der operativen Planung ist es, die strategischen und taktischen Konzeptionen (Feld S1 und T1) konkret zu verwirklichen. Grundlage dafür könnte z. B. ein Vertriebsplan mit detaillierten Preis-, Verkaufsförderungs- und Werbemaßnahmen sein (Feld O1). Die kürzerfristigen Pläne haben damit die Aufgabe, die längerfristigen Pläne für einen zeitlichen Teilabschnitt inhaltlich zu konkretisieren.

Die Bestimmung des Gesamtzeitraums für die Planung, insbesondere die strategische Planung, ist eine Frage der Zweckmäßigkeit und sollte im Einzelfall entschieden werden. *Wild* identifiziert die wesentlichen Bestimmungsgründe wie folgt [213, S. 168; 10, S. 65 ff.; 165, S. 38 ff.; 217, S. 172 ff.]:

- zeitliche Reichweite der gesetzten Ziele *(Zielreichweite)*
- *Wirkungsreichweite* der geplanten Maßnahmen
- Voraussagbarkeit künftiger Ergebnisse *(Planungshorizont)*
- erforderliche Zeitdauer zur Realisierung von Zielen oder zur Anpassung an geänderte Bedingungen *(Anpassungszeitdauer)*.

*Rue* ist in den USA im Rahmen einer empirischen Studie der Frage über den Zeitraum für strategische Planung nachgegangen (s. Tab. 1).

Die Studie aus dem Jahre 1973 zeigt, daß die Majorität (84%) der in dieser Untersuchung einbezogenen 193 amerikanischen Firmen einen Zeitraum von drei bis fünf Jahren für die strategische Planung zugrunde legt. Nur 10% aller

Tab. 1: Planungszeitraum für strategische Planung; Quelle: [155, S. 29]

| Industrie | 3–5 Jahre | 6–10 Jahre | mehr als 10 Jahre | andere Zeiträume | Summe | (Anzahl der Firmen) |
|---|---|---|---|---|---|---|
| Nahrungsmittel | 85% | 11% | 0% | 4% | 100% | (26) |
| Chemie | 88% | 10% | 0% | 2% | 100% | (46) |
| Mineralöl | 59% | 29% | 6% | 6% | 100% | (17) |
| Stahl | 64% | 18% | 0% | 18% | 100% | (11) |
| Maschinenbau | 94% | 3% | 0% | 3% | 100% | (28) |
| Elektronik | 91% | 3% | 0% | 5% | 100% | (37) |
| Einzelhandel | 90% | 10% | 0% | 0% | 100% | (28) |
| Gesamt | 84% | 10% | 0% | 6% | 100% | (193) |

Unternehmen (Ausnahme: 30% aller Ölgesellschaften) arbeiten mit einem Planungszeitraum von sechs bis zehn Jahren.

Neuere aus der Theorie und Praxis abgeleitete *maximale „Richtwerte"* für eine zeitliche Abstufung der drei Planungsphasen können wie folgt veranschlagt werden [29, S.61].

Operative Planung: bis 1 Jahr
Taktische Planung: bis 4 Jahre
Strategische Planung: bis 10–15 Jahre.

# B. Historische Entwicklung von Umweltfaktoren, Unternehmen und Planungsmethoden

Die historische Entwicklung der etablierten Planungsmethoden von der Finanz- bis zur strategischen Unternehmensplanung kann als logischer Prozeß in Abhängigkeit von den sich verändernden Anforderungen an die Planung dargestellt werden [13, S. 3 ff.; 17, S. 1 ff.]. Die folgende Darstellung (siehe Abb. 2) zeigt zum einen die Entwicklung der bedeutsamen Planungsmethoden in Abhängigkeit von den Veränderungen in der Umwelt und im Unternehmen und zum anderen werden die zukünftigen Veränderungen angedeutet (gestrichelte Kästchen), die zusätzliche Anforderungen an eine neue Planungsmethode, eine in dieser Arbeit zu entwickelnde Portfolio Management Konzeption, stellen.

Neue Anforderungen an die Planung entstehen direkt aus den unternehmensinternen Veränderungen, die wiederum maßgeblich vom Wechsel der Umweltverhältnisse beeinflußt werden. *Corey* und *Star* haben die Wechselbeziehungen von Umwelt-, Strategie- und Organisationsveränderungen herausgearbeitet: „Businesses are structured to carry out strategies in markets they serve. It follows that as market conditions evolve, as strategies are resha-

Entwicklungstendenzen der strategischen Unternehmensplanung

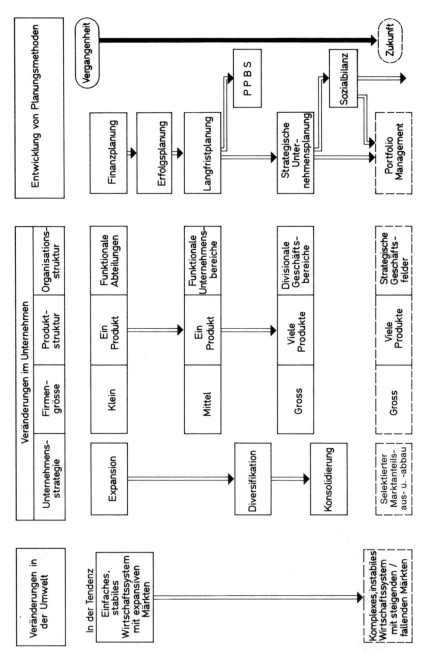

Abb. 2: Historische Entwicklung der relevanten Planungsmethoden in Abhängigkeit von den Veränderungen in der Umwelt und im Unternehmen.

Historische Entwicklung von Umweltfaktoren, Unternehmen und Planungsmethoden 21

ped, and as customer groups change in character, organization structure must change accordingly" [60, S. 1]. Aus diesem Grund werden erst die Veränderungen in der Umwelt und daran anschließend die Veränderungen im Unternehmen untersucht, bevor die Entwicklung der Planungsmethoden eingehender analysiert wird.

## 1. Veränderungen in der Umwelt

Nach *Thomas* findet die Konfrontation des Unternehmens mit dem Wandel in zwei Umweltzonen statt, die wie Ringe einer Zielscheibe um den inneren Ring, das Unternehmen, angeordnet sind [203, S. 27 ff.].
- *„General"* oder *„macro-environment"* beinhaltet die globalen Umweltfaktoren, die durch ihre Veränderungen generelle und indirekte Einflüsse auf ein Unternehmen ausüben können, wie z.B. soziale, politische oder technologische Faktoren.
- *„Operating"* oder *„task environment"* bezieht die Interessengruppen ein, die durch ihr Handeln direkte Auswirkungen auf ein Unternehmen haben, wie z.B. Kunden, Lieferanten und Wettbewerber.

*Kubicek* und *Thom* unterscheiden auch zwischen einer globalen und aufgabenspezifischen Umwelt [113, S. 3978 ff.]. Die Konfrontation des Unternehmens mit dem Wandel wird in Anlehnung an diese Unterteilung in zwei, nach dem Grad der unternehmerischen Beeinflussung abgestuften Ebenen untersucht:
- Veränderungen in der globalen Umwelt
- Veränderungen in der aufgabenspezifischen Umwelt.

Es würde den Rahmen dieser Arbeit sprengen, eine detaillierte Analyse der Umweltfaktoren durchzuführen. Deshalb sollen in der Tendenz nur einige wesentliche Veränderungen, insbesondere in der aufgabenspezifischen Umwelt, herausgestellt werden.

### 1.1 Globale Umwelt

Die Veränderungen in der globalen Umwelt lassen sich an der Entwicklung der ökonomischen, technischen, rechtlich-politischen und sozio-kulturellen Komponenten verfolgen. Der Wandel dieser Einflußfaktoren führt zu wachsender Unsicherheit und steigendem Risiko für die einzelnen Unternehmen [11, S. 683 ff.; 12, S. 12 ff.; 112, S. 330 ff.; 151, S. 2 ff.; 205, S. 101].

#### 1.1.1 Ökonomische Faktoren

In den 50er und 60er Jahren war die ökonomische Entwicklung in den Industrienationen durch ein hohes Wachstum gekennzeichnet. Die Inflationsrate hielt sich zwischen 2–5% in mäßigen Grenzen, und die Energie- und Rohstoffpreise bewegten sich in schmalen Bandbreiten. Im Gegensatz dazu haben sich Anfang der 70er Jahre bei einem starken Rückgang der Marktwachstumsraten, erhöhten Inflationsraten und steigenden Energie- und Rohstoffpreisen instabile Wirtschaftsverhältnisse abgezeichnet. Für die 80er Jahre ist mit zunehmender Instabilität in der Weltwirtschaft und mit kumulierenden Stagnationserscheinungen in den Industrieländern zu rechnen, die im wesentlichen durch folgende absehbare Entwicklungstendenzen beeinflußt werden [11, S. 683 ff.; 112, S. 330 ff.; 205, S. 103]:

- Kontinuierlicher Zuwachs der Weltbevölkerung bei überdurchschnittlichem Bevölkerungswachstum in den unterentwickelten Nationen und anhaltender Stagnation der Bevölkerung in den Industrieländern,
- Künftige Sättigung industrieller Konsumgütermärkte,
- Preiserhöhungen für Energie und Rohstoffe,
- Fortbestehen weltweiter Arbeitslosigkeit und Inflation.

### 1.1.2 Technologische Faktoren

Technologische Faktoren haben in der Vergangenheit durch viele Veränderungen der Produkte, der Fertigungsverfahren und der Produktanwendung beim Kunden erhöhte Anforderungen an die Hersteller entstehen lassen.

Die Innovationszeiten wurden kürzer und beschleunigten den technischen Fortschritt. Während man für die Entwicklung z.B. des Telefonwesens und der Radiotechnik ungefähr 50 bzw. 30 Jahre benötigt, konnten spätere technische Entwicklungen, z.B. das Farbfernsehen und die Mikroprozessoren, in ca. 10 bzw. 5 Jahren abgeschlossen werden [88, S. 193].

Die Dynamik der technischen Produkt- und Verfahrensinnovationen zwingen die Unternehmensführung, sich verstärkt mit den möglicherweise bedrohlichen, aber auch chancenreichen Auswirkungen auf das eigene Leistungsprogramm auseinanderzusetzen.

### 1.1.3 Rechtlich-politische Faktoren

Rechtlich-politische Faktoren beeinflussen in zunehmendem Maße das gesamtwirtschaftliche Geschehen durch die steigende Anzahl von Gesetzen, Kontrollen und staatlichen Interventionen, denen insbesondere die Unternehmen unterliegen. So belasten z.B. das Mitbestimmungs- und das Kündigungsschutzgesetz die Betriebskosten und erhöhen die Instabilität einzelner Firmen, während der Markt gleichzeitig bei differenzierter und stärker schwankender Nachfrage eine erhöhte Flexibilität von den Unternehmen verlangt.

## 1.1.4 Sozio-kulturelle Faktoren

Sozio-kulturelle Faktoren prägen das gesellschaftliche Geschehen, dem sich die Unternehmen verstärkt anpassen müssen. Von ihnen wird zunehmend verlangt, daß sie ihre wirtschaftlichen Ziele den sozialen Bedürfnissen ihrer Umwelt unterordnen [179, S. 48].

In der Zukunft werden die Partizipationsansprüche gesellschaftlicher Gruppen, insbesondere der Arbeitnehmer, in bezug auf Mitbestimmung und Miteigentum im Unternehmen [205, S. 103], als auch die Forderungen z. B. nach betrieblicher Weiterbildung und Humanisierung der Arbeitsplätze zunehmen.

Bisher verstehen es nur wenige Unternehmen, den wachsenden sozialen Forderungen gerecht zu werden und gleichzeitig diese auch zu ihrem Vorteil zu nutzen. Diese Unternehmen versuchen aktiv, z. B. durch Ausgaben für betriebliche Weiterbildung und Humanisierung der Arbeitsplätze, die Arbeitsbedingungen für ihre Belegschaft zu verbessern. Investitionen in Humankapital können dann Produktivitätssteigerungen bewirken, wenn diese Ausgaben die menschlichen Fähigkeiten geeigneter zur Geltung bringen und damit Arbeitsbedingungen für eine partizipative und demokratische Arbeitswelt schaffen, die den einzelnen Mitarbeitern Mitbestimmung und Initiativrecht zur Verbesserung der Unternehmensleistung geben.

## 1.2 Aufgabenspezifische Umwelt

Im Gegensatz zur globalen Umwelt sind die Komponenten der aufgabenspezifischen Umwelt stärker beeinflußbar. Der Grad der Beeinflußbarkeit ist abhängig von der Stellung eines Unternehmens innerhalb einer Branche. In den meisten Fällen werden die Unternehmen von den einzelnen Komponenten ihrer aufgabenspezifischen Umwelt beeinflußt (s. Abb. 3). Nur Firmen wie z. B. IBM, die innerhalb ihrer Branche (Computermarkt) eine führende Position auf den Gebieten der Forschung und Entwicklung, Fertigung und des Vertriebssystems einnehmen, haben einen erheblichen Einfluß auf branchenspezifische Produkt- und Marktentwicklungen.

Ein Unternehmen kann, wie die Abbildung zeigt, entweder direkt mit einzelnen Interessengruppen in Kontakt treten oder auch über sogenannte Mittler (gestrichelte Kästchen) eine indirekte Beziehung zur Umwelt aufbauen. Bei einem Multiprodukt-Unternehmen sind für die einzelnen Produkte die jeweiligen aufgabenspezifischen Umweltsysteme zu analysieren. Es reicht nicht aus, die Komponenten der Umwelt zu identifizieren; wichtiger ist die Kenntnis über die Eigenschaften und Verhaltensweisen dieser Gruppen, die auf ein Unternehmen Einfluß ausüben.

In der Praxis heben sich fünf Gruppen heraus, die innerhalb einer aufga-

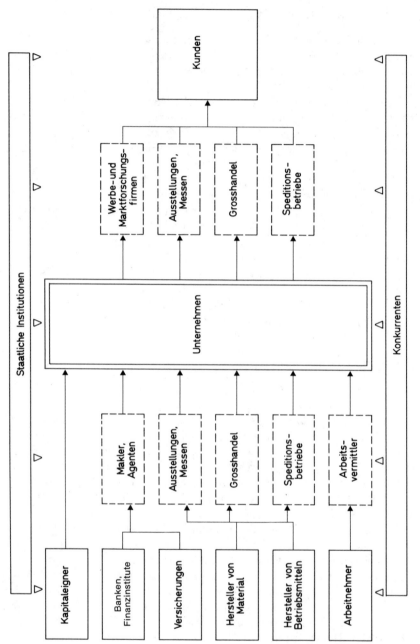

Abb. 3: Die wesentlichen Elemente der aufgabenspezifischen Umwelt; Quelle: [113, S. 3996]

benspezifischen Umwelt wesentlichen Einfluß auf den Erfolg oder Mißerfolg eines Produktes bzw. eines Unternehmens haben:
- Kunden
- Kapitalgeber
- Lieferanten
- Konkurrenten
- Staatliche Institutionen.

**1.2.1 Kunden**

Bei den Abnehmern läßt sich in vielen Branchen eine Entwicklung zu einem „differenzierten" Käuferverhalten feststellen. So zum Beispiel unterscheidet der Autobesitzer bei anfallenden Reparaturen und damit verbundenem Ersatzteilkauf zwischen
- Reparaturen von Teilen, die die Fahrsicherheit beeinflussen und besser von Vertragswerkstätten durchgeführt werden,
- Reparaturen von sogenannten Verschleißteilen, die kostengünstiger von einer unabhängigen Werkstatt ausgetauscht werden,
- Reparaturen, die vom Eigentümer selbst ausgeführt werden.

Diese Entscheidung des Kunden verlangt vom Unternehmen, sich mit seiner Distributionspolitik und seinem Sortiment auf die differenzierten Kundenwünsche einzustellen. Aufgrund dieser Veränderungen hat sich die Warenverteilung zwangsläufig vielschichtiger entwickelt. Waren vor zehn Jahren Autoersatzteile meist nur über Vertragswerkstätten und Autozubehörhändler zu bekommen, kann der Endabnehmer heute eine Reihe von Kraftfahrzeugersatzteilen in Kauf- und Versandhäusern sowie Verbrauchermärkten erwerben. Die Entwicklung vom homogenen Anbietermarkt zum heterogenen Käufermarkt verlangt eine stärkere Produktdifferenzierung. Entweder spezialisiert sich ein Unternehmen innerhalb einer Produktlinie und bietet nur selektiv einzelne Produktmodelle an, oder man vertreibt bewußt ein breitgefächertes Produktsortiment.

Zur Eindämmung der ansteigenden Fertigungskosten werden in vielen Unternehmen sogenannte Modular- oder Baukastensysteme entwickelt. Das Systemprinzip setzt sich auch zunehmend im Markt durch, nämlich dort, wo der Kunde vermehrt Problemlösungen fordert, die nicht mehr allein von einzelnen Produkten, sondern nur von Produktsystemen erbracht werden können. Zum Beispiel erfordert die Verarbeitung von aggressiven Schütt- und Flüssiggütern den Einsatz von geschlossenen Behältern. Diese Kleincontainer werden als Produktions-, Transport- und Lagerbehälter eingesetzt. Im Einsatz als Produktionsbehälter sind diese Gebinde wesentlicher Bestandteil einer Abfüll-, Entleerungs- oder Mischanlage. Aufgrund der bestehenden Kunden-Anwendungsprobleme wurden Lösungstechnologien entwickelt, die sich nicht mehr an dem Einsatz einzelner Behälter, sondern an der Systemlösung, dem koordinierten Einsatz von Behältern, Zusatzgeräten zum Abfüllen, Entleeren und Mischen, als auch von Reinigungsgeräten (Reinigungsköpfen) orientieren.

Aufgrund der raschen technologischen Entwicklungen werden in immer kürzer werdenden Zeitabständen Produktinnovationen im Markt eingeführt. Weil dadurch die neuen die oft alten Produkte substituieren, verkürzt sich in der Regel der Produktlebenszyklus.

### 1.2.2 Kapitalgeber

Investitionen sind häufig durch zusätzliche Aufnahme von Fremdkapital finanziert worden. Mit steigender Fremdverschuldung wächst der Einfluß der Banken auf die Unternehmenspolitik.

Im Gegensatz zu den amerikanischen können deutsche Banken neben der Gewährung von kurz- und langfristigen Darlehen auch Eigenkapitalanteile ihrer Klienten erwerben. So z.B. sind die drei deutschen Großbanken (Deutsche Bank, Dresdner Bank, Commerzbank) in vielen Unternehmen als Aktionäre und damit häufig im Aufsichtsrat, in einigen Fällen sogar in der Position des Aufsichtsratsvorsitzenden, vertreten. Die Banken haben damit wesentlichen Einfluß auf die langfristige Unternehmensstrategie, wichtige Investitionsentscheidungen und die Personalpolitik.

### 1.2.3 Lieferanten

In der Gruppe der Lieferanten, die ein Unternehmen mit Material und Betriebsmitteln versorgen, sind wesentliche Veränderungen sowohl in bezug auf die Rohstoffpreise und -versorgung, als auch auf die vertikalen Integrationsbestrebungen der Lieferanten festzustellen:
- Durch die weltweite Verknappung einzelner Rohstoffe sind die Materialpreise gestiegen. Die Versorgung insbesondere mit Rohstoffen aus bestimmten Entwicklungsländern ist störanfälliger geworden. Meist können Unternehmen nur durch kostensenkende Maßnahmen wie Materialeinsparungen und Substitutionen ihre Materialkosten beeinflussen.
- Die zunehmende Integration von Rohstoff- und weiterverarbeitenden Materiallieferanten machen diese häufig zu potentiellen Konkurrenten der Abnehmerfirmen. So mußten beispielsweise mehrere Hersteller von Tischrechenmaschinen nach Einführung einer neuen Generation die Erfahrung machen, daß einige Produzenten von Mikroprozessoren, nämlich die Komponentenzulieferer für Tischrechner, Taschenrechner auf den Markt brachten, die bei gleicher

Rechenkapazität zu niedrigeren Preisen angeboten wurden [71, S. 149]. Umgekehrt versuchen materialabhängige und finanzstarke Firmen, ihre Zulieferer aufzukaufen oder durch eine Kooperation eine langfristige Materialversorgung zu sichern.

### 1.2.4 Konkurrenten

In der Vergangenheit war die Anbieterstruktur überwiegend atomistisch. Der Wettbewerb war auf den Marktanteil in wachsenden Absatzmärkten ausgerichtet. Dadurch wurde es auch relativ kleinen Anbietern möglich, in den wachsenden Märkten eine Existenz aufzubauen. Aufgrund des generell abflachenden Marktwachstums hat sich die Wettbewerbsintensität zunehmend verstärkt. Ein verschärfter Wettbewerb um Marktanteile zeichnet sich ab, der in vielen Branchen einen Konzentrationsprozeß eingeleitet hat. Es entwickelt sich eine oligopolitische Anbieterstruktur, in der Marginalproduzenten aus wirtschaftlichen Gründen zur Aufgabe gezwungen werden und damit den Unternehmen mit hohen Marktanteilen eine Überlebenschance geben.

Der Konkurrenzkampf um Marktanteile hat sich vom inländischen auf den internationalen Markt verlagert. Insbesondere japanische Unternehmen demonstrieren z.B. in den weltweiten Märkten für Automobile, Motorräder, Hifi-Anlagen, Wälzlager und im Schiffsbau eine erfolgreiche Anwendung international ausgerichteter Strategien [161, S. 82 ff.]

### 1.2.5 Staatliche Institutionen

Sobald staatliche Institutionen Gesetze und Vorschriften erlassen, sollte das davon betroffene Unternehmen ihre direkten Auswirkungen nicht im Rahmen des globalen, sondern des aufgabenspezifischen Umsystems analysieren [113, S. 3993].

Die Anzahl der für ein Unternehmen verbindlichen Vorschriften hat, wie man an der raschen Entwicklung von Umwelt- und Verbraucherschutzauflagen erkennt, erheblich zugenommen. Damit verbunden sind zusätzliche Kosten und Investitionen, die vom Unternehmen beeinflußt werden können.

Zum einen kann ein Unternehmen innerhalb eines Wirtschaftsverbandes gegenüber den staatlichen Institutionen eine aktive Haltung einnehmen. Bei der amerikanischen Gesetzgebung über die Verringerung der Automobilabgase hat die Industrie eine reaktive Haltung eingenommen. Dadurch hat die Öffentlichkeit Gesetze erzwungen, deren Auswirkungen der Industrie mehr Geld kosten, als es möglicherweise bei frühzeitig ergriffenen Eigenmaßnahmen der Fall gewesen wäre [179, S. 49].

Zum anderen können auf ein Unternehmen zunächst negativ einwirkende

Bestimmungen unter Umständen durch Anwendung von umweltfreundlichen Herstellungsverfahren oder durch Fertigung von anwendungssicheren und dauerhaften Produkten positiv nutzbar gemacht werden.

Tab. 2: Tendenzielle Veränderungen in den wesentlichen Eigenschaften und Verhaltensweisen der Haupteinflußgruppen der aufgabenspezifischen Umwelt

| Haupteinflußgruppen | Vergangenheit | Zukunft |
|---|---|---|
| **1. Kunden** | | |
| – Abnehmer | Homogener Anbietermarkt | Heterogener Käufermarkt |
| – Distribution | Wenige Handelswege | Mehrere Distributionskanäle |
| – Produkte | | |
| • Anzahl | Wenige | Viele |
| • Art | Einzelprodukte | Produktsysteme |
| • Lebenszyklus | Lang | Kurz |
| **2. Kapitalgeber** | | |
| – Einfluß der Finanzmittelgeber | Unbedeutend | Bedeutend |
| **3. Lieferanten** | | |
| – Rohstoffe | | |
| • Preise | Niedrig | Hoch und weiter ansteig. |
| • Versorgung | Störfrei/Ausreichend | Störanfällig/Knapp |
| – Integrationsgrad | Gering | Ansteigend |
| **4. Konkurrenten** | | |
| – Wettbewerbsintensität | | |
| • Orientierung | Wachstumswettbewerb: | Verdrängungswettbewerb: |
| | Ausgerichtet auf Marktanteil im wachsenden Markt | Ausgerichtet auf Marktanteil im stagnierenden Markt |
| • Wettbewerbsstruktur | Atomistisch, viele kleine Anbieter überleben | Oligopolistisch, meist nur vom Marktanteil stärkere Wettbewerber überleben |
| – Absatzgebiet | Regional | International |
| **5. Staatliche Institutionen** | | |
| – Gesetze und Bestimmungen | | |
| • Anzahl | Wenige | Viele |
| • Verursachte Betriebskosten | Gering | Hoch und weiter steigend |

## 1.3 Notwendigkeit einer Umweltanalyse

Die wesentlichen relativen Veränderungen in den Eigenschaften und Verhaltensweisen der Haupteinflußfaktoren lassen sich in der Tendenz vereinfacht in einer Übersicht (Tab. 2) darstellen. Obwohl die Entwicklungstendenzen für einzelne Branchen durchaus unterschiedlich sein können, läßt sich grundsätzlich eine Entwicklung von einer relativ einfachen, stabilen zu einer komplexen, instabilen aufgabenspezifischen Umwelt feststellen [56, S. 12 ff.].

Die Analyse der wesentlichen Umweltfaktoren zeigt weiterhin, daß die Veränderungen der Unternehmensumwelt zunehmend von existenzieller Bedeutung werden. Auch wenn im Unternehmen selbst keine Änderungen auftreten, können permanente Umweltveränderungen die Unternehmensleistung beträchtlich beeinflussen.

Ein Unternehmen kann dem Wandel sowohl reaktiv begegnen und somit eine Anpassungsstrategie verfolgen, als auch eine Veränderungsstrategie planen, die aktiv Stärke, Richtung und Auswirkungen der Umweltentwicklung beeinflußt und diese zum Vorteil des Unternehmens nutzbar macht. Den Wandel als Chance nutzen kann aber nur das Unternehmen, welches den Wandel erkennt, sich die erforderlichen Mittel verschafft und sie schnell und gezielt einsetzt. Voraussetzung dafür ist eine Beobachtung der sich ständig verändernden Umwelteinflüsse. Die Umweltanalyse sollte wichtiger Bestandteil der strategischen Unternehmensplanung sein.

## 2. Veränderungen im Unternehmen

In direkter Beziehung zu den Veränderungen in der globalen und aufgabenspezifischen Umwelt haben sich bedeutsame Entwicklungen innerhalb der Unternehmen abgezeichnet, die Anpassungen in der Unternehmensstrategie notwendig gemacht haben. Diese Entwicklungen haben ihrerseits Veränderungen innerhalb der Unternehmen ausgelöst, die sich im wesentlichen in den Veränderungen der Firmengröße, Produkt- und Organisationsstruktur zeigen.

## 2.1 Unternehmensgröße

Bedingt durch ein relativ hohes Marktwachstum in den 50er und 60er Jahren sind die Umsätze vieler Unternehmen stark gewachsen. Aber nicht allein die Marktexpansion, sondern auch Unternehmenszusammenschlüsse beschleunigten die Umsatzentwicklung vieler Gesellschaften. Aufstellungen wie die „Fortune 500" Liste der umsatzstärksten US-Firmen dokumentieren diese Entwicklung. Waren 1954 noch Firmen mit einem Umsatz von $ 50 Millionen [56, S. 4] in dieser Liste aufgeführt, so wurden 1974 Unternehmen mit $ 240 Millionen Jahresumsatz ausgeschlossen [79, S. 250]. Ein direkter Vergleich unter Ausschaltung der Inflationsrate[1] zeigt, daß der Umsatzanstieg von $ 94 Millionien (1954-Umsatz errechnet als 1974-Wert) auf $ 240 Millionen einer jährlichen Zuwachsrate von real 4,8% entspricht, d. h. die Unternehmensgröße der 500 umsatzstärksten amerikanischen Firmen hat sich in diesem Zeitraum auf der Basis der realen Umsatzentwicklung mehr als verdoppelt.

## 2.2 Produktstruktur

Die Veränderungen in der Produktstruktur sind von *Rumelt* für 200 amerikanische Unternehmen für einen Zeitraum von 1949 bis 1969 untersucht worden [157, S. 50 ff.]. In der Analyse werden die Firmen in vier Hauptklassen kategorisiert [157, S. 11; 223, S. III-50]:

(1) „Single product business", Gesellschaften mit nur einer Produktgruppe (mit 95% oder mehr des Umsatzes)
(2) „Dominant product business", Gesellschaften, in denen eine Produktgruppe dominiert (mit 70 bis 95% des Umsatzes)
(3) „Related product business", Gesellschaften mit mehreren, miteinander verwandten Produktgruppen

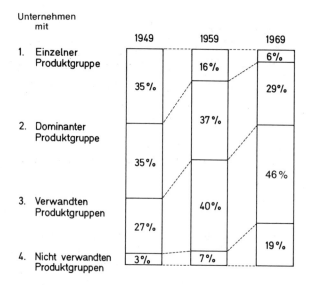

Abb. 4: Veränderungen in der Produktstruktur amerikanischer Unternehmen; Quelle: [157, S. 51; 199, S. 86]

[1] Die durchschnittliche Inflationsrate des amerikanischen Bruttosozialproduktes betrug zwischen 1954 und 1974 3,2% pro Jahr.

(4) „Unrelated product business", Gesellschaften mit mehreren, nicht miteinander verwandten Produktgruppen.

Die Übersicht zeigt den Wandel vom Einprodukt- zum Multiprodukt-Unternehmen:
- Der Anteil der Unternehmen mit nur einer Produktgruppe sank von 35% auf 6%.
- Der Anteil der Unternehmen, in denen eine Produktgruppe dominiert, sank von 35% auf 29%.
- Der Anteil der Unternehmen mit mehreren, miteinander verwandten Produktgruppen stieg beträchtlich (27% auf 46%).
- Auch stieg der Anteil der diversifizierten Unternehmen von 3% auf 19%.

Die empirische Untersuchung von *Rumelt* zeigt, daß der wirtschaftliche Erfolg bei den Diversifikationen eintritt, die auf den zentralen Fähigkeiten und Stärken des Unternehmens aufbauen. Diversifikationen in für ein Unternehmen vollkommen unbekannte Märkte erwirtschaften dagegen unzureichende Renditen. Auf der Basis dieser Erkenntnisse ist für die Zukunft ein Zunehmen der Unternehmen der Kategorie 3 und ein Abnehmen der Firmen der Kategorie 4 zu erwarten. Ähnliche Studien wurden für jeweils 100 amerikanische, deutsche und englische Großunternehmen durchgeführt (s. Tab. 3).

Tab. 3: Produktstruktur von Großunternehmen in drei verschiedenen Ländern (Stand 1970); Quelle: [51, S. 67; 202, S. V–12; 223, S. III–50]

| Unternehmen mit | USA | | BRD | | UK | |
|---|---|---|---|---|---|---|
| 1. Einzelner Produktgruppe | 6% | 20% | 27% | 42% | 6% | 40% |
| 2. Dominanter Produktgruppe | 14% | | 15% | | 34% | |
| 3. Verwandten Produktgruppen | 60% | 80% | 39% | 58% | 54% | 60% |
| 4. Nicht verwandten Produktgruppen | 20% | | 19% | | 6% | |
| Gesamt | 100% | | 100% | | 100% | |

Die Tabelle 3 zeigt, daß US-Unternehmen stärker diversifizierte Produktstrukturen als Unternehmen in Deutschland und Großbritannien aufweisen. Bei diesem Vergleich ist zu berücksichtigen, daß die größten US-Firmen im Durchschnitt höhere Umsätze als die größten deutschen und englischen Unternehmen erzielen.

## 2.3 Organisationsstruktur

Primär im Zeitraum von 1949 bis 1969 durchgeführte Diversifikationsstrategien führten zu einer Entwicklung von größeren Multiprodukt-Unternehmen, die Änderungen in der Organisationsstruktur erforderlich machten. *Chandler* hat die Beziehungen zwischen Unternehmensstrategie und Organisationsstruktur untersucht. Im Jahre 1962 veröffentlichte *Chandler* eine Arbeit unter dem Titel „Strategy and Structure", die die Wechselwirkungen zwischen Unternehmensstrategie und Organisationsstruktur analysiert [50]. Diese Wechselwirkungen werden detailliert für vier Großunternehmen (Du Pont; General Motors; Standard Oil Company; Sears, Roebuck & Company) in dem Zeitraum 1910 bis 1962 untersucht. Aus dieser Analyse werden vier allgemeine Stadien abgeleitet, die die Entwicklung der amerikanischen Großunternehmen für diese Zeitperiode kennzeichnen [50, S.385ff.; 147, S.62]:

- Anfängliche Expansion mit Akkumulierung von Ressourcen
- Rationalisierung des Einsatzes vorhandener Ressourcen
- Markt- und Produktexpansion zur vollen Auslastung der Ressourcen
- Entwicklung einer neuen Struktur, die eine effektive Ressourcennutzung sicherstellt, um sowohl die wechselnde kurzfristige Nachfrage zu befriedigen als sich auch der langfristigen Marktentwicklungen anpassen zu können.

Das erste und dritte Stadium sind durch Strategien im Bereich Markt- und Produktentwicklung gekennzeichnet. Das zweite und vierte Stadium sind durch organisatorische Veränderungen charakterisiert, um den Anforderungen des jeweils vorherliegenden Stadiums gerecht zu werden [147, S.62].

*Rumelt* hat in einer quantitativ ausgerichteten Analyse die Veränderungen in der Organisationsstruktur von amerikanischen Großunternehmen eingehender untersucht (s. Tab.4) [157, S.33ff.]. Für diese Untersuchung wurden Organisationsstrukturen in folgende fünf Klassen aufgeteilt [157, S.37ff.]:

(1) „Functional" (Funktional). Gliederung nach Bereichen, Entwicklung, Produktion, Vertrieb und Verwaltung.

(2) „Functional with Subsidiaries" (Funktional mit Tochtergesellschaften). Hybride Organisationsform für Unternehmen in einer Umstrukturierungsphase.

(3) „Product Division" (Produktbezogener Geschäftsbereich). Gliederung nach produktbezogenen Geschäftsbereichen.

(4) „Geographic Division" (Geographischer Geschäftsbereich). Gliederung nach geographisch abgrenzbaren Geschäftsbereichen.

(5) „Holding Company" (Beteiligungsgesellschaft). Gliederung in unabhängige Geschäftsbereiche mit nur finanzieller Bindung.

Die Aufstellung zeigt eine Entwicklung von einer schwerpunktmäßig funktionalen zu einer divisionalen Organisationsstruktur.

Die Veränderungen in der Produkt- (Abb. 4) und der Organisationsstruktur (Tab. 4) für amerikanische Unternehmen stellen sich in folgenden Entwicklungen dar:

Tab. 4: Veränderungen in der Organisationsstruktur amerikanischer Unternehmen (in Prozent); Quelle: [157, S. 65]

| Organisationsform | 1949 | 1959 | 1969 |
|---|---|---|---|
| 1. Funktional | 62,7 | 36,3 | 11,2 |
| 2. Funktional mit Tochtergesellschaften | 13,4 | 12,6 | 9,4 |
| 3. Produktbezogene Geschäftsbereiche | 19,8 | 47,6 | 75,5 |
| 4. Geographische Geschäftsbereiche | 0,4 | 2,1 | 1,5 |
| 5. Beteiligungsgesellschaften | 3,7 | 1,4 | 2,4 |
| Gesamt | 100,0 | 100,0 | 100,0 |

- 1949 waren zweidrittel der 500 größten Firmen im wesentlichen nur auf eine Produktgruppe ausgerichtet. Dreiviertel aller Unternehmen hatten eine funktionale Organisationsstruktur.
- Diese Situation hat sich von 1949 bis 1969 fundamental geändert. Ein Großteil der Firmen verfolgte in diesem Zeitraum eine Diversifikationsstrategie.
- 1969 waren zweidrittel der 500 größten Firmen auf mehrere Produktgruppen ausgerichtet. Dreiviertel aller Unternehmen waren in divisionale Geschäftsbereiche strukturiert.

## 3. Entwicklung von Planungsmethoden

Die historische Entwicklung der Planungsmethoden zeigt, daß diese primär von den Entwicklungstendenzen in den USA beeinflußt wurde. Weiterhin wird gezeigt, daß alte, etablierte Planungsmethoden nicht abgelöst, sondern durch neue ergänzt und unabhängig voneinander weiter entwickelt werden.

Vor 1900 waren die meisten Firmen in den USA kleine Einproduktbetriebe [50, S. 19 ff.]. Zur Führung dieser Unternehmen, die sich meist in Familienbesitz befanden, reichte eine Person aus. Bei weiterem Firmenwachstum wurde eine Spezialisierung in der Aufgabenverteilung notwendig, die in Ansätzen einer funktionalen Organisation entspricht. Die Unternehmensführung bestand meist aus zwei Personen, einem Produktionsleiter, der die Arbeiter in der Fertigung überwachte und einem kaufmännischen Leiter, der im wesentlichen die Finanzen, aber auch den Einkauf und den Verkauf betreute [153, S. 82 ff.].

Die Sicherung der Überlebensfähigkeit hat auch in den frühen Zeiten der Industrialisierung zu den wichtigsten Aufgaben eines Unternehmens gehört. Als Steuerung der Zahlungsfähigkeit genügte die Einnahmen- und Ausgabenrechnung. Auch heute gehört die Liquiditätssicherung noch zu einer vorrangigen Aufgabe der Unternehmensführung. Als Planungsinstrument zur Gewährleistung der ständigen Zahlungsfähigkeit hat sich die *Finanzplanung* mit den Leitgrößen Mittelherkunft (Einnahmen) und Mittelverwendung (Ausgaben) in der Praxis durchgesetzt.

Bedingt durch die Entwicklung der Kreditwirtschaft und durch die zunehmend höher werdenden Vorleistungen im Zuge der weiteren Industrialisierung in Form von Investitionen und Entwicklungskosten entstand eine zeitliche Verschiebung zwischen Ertrag und Einnahmen einerseits und zwischen Aufwand und Ausgaben andererseits. Es wurde notwendig, neben der Finanzplanung ein weiteres Planungsinstrument, die *Erfolgsplanung* oder die Gewinn- und Verlustrechnung, einzuführen [85, S.366]. Mit der Gewinn- und Verlustrechnung konnte eine neue Steuerungsgröße, Erfolg, eingeführt werden. Der Erfolg ist eine der Liquidität vorgeschaltete Steuerungsgröße. Jedoch sind beide Leitgrößen, Liquidität und Erfolg für die Unternehmensplanung notwendig, da sie gegenläufige Entwicklungen aufzeigen können. So z.B. kann ein stark wachsendes Unternehmen durch die erforderlichen Erweiterungsinvestitionen zahlungsunfähig werden, obwohl es einen guten Periodenerfolg ausweist. Im Gegensatz dazu kann ein Unternehmen mit einem Verlustausweis überleben, solange es liquide bleibt. Daher ist eine unabhängige, parallele Liquiditäts- und Erfolgsplanung notwendig.

Der Großteil der Unternehmen war noch bis 1950 organisatorisch überwiegend in funktionale Bereiche wie Einkauf, Produktion, Verkauf und kaufmännische Verwaltung strukturiert [157, S.65]. Die funktionale Unternehmensorientierung verlagerte sich Anfang der 50er Jahre, als der durch den zweiten Weltkrieg stark entfachte Nachholbedarf langsam zurückging, zuerst in den USA und einige Jahre später in Europa, von der Produktion zum Marketing. Es wurde notwendig, die langfristigen Marktentwicklungen zu antizipieren und die damit verbundenen erforderlichen Maßnahmen zu planen. Im Rahmen einer marktorientierten *Langfristplanung* wurden dann Teilpläne für die einzelnen funktionalen Bereiche erarbeitet, um eine langfristige Ausrichtung, z.B. für eine leistungsfähige Einkaufs-, Fertigungs-, Verkaufs- und Personalpolitik zu gewährleisten.

Häufig bestand dieser Planungsprozeß nur aus einer mechanischen Hochrechnung von Vergangenheits- und Budgetierungswerten aus der kurzfristigen Erfolgsplanung. Diese Form der Langfristplanung war eher mittelfristig und taktisch orientiert.

Mit Einführung der Langfristplanung jedoch wurde die Planungsarbeit generell aufgewertet und erhielt vermehrte Aufmerksamkeit von der Unternehmensführung. Planung entwickelte sich zu einem festen Bestandteil des Entscheidungs- und Führungsprozesses, der im allgemeinen in folgenden Phasen abläuft [93, S.4; 213, S.37]:

(1) Zielbildung
(2) Problemerkenntnis
(3) Alternativensuche
(4) Prognose
(5) Bewertung

(6) Auswahl (Entscheidung) der „optimalen" Alternative
(7) Durchsetzung des Plans mit Realisation der Einzelschritte
(8) Kontrolle der Zwischenergebnisse mit Hilfe der Abweichungsanalyse (Ziel- und Planrevision).

Die Phasen 1 bis 8 stellen mit Ausnahme der Realisation die wichtigsten Aufgaben des Planungs- und Führungsprozesses dar. Unter Berücksichtigung der Vor- und Rückkopplungstätigkeiten lassen sie sich in einem kybernetischen Regelkreismodell darstellen. Abbildung 5 verdeutlicht, daß die Planung als ein wichtiger Teilprozeß des allgemeinen Führungsprozesses zu betrachten ist.

Die Langfristplanung hat sich nicht nur in privatwirtschaftlichen Unternehmen sondern auch vereinzelt in öffentlichen Institutionen durchsetzen

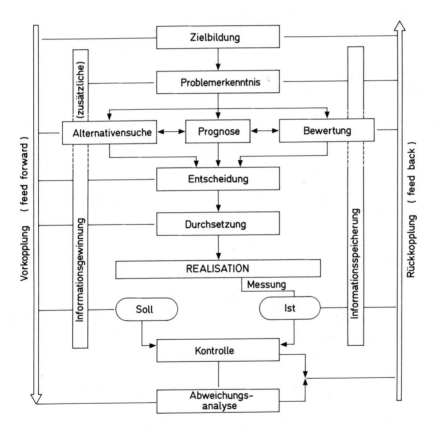

Abb. 5: Phasenstruktur des Planungsprozesses als Teil des allgemeinen Führungsprozesses; Quelle: [213, S. 37]

können. Speziell in der amerikanischen Regierung entstand die Forderung nach einer Planungskonzeption, um die allgemein schwierige Aufgabe einer möglichst effektiven Verteilung von begrenzten Ressourcen zu lösen. 1969 wurde das *Planungs-Programming-Budgeting-System* (PPBS) als Planungsinstrument unter Verteidigungsminister *McNamara* von seinem Staatssekretär *Hitch* im Verteidigungsministerium eingeführt [154, S.26ff.].

Während bei der traditionellen Budgetierung die Kosten kurzfristig nach organisatorischen und funktionalen Gesichtspunkten gegliedert wurden, werden bei Anwendung der PPBS-Methode langfristige Budgets (ca. 5 Jahre) für die Aktionsprogramme erstellt. Die Zielorientierung liegt schwerpunktmäßig auf der Auswahl der langfristig durchzuführenden Aufgaben und Programme, die dann zur Realisierung mit den notwendigen lang- und kurzfristigen Budgets unterstützt werden. Bisher ist eine breite Einführung der PPBS-Konzeption in den Staatsministerien an der langfristigen Programmorientierung gescheitert, da diese im Gegensatz zur kurzfristigen Ausrichtung des bestehenden politischen Systems steht. Politiker müssen häufig unter dem Zwang einer Wiederwahl kurzfristige Erfolge nachweisen und sind meist nicht daran interessiert, bestimmte Langfristprogramme zu verfolgen.

In dem Zeitraum von 1950 bis 1970 hat sich, bedingt durch die ansteigende Betriebsgröße in Zusammenhang mit einer zunehmenden Produktdiversifikation, der Veränderungsdruck auf die Multiprodukt-Unternehmen mit zentraler Unternehmensführung und einer funktionsorientierten Organisationsstruktur verstärkt [180, S.164]. Daraufhin wurde in vielen Gesellschaften das Unternehmen in relativ selbständige Unternehmensbereiche mit gleichzeitiger Dezentralisierung von Gewinn- bzw. Erfolgsverantwortung aufgeteilt. Die damit angesprochene Profit Center Konzeption wurde durch die Einführung in den beiden Unternehmen Du Pont und General Motors richtungsweisend und hat in den USA sowie später in Europa eine Reorganisationsbewegung mit der Einführung von Geschäftsbereichen, Divisionen und Sparten ausgelöst [50, S.182]. Der Forderung nach einer neuen Planungsmethode wurde *Ansoff* als erster im Jahre 1965 mit seiner Veröffentlichung über „Corporate Strategy" gerecht. In diesem Werk werden wesentliche Aspekte der *strategischen Unternehmensplanung* herausgestellt:

- Systematisches Ausnutzen von potentiellen Synergieeffekten bei Diversifikationsbestrebungen
- Optimierung des „ROI-Potential" (Return On Investment) für das gesamte Unternehmen.

Für *Ansoff* stellt sich das Problem, eine Optimierung der langfristigen Eigenkapitalrentabilität durch Auswahl eines geeigneten Produkt-Markt-Mixes zu erzielen „To select (the) product-mix which optimizes (a) firm's ROI potential". *Ansoff* definiert „ROI potential" als langfristige Eigenkapitalrentabilität. Als weiteres Rentabilitätskriterium wird auf den Barwert des gesamten zukünftigen Einnahmen-/Ausgabenüberschusses eines Unternehmens hingewiesen. „*Solomon*, for example, chooses (as the yardstick of profitability) the difference between net present value of revenues and present value of investment" [15, S. 8 u. 41].

Ebenso spricht *Gälweiler* von einem „Erfolgspotential" als Leitgröße für die strategische Unternehmensplanung [83, S. 67]. Eine Ausrichtung auf das Erfolgspotential eines Produktes, Geschäftsbereiches oder gesamten Unternehmens wird durch die zeitlichen Verschiebungen der für wirtschaftliche Entscheidungen wichtigen Sachverhalte notwendig. Ursachen und ihre Folgen stellen sich oftmals so schnell ein, daß die zur Anpassung notwendigen Maßnahmen nicht rechtzeitig eingeleitet werden können. Die Lebenszyklen einzelner Produkte sind häufig kürzer als die dafür notwendigen Forschungs- und Entwicklungszeiten. Um mit neuen Produkten Marktchancen auszunutzen, müssen langfristige Forschungsinvestitionen getätigt werden, die in vielen Fällen gegenläufig zu den kurzfristigen Liquiditäts- und Erfolgszielen stehen können. Die Ausnutzung eines hohen Erfolgspotentials kann z. B. durch verstärkte Vertriebs- und Verkaufsförderungsmaßnahmen erreicht werden, die aber erhöhte Ausgaben und damit einen Jahresverlust verursachen können. Umgekehrt kann ein hoher Jahreserfolg mangels Ausnutzung von Marktmöglichkeiten das Erfolgspotential verringern und zugleich eine langfristige Unternehmenssicherung gefährden. Somit bleiben die drei Steuerungsgrößen Liquidität, Erfolg und Erfolgspotential unter Berücksichtigung aller zwischen ihnen bestehenden Wechselbeziehungen wichtige Bestandteile der strategischen Unternehmensplanung. Diese auf das Erfolgspotential ausgerichtete Betrachtungsweise der strategischen Planung bezieht nicht explizit die verschiedenen Interessengruppen der aufgabenspezifischen Umwelt ein. *Taylor* erkennt die Notwendigkeit, im Rahmen der Unternehmensplanung die langfristigen Ziele und strategischen Maßnahmen eines Unternehmers mit den Interessen der Beteiligten und Betroffenen abzustimmen [199, S. 96 f.]. *Bircher* antizipiert, daß das Zielsystem der Unternehmen in der Zukunft verstärkt von den sozialen Zielen der einzelnen Gesellschaftsgruppen beeinflußt werden wird [29, S. 231 ff.]. Eine solche Vorgehensweise fordert von einer Firmenleitung bei unternehmerischen Entscheidungen die Bereitschaft, die gesellschaftlichen Auswirkungen zu berücksichtigen.

Um dieser Anforderung gerecht zu werden, versucht man, die externen Beziehungen zur Umwelt als gesellschaftliche Nutzenkombination, gesellschaftliche Verbindlichkeiten und soziale Kosten in Form einer *Sozialbilanz* zu erfassen [65, S. 297]. In den seit 1970 veröffentlichten Sozialbilanzen stellen einige Unternehmen ihre Leistungen in Form eines verbalen Rechenschaftsberichtes heraus, die über gesetzliche Anforderungen hinaus im Interesse der Gesellschaft freiwillig unternommen wurden. Die ersten Sozialbilanzen wurden in den USA von Großunternehmen wie Westing-

house und Honeywell veröffentlicht. Ansätze zu Sozialbilanzen in Deutschland gibt es u. a. bei der Saarbergwerke AG., Hugo Stinnes und STEAG [32, S. 11]. Der Entwicklungsstand der bisher veröffentlichten Sozialbilanzen ist noch unzureichend. Die Ursachen dafür liegen nach *Bircher* überwiegend in folgenden Problembereichen [29, S. 234, 238 und 305]:
- Die Ansprüche der Gesellschaft an privatwirtschaftliche Unternehmen sind häufig widersprüchlich artikuliert und für die Erstellung eines klaren, sozialen Zielsystems im Rahmen der strategischen Planung nicht immer geeignet.
- Das Anreizsystem für sozial nützliches Handeln ist nicht ausreichend. Notwendige Sanktionen sind wirksamer zu gestalten.
- Zur geldwertmäßigen Bemessung sozialer Transaktionen fehlen praktikable Standards, um eine Vergleichbarkeit einzelner Sozialbilanzen zu ermöglichen.

Trotz dieser Schwierigkeiten steigt bei den privatwirtschaftlichen Unternehmen die Bereitschaft, auf die sozialen Ansprüche der Gesellschaft einzugehen, und es besteht zunehmendes Interesse, Inhalt und Form der Sozialbilanzen zu verbessern. Dieses Interesse wird auch durch die Existenz des Arbeitskreises „Sozialbilanzen und gesellschaftsbezogene Berichterstattung" mit Mitgliedern aus der Wirtschaft und Wissenschaft bestätigt [32, S. 11]. Ebenso haben eine Reihe verwandter Themen wie „Social Audit" und „Human Resource Accounting" in den letzten zwei Jahren in der Literatur an Bedeutung gewonnen [29, S. 301]. Eine gesellschaftliche Verantwortung wird letztlich auch in zunehmendem Maße von den Unternehmen aus der Einsicht heraus getragen, „...durch freiwillige Beschränkung auf gesellschaftlich akzeptable Zielsysteme noch soviel Freiheit zu bewahren, daß das Überleben von effizienten Unternehmungen gesichert ist" [29, S. 240]. In zahlreichen amerikanischen Großunternehmen ist eine neue Unternehmensfunktion „Public Affairs" eingeführt worden, die, ausgehend von einer sozialen Unternehmensphilosophie, Sozialstrategien entwickelt, entsprechende Aktivitäten durchführt und sich in direkter Kommunikation mit den unternehmensrelevanten Gruppen der Öffentlichkeit um ein gegenseitiges Verständnis bemüht [211, S. 339f.]. Diese Entwicklung läßt vermuten, daß weitere Denkanstöße und Methodenverbesserungen auf dem Gebiet der gesellschaftsorientierten Planung in der Zukunft auch der strategischen Planung neue Impulse geben werden.

Durch einen Wachstumsrückgang der Absatzmengen in vielen Branchen hat sich der Kampf um Marktanteile verschärft. Damit verbundene Renditeeinbußen zwingen viele Multiprodukt-Unternehmen vermehrt zu Konsolidierungsmaßnahmen. Zur Überwindung dieser strukturellen Probleme bietet sich das *Portfolio Management* an, eine neue Planungsmethode, die im Rahmen dieser Arbeit detailliert entwickelt wird.

# C. Anwendungsprobleme herkömmlicher Unternehmensplanung

Vor Entwicklung weiterer Anforderungen an eine neue Planungsmethode sollen zunächst die Anwendungsprobleme herkömmlicher Unternehmensplanung analysiert werden. Obwohl die Notwendigkeit für eine strategische Planung in vielen Unternehmen erkannt und zum Teil umgesetzt ist, sind häufig die Ergebnisse dieser Aktivitäten unbefriedigend [84, S. 9 ff.]. Dafür gibt es eine Reihe von Gründen, die in den letzten Jahren von verschiedenen Autoren in Form von deskriptiven Erfahrungsberichten und empirischen Studien durchleuchtet worden sind [109, 114, 139, 152, 194, 195, 220]:

– Strategische Planung wird meist nur als formeller Prozeß angesehen.
– In Unternehmen mit einer Profit Center Organisation wird häufig eine unternehmensbezogene Zielausrichtung durch eine einseitige Orientierung an den dezentralen Geschäftseinheiten verhindert.
– Die Geschäftsleitung delegiert oftmals die Planungsaufgabe an die Stabsabteilung und schließt sich und das Linienpersonal aufgrund von vorrangigen Tagesproblemen von den Planungstätigkeiten aus.
– Verabschiedete langfristige Konzeptionen werden von der Führungsebene durch häufig den Plänen entgegenlaufende Entscheidungen geändert.
– Es werden selten klare, aufeinander abgestimmte Unternehmensziele im Rahmen einer Planung aufgestellt.
– Die Planungstätigkeit als wichtige Führungsaufgabe findet in der Leistungsbeurteilung und Gehaltsfindung noch ungenügende Beachtung.
– Aufsichtsorgane wenden zur Beurteilung des Top Management kurzfristige Maßstäbe an.
– Bestehende Informationssysteme sind meist nur auf den kurzfristigen Erfolg ausgerichtet und somit weniger für die strategische Planung geeignet.

Die beiden erstgenannten und bedeutsamsten Anwendungsprobleme sollen eingehend analysiert werden, um aus der Kritik zusätzliche Anforderungen für eine Portfolio Management Konzeption abzuleiten.

## 1. Formaler Planungsprozeß

Um die Aktivitäten in einem Unternehmen transparent und planbar zu machen, werden häufig komplexe, teils computergestützte Planungssysteme mit umfangreichen Planungsvorarbeiten und Planungsformularen eingeführt [109, Teil 1]. Jedoch besteht die Gefahr, eine Planungstechnokratie aufzubauen, die nur durch mechanische Hochrechnungen Planwerte ermittelt. Diese Planrechnungen zeigen stets nur die Wirkung vielfacher Veränderungen, kaum dagegen die dafür maßgebenden Ursachen. Darüber hinaus sind viele Unternehmenspläne überladen mit unwichtigen Details, und es mangelt an Informationen über wichtige Zusammenhänge.

Die Aufgabe der strategischen Planung besteht darin, Antworten auf die auf Ursachen und Wirkungen bezogenen Fragen zu finden, wie zum Beispiel [29, 98, 101, 140]:

- Welches sind die wichtigsten Erfolgsparameter in einem bestimmten Industriezweig?
  - *Marketing* (Preis, Produktqualität, Lieferservice, Vertriebsweg)
  - *Fertigung* (Alter der Produktionsstätten, Standort)
  - *Forschung und Entwicklung* (Anzahl neuer Produkte, Lizenzen)
  - *Finanzen* (Investitionen, Kapitalstruktur)
- Welche Wettbewerbsvor- und -nachteile hat das Unternehmen? Können diese ausgebaut bzw. abgebaut werden?
- Welche Chancen und Risiken ergeben sich?
- Wie hoch ist das Marktwachstum und welches sind die wichtigsten Einflußfaktoren?
- Wie werden sich Preise und Kosten entwickeln?
- Wie ist die Marktstellung der Hauptwettbewerber, und mit welchen Aktionen und Reaktionen ist zu rechnen?
- Welche technologischen Entwicklungen zeichnen sich für die Zukunft ab?
- Welches sind die Hauptgründe für den Erfolg bzw. Mißerfolg des Unternehmens sowie der Hauptkonkurrenten?
- Zusammengefaßt, wie kann die Existenz und Ertragskraft für die Zukunft gesichert bzw. verbessert werden?

Die Beschäftigung mit diesen kritischen Fragen wird von den Verantwortlichen häufig unterlassen, da unmittelbare Konsequenzen sich meist für den Einzelnen nicht ergeben. Im Vergleich zu den Tagesproblemen erscheinen die Aufgaben der strategischen Planung abstrakt, zeitlich aufschiebbar und ungewohnt. In der Bewältigung von Tagesproblemen ist die Unternehmensleitung geübt und kann auf Erfahrungen zurückgreifen. Im Tagesgeschäft sind die Aufgaben meist durch klare Zielvorgaben, Ausführungsrichtlinien und hierarchische Verantwortlichkeiten abgegrenzt. Deshalb wird häufig die ungewohnte, andere Fähigkeiten und Eigenschaften erfordernde, strategische Planungstätigkeit einer Stabsabteilung zugeordnet. Die Erfahrung zeigt, daß ohne die Mitwirkung der Linienverantwortlichen die Stäbe leicht der Gefahr unterliegen, den Kontakt mit den operativen Geschäftsbereichen zu verlieren [30, S. 146]. Die Stabsabteilungen beschäftigen sich dann in ihrer

Isolation überwiegend mit der Aufstellung eines aufwendigen statistischen Planungsmodells und dem formalen Planungsablauf. Nicht nur in der Praxis, sondern auch in der Wissenschaft hat man sich vorrangig mit dem formellen und organisatorischen Aspekt der strategischen Planung beschäftigt. *Hofer* stellt in einer Untersuchung über die Entwicklung der Unternehmensstrategie fest, daß „... much greater emphasis has been placed on the organizational processes than on the content of the strategies themselves" [104, S.784]. Hauptgründe dafür liegen in

- der Überzeugung, daß für strategische Konzeptionen aufgrund der unterschiedlichen Ausgangssituation und den vielen differenzierten Einflußfaktoren keine allgemeingültigen Denkmodelle erarbeitet werden können,
- dem Fehlen von effizienten Forschungsinstrumentarien und Verfahren, um die große Anzahl der Einflußfaktoren in einem Modell sinnvoll einzubeziehen,
- dem kooperationsfeindlichen Verhalten von Unternehmen, streng gehütete betriebswirtschaftliche Informationen preiszugeben.

Jedoch haben in jüngster Zeit die wenigen auf den Inhalt der strategischen Planung bezogenen wissenschaftlichen Studien zu neuen Erkenntnissen geführt, die der Praxis neue Impulse geben können.

Zum Abbau des formalistischen Charakters der bisherigen Planungstätigkeiten können eine Reihe von Anforderungen an die strategische Planung gestellt werden, die bei der Entwicklung einer Portfolio Management Konzeption berücksichtigt werden sollen [109, Teil 1]:

- Planung sollte kein formal-, sondern ein themenbezogener Prozeß sein, der künftige Gegebenheiten, Wirkungen und Wechselbeziehungen überschaubar macht [84, S.17].
- Planung muß mehr als eine mechanische Trendextrapolation sein, da Planung die systematische Erarbeitung konkreter Ziele und notwendiger Maßnahmen zur Zielerreichung beinhaltet.
- Unternehmenspläne sollen auf einer strategischen Unternehmenskonzeption basieren, die – gelöst vom kurzfristigen Erfolgsdenken – sich an dem langfristigen Ertragspotential des Unternehmens orientiert.
- Der Planungsprozeß muß ein iterativer Prozeß sein, der sich nicht nur einmal im Jahr nach formalen Planungsterminen, sondern nach der Komplexität und Aktualität der Probleme richtet.
- Planung muß eine wichtige Führungsaufgabe der Unternehmensleitung werden, die je nach Unternehmensgröße gegebenenfalls von einer Stabsstelle zur Informationsaufbereitung und Entscheidungsvorbereitung unterstützt werden kann.

## 2. Unternehmensplanung und die Profit Center Organisation

Das Dezentralisierungsprinzip der Profit Center Organisation, die in vielen Multiprodukt-Unternehmen eingeführt ist, hat auch die Planungsarbeit beeinflußt. Im folgenden Abschnitt werden die Vorteile und im wesentlichen die Nachteile dieser Managementkonzeption *in bezug auf die strategische Planung* untersucht [62, 63, 119, 128, 147, 148, 162, 180].

*Seidel* stellt besonders die der Entscheidungsdezentralisation zugeschriebenen grundlegenden Motivationswirkungen heraus [180, S. 167 ff.]. Leistungsmotivierende Wirkungen im Sinne der Selbstverwirklichung gehen von der „Arbeit selbst" umso eher aus, „je mehr Freiheitsspielraum dem Mitarbeiter zu eigenständig bestimmter Tätigkeit zur Verfügung steht, je mehr Variations-Chancen (und je mehr, d. Verf.) Möglichkeiten zu kreativer Betätigung sie eröffnet..." [27, S. 207]. Die in einem Profit Center allein übernommene Zielverantwortung läßt aufgrund höherer Ausführungsmotivation erwarten, daß alles Mögliche zur Zielerreichung unternommen wird [27, S. 80 ff. u. 195].

Die Vorteile der dezentralen Gewinnverantwortungsbereiche beziehen sich auf motivationale Effekte, die im Rahmen der strategischen Planung eine verstärkte Suchaktion für zusätzliche Informationen und mögliche Problemlösungen bewirken und damit die Qualität der Entscheidungsprozesse anheben [180, S. 166 ff.]. Die grundsätzliche positive Motivationswirkung auf die Führungsebene eines Profit Centers kann in eine motivationshemmende Wirkung umschlagen, wenn das für die Geschäftsbereichsleitung wichtige Instrumentarium zur Gewinnbeeinflussung von der zentralen Unternehmensführung ständig beschnitten, die Gewinnverantwortung jedoch aufrecht erhalten wird.

Wie oben erwähnt, ist eine zentrale Führung überfordert, die ständig wachsenden und differenzierenden Unternehmensaktivitäten in einer sich schneller verändernden Umwelt selbst auszuführen. Aus diesem Grunde hat sich das Profit Center System in der Praxis für die Durchführung des Tagesgeschäftes in einem Multiprodukt-Unternehmen bewährt. Durch eine Dezentralisierung der Entscheidungskompetenzen wird eine Autonomisierung der betrieblichen Subssysteme erreicht, die die Vorteile flexibler Kleinunternehmen auch im Großunternehmen nutzt [180, S. 164].

Die Nachteile der meist auf einen kurzfristigen Gewinn ausgerichteten Profit Center Konzeption liegen in der mangelnden Eignung als langfristig orientiertes Planungs- und Steuerungsinstrument für das gesamte Unternehmen. Die in der Praxis auftretenden Dysfunktionalitäten und ihre negativen Auswirkungen auf die strategische Planung lassen sich im Rahmen folgender Konfliktfelder näher erläutern [193, S. 334 f.]:

- Teil- und Gesamtsystem
- Kurz- und Langfristaspekt
- Gewinn als einzige Steuergröße.

## 2.1 Profit Center als unabhängige Teilsysteme

In der Praxis werden häufig Profit Center so bewertet und beurteilt, als seien sie unabhängige Firmen. Diese Vorgehensweise ist jedoch zu kritisieren, wenn tatsächlich gute Gründe für eine Zusammenfassung der unabhängigen Einheiten vorliegen. Sind mehrere Bereiche in einem Unternehmen vereinigt, so müssen sich aus diesem Unternehmensverbund Vorteile ergeben. Ansonsten würden tatsächlich autonome Unternehmen gerechtfertigt sein [162, S. 4 f.]. Diese Vorteile liegen in den aus wechselseitigen Abhängigkeiten bestehenden potentiellen Synergien und in dem Ausnutzen von Chancen im Interesse des Unternehmensganzen [180, S. 165]. Es ist das Ziel einer strategischen Unternehmensplanung, die Gewinnpotentiale zu nutzen, aber die dezentrale Entscheidungspraxis ist ständig der Gefahr ausgesetzt, diese zusätzlichen Gewinnpotentiale zu verfehlen. Das kann an folgenden Beispielen kurz illustriert werden:
- *Beispiel 1* Der Geschäftsbereich „Gasrohre" kauft aus seiner Sicht den Jahresbedarf an Stahl von einem inländischen Lieferanten sehr günstig ein, nutzt aber die Möglichkeit nicht, den Stahleinkauf mit den anderen Geschäftsbereichen Behälter- und Lagertechnik zu koordinieren, um durch Einsatz geballter Einkaufsmacht seine Materialkosten und die des gesamten Unternehmens zu senken.
- *Beispiel 2* Der Leiter des Geschäftsbereichs Verarbeitung kauft Feinblech billig im Ausland ein und steigert seinen Bereichsgewinn beträchtlich. Würde er das Feinblech vom Nachbarbereich Walzwerk kaufen, würde sein Bereichsgewinn niedriger, der Deckungsbeitrag für das Gesamtunternehmen jedoch wesentlich höher sein [162, S. 7].

Nach der Profit Center Konzeption soll jedes Gewinnzentrum seinen eigenen Gewinn optimieren, obwohl der Gesamtgewinn des Unternehmens zentraler Leistungsindikator sein sollte. Viele Spartenleiter sehen sich früher oder später mit dem Dilemma konfrontiert, entweder die Leistungen der eigenen Sparte oder aber die Leistung des Gesamtunternehmens zu verbessern. Oft kann durch eine Verminderung der Spartenleistung, wie das Beispiel 2 zeigt, die Gesamtleistung des Unternehmens verbessert werden. Jedoch wird die Gefahr einer unerwünschten Suboptimierung immer dann bestehen, wenn das Lob-Tadel-System (z. B. Tantiemen, Beförderung) für den Leiter eines Profit Centers allein auf den Erfolg seines Bereichs ausgerichtet ist [193, S. 355].

## 2.2 Profit Center mit Kurzfristaspekt

In Unternehmen mit einer Profit Center Organisation orientieren sich die Geschäftsbereiche meist vorrangig am kurzfristigen Jahresergebnis, insbesondere wenn der Gewinn ausschließlich zur Bewertung der gegenwärtigen Leistung dient. Diese einseitige Ausrichtung hat negative Folgen, wie folgendes Beispiel zeigt:

- *Beispiel 3* Ein Spartenleiter erfährt, daß er von einer jüngeren Führungskraft abgelöst werden soll. Um die oberste Leitung von ihrer Entscheidung abzuhalten, weist er einen besonders hohen Gewinn aus, indem er den Werbeetat halbiert und die Lagerbestände radikal reduziert. Die Unternehmensleitung revidiert ihre Entscheidung. Jedoch im nächsten Jahr erleidet der Geschäftsbereich schwere Umsatz- und auch Gewinneinbußen [162, S. 6].

Das absolute Gewinniveau kann zwar durch gezielte kurzfristige Entscheidungen beeinflußt werden. Jedoch ist der gegenwärtige Erfolg in vielen Fällen das Ergebnis früherer Investitionsentscheidungen. Aus diesem Grund gehört eine ausgewogene Risikobewertung von Investitionsprojekten zu den Faktoren, die die langfristige Ertragssituation eines Unternehmens wesentlich beeinflussen. Empirische Studien belegen, daß insbesondere in den Geschäftsbereichen von divisional strukturierten Unternehmen eine Einstellung zu einer „konservativen" Chancenbewertung von Investitionsprojekten vorherrscht [119, S. 82]. Ähnlich wie bei der Beurteilung von Aktien, haben die Investitionsprojekte eine höhere Erfolgserwartung, die mit entsprechend hohem Risiko verbunden sind. Ein Unternehmen mit vielen Investitionsprojekten kann sich eher ein oder zwei risikoreiche Planungsvorhaben erlauben als einzelne Geschäftsbereiche mit nur wenigen Investitionsprojekten, da eine größere Anzahl von Investitionsprojekten eine Risikostreuung leichter möglich macht.

- *Beispiel 4* Ein Unternehmen besteht aus zwei Sparten, von denen eine sich mit zehn und die andere mit fünfzehn Planungsvorhaben auseinandersetzt. Jede Sparte erarbeitet für sich eine Prioritätenliste, die eine subjektive Beurteilung über Gewinn und Eintrittwahrscheinlichkeit (Risiko) einbezieht. Da die Spartenleitungen meist am Jahreserfolg gemessen werden, werden häufig „sichere" Projekte bevorzugt. Würde man jedoch die beiden Sparten als eine Unternehmung betrachten, die aus einer Anzahl von fünfundzwanzig Projekten zu wählen hat, so würden mit Sicherheit auch risikoreiche und entsprechend rentable Investitionsvorhaben in die engere Wahl genommen werden, die vorher in den Sparten nicht berücksichtigt wurden [119, S. 82].

Der Vorteil der Risikostreuung in großen Unternehmen wird durch das

Profit Center Konzept oft nicht genutzt, obwohl „it (the large organization, d. Verf.) can commit resources for a much longer time, for instance, to longterm research projects that are beyond the staying power of the small business" [68 zit. bei 119, S. 83].

## 2.3 Gewinn als einzige Steuerungsgröße

Eine einseitige Ausrichtung auf den Gewinn bzw. das Jahresergebnis zur Bewertung und Steuerung von Profit Centern ist unzureichend, da eine kurzfristige Ergebnisorientierung sich nur auf eine einzige Leitgröße, den Gewinn, bezieht, die nicht je nach der aufgabenspezifischen Umwelt eines Verantwortungsbereiches differenziert ausgerichtet werden kann. Unter Berücksichtigung einer kurzfristigen Gewinnausrichtung werden die Erfolgspotentiale neuer Produkte und Märkte mit hohen Wachstumsmöglichkeiten nicht genutzt. Zur Illustration dient folgendes Beispiel:

- *Beispiel 5* Ein deutscher Chemiekonzern gründet für das US Fasergeschäft eine Tochtergesellschaft in New York. Da die Tochtergesellschaft als Gewinnverantwortungsbereich geführt wird, will der neu eingesetzte Geschäftsführer verständlicherweise keine Verluste ausweisen und vermeidet größere Sachanlageninvestitionen sowie Marketingausgaben. Die Tochtergesellschaft entwickelt sich zu einer Firma, die zwar einen kleinen Gewinn abwirft, aber in der Größenordnung innerhalb des US Marktes eine bedeutungslose Marktstellung einnimmt. Nach zwei Jahren entschließt sich der Vorstand in Deutschland, die amerikanische Tochtergesellschaft nicht mehr als Profit Center zu betrachten. Er stellt ein angemessenes Investitionsprogramm mit geplanten Einführungsverlusten auf. Nach weiteren drei Jahren kann der Leiter der US Tochtergesellschaft einen beträchtlichen Marktanteil und einen ersten Gewinn melden, der in den Folgejahren weiter ansteigt [162, S. 15 f.].

Dieses Beispiel verdeutlicht, daß eine kurzfristige Ergebnisorientierung beim Ausbau eines Geschäfts hinderlich sein kann und daß zusätzliche Leitgrößen wie z. B. Marktanteil und Produktivitätssteigerungen zur Planung und Bewertung von Expansionsaktivitäten herangezogen werden müssen. Auch beim Abbau eines Geschäftes sollte das Ergebnis nicht alleinige Richtlinie sein. Trotz hoher Rentabilität kann es in einem Produktbereich mit hohem Marktanteil bei rückläufigem Markt aus der Sicht des Unternehmens sinnvoll sein, eine langsame Abbaustrategie zu verfolgen.

## 2.4 Zusammenfassung

Die Ausführungen und Beispiele zeigen, daß in Multiprodukt-Unternehmen mit einer Profit Center Organisation meist eine Reihe von Problemen bei der strategischen Planung auftreten können. Für die operativen Aufgaben bleibt den unabhängig handelnden Geschäftsbereichen ihre Selbständigkeit erhalten, auch wenn ein bestimmter Entscheidungsrahmen durch die Unternehmenszentrale festgelegt wird. Im Tagesgeschäft werden die einzelnen Bereiche nur durch Richtlinien (z. B. Einkauf-, Personal- und Preispolitik) der Zentrale beeinflußt. Für die langfristigen Investitionsentscheidungen im Rahmen der strategischen Planung sollte die Steuerungsfunktion der Zentrale eher zunehmen und die Entscheidungsbefugnis des Profit Centers stärker eingeschränkt werden.

Um ein übergeordnetes Optimum in einem divisional strukturierten Multiprodukt-Unternehmen zu erreichen, sind zusätzliche Anforderungen an die strategische Planung zu stellen, die im weiteren Verlauf der Arbeit berücksichtigt werden sollen:

- Eine langfristige Gewinnorientierung erfordert differenzierte, auf die aufgabenspezifische Umwelt eines Verantwortungsbereichs ausgerichtete Leitgrößen.
- Die Zentrale sollte eine unternehmensbezogene Chancenbeurteilung der Investitionsprojekte durchführen und gegebenenfalls die Empfehlungen aus den Geschäftsbereichen revidieren. *Lorange* empfiehlt „...upgrading some of the divisional business project portfolios towards greater riskiness" [119, S. 83].
- Eine Rezentralisierung der strategischen Entscheidungen sollte auf der Basis einer partnerschaftlichen Zusammenarbeit zwischen Geschäftsbereichen und Zentrale geschehen [180, S. 175]. Nicht Entscheidungsdelegation, sondern Entscheidungspartizipation hilft, die motivationalen Effekte der Profit Center Konzeption zu erhalten[2]. Es sollten Geschäftsbereichsleiter in den Koordinierungsprozeß einbezogen werden, um zu verhindern, daß einzelne Bereiche Entscheidungen treffen, die dem Gesamtunternehmen schaden. Strategische Planung wird zu einem kommunikativen Prozeß, der sich an einer gemeinsamen Willensbildung und Willensvollziehung aller Beteiligten ausrichtet.

---

[2] In der Praxis sollten wesentliche Investitionen nicht allein von der Zentrale oder den Geschäftsbereichen entschieden werden. Hier ist nur eine Zusammenarbeit sinnvoll, in der nach Art und Höhe der Investition »die Anteile (hinsichtlich der Entscheidungsverantwortung, d. Verf.) von Zentrale und Geschäftsbereichen beinahe stufenlos zwischen Null und 100% festgelegt werden können« [147, S. 385].

# D. Portfolio Selektion

Nach Darstellung einer Reihe zusätzlicher Anforderungen an die strategische Planung werden in diesem Kapitel *Konzeption* und *Anwendung* der Portfolio Selektion beschrieben, die einen Lösungsansatz für die Probleme der strategischen Planung in Multiprodukt-Unternehmen liefert.

## 1. Konzeption

Diese Konzeption betrachtet überwiegend die optimale Zusammensetzung eines Wertpapier-Portefeuilles. Als Portefeuille wird ein Wertpapierbündel verstanden, das nach bestimmten Kriterien wie Erwartungsgewinn und Risiko zusammengestellt worden ist. In den letzten zwanzig Jahren hat dieses Problem unter dem Begriff Portfolio Selektion eine nachhaltige Behandlung in der finanztheoretischen Literatur gefunden [117, 123, 181].

Der von *Markowitz*, dem Begründer der Portfolio Selektion, zugrunde gelegte Ansatz soll hier zusammengefaßt dargestellt werden [34, S. 432 ff.; 123, S. 558 ff.].

Die zwei wesentlichen Bewertungskriterien, die die Investitionsattraktivität eines Portfolios kennzeichnen, sind die zukünftig erwartete Kapitalrendite und das Risiko oder die Varianz, die als mögliche Abweichung der Kapitalverzinsung zu erwarten ist. Die Kapitalverzinsung eines Portfolios läßt sich als Durchschnitt der einzelnen Kapitalrenditen errechnen, wie sich an folgendem Beispiel demonstrieren läßt [34, S. 425].:

| Aktie (i) | Erwartete Kapitalrendite $(R_i)^3$ | Relativer Anteilfaktor $(X_i)$ |
|---|---|---|
| 1 | 10% | 0,25 |
| 2 | 20% | 0,75 |

Die Rendite des Portfolios beträgt demnach:

$$R_p = R_1 X_1 + R_2 X_2 = 0{,}10\,(0{,}25) + 0{,}20\,(0{,}75) = 17{,}5\%$$

Allgemein gilt:

$$R_p = \sum_{i=1}^{N} R_i X_i$$

---

[3] Die zukünftige Kapitalverzinsung einer Aktie ist eine Jahresdurchschnittsrendite, die sich aus der Summe der Barwerte, der Dividendenzahlungen und der Aktienwerterhöhung, dividiert durch den Anschaffungspreis, errechnen läßt.

Nähme der Investor die Kapitalrendite als einzige Leitgröße, würde ein Portfolio immer nur aus einer Sorte Aktien, nämlich der mit der höchsten Rendite, bestehen. Die Risikokomponente muß daher in die Portfoliobetrachtung einbezogen werden. Als Kriterium für die Risikobewertung eignet sich die Varianz oder Standardabweichung, die sich aus der Wahrscheinlichkeitsverteilung der möglicherweise eintretenden Kapitalrenditen ermitteln läßt. Für zwei Aktien sind die durchschnittlich zu erwartende Kapitalrendite und die entsprechenden Standardabweichungen beispielhaft errechnet (s. Tab. 5).

Tab. 5: Berechnung von durchschnittlicher Kapitalrendite und Standardabweichung: Zwei Beispiele

| Aktie (i) | Mögliche Kapitalrenditen $(R_{ij})$ | Eintrittswahrscheinlichkeit $P(R_{ij})$ | Standardabweichung $S_i = \sqrt{\sum_{j=1}^{N}(R_{ij}-R_i)^2 P(R_{ij})}$ |
|---|---|---|---|
| 1 | 0% | 0.10 | |
|   | 5% | 0.20 | |
|   | 10% | 0.40 | |
|   | 15% | 0.20 | |
|   | 20% | 0.10 | |
|   | $R_1 = 10\%$ | 1.00 | $S_1 = 5{,}5$ |
| 2 | 5% | 0.10 | |
|   | 7,5% | 0.15 | |
|   | 10% | 0.50 | |
|   | 12,5% | 0.15 | |
|   | 15% | 0.10 | |
|   | $R_2 = 10\%$ | 1.00 | $S_2 = 2.6$ |

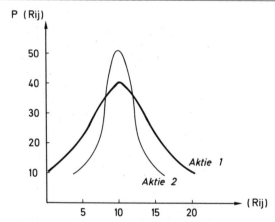

Abb. 6: Wahrscheinlichkeitsverteilung der Kapitalrenditen für 2 Aktien.

Portfolio Selektion

Die Standardabweichung der ersten Aktie liegt unter Annahme einer kontinuierlichen Normalverteilung bei 5,5, d.h. mit der Wahrscheinlichkeit von 68% fällt die Kapitalrendite zwischen 4,5% und 15,5% [90, S.11]. Im Vergleich zu einem zweiten Wertpapier mit einer erwarteten Kapitalrendite von ebenfalls 10% und einer Standardabweichung von nur 2,6% ist die erste Aktie als risikoreicher und damit als unattraktiver zu bewerten.

Die Errechnung der Standardabweichung oder Varianz eines Portfolios erfordert die Ermittlung der Kovarianz, die den Interaktionseffekt zwischen den einzelnen Aktien auf das Gesamtrisiko berücksichtigt. Der Grad der Interdependenz wird mit Hilfe des Korrelationskoeffizienten, der zwischen $+1$ und $-1$ liegen kann, bestimmt. Mathematisch kann die Standardabweichung als Risikofaktor für ein Portfolio mit 2 Aktien wie folgt dargestellt werden [34, S.428]:

$$S_p = \sqrt{X_1^2 S_1^2 + X_2^2 S_2^2 + 2 X_1 X_2 (P_{12} S_1 S_2)}$$

Wobei
$S_p$ = Standardabweichung des Portfolios
$X_1, X_2$ = relativer Anteil der Aktie 1 bzw. 2 im Portfolio
$S_1, S_2$ = Standardabweichung der Aktie 1 bzw. 2
$P_{12}$ = Korrelationskoeffizient der Aktie 1 mit Aktie 2
$S_{12}$ = $P_{12} S_1 S_2$ = Kovarianz
$X_1 + X_2$ = 1
$S_p^2$ = $V_p$ = Varianz des Portfolios

Allgemein gilt [123, S. 592]:

$$V_p = \sum_{i=1}^{N} \sum_{j=1}^{N} S_{ij} X_i X_j$$

Wobei
$S_{ii}$ = $S_i$

Bei einem hohen negativen Korrelationskoeffizienten ist das Gesamtrisiko eines Portfolios am niedrigsten, bei einem hohen positiven Korrelationskoeffizienten, z.B. bei Aktien aus einer gemeinsamen Branche wie der Automobilindustrie, in der Marktveränderungen gleiche Auswirkungen auf die Aktien der Kfz.-Industrie haben können, ist das Risiko am größten (s. Tab.6).

Tab. 6: Beispiel für die Bedeutung des Korrelationskoeffizienten in seiner Auswirkung auf das Gesamtrisiko eines Portfolios; Quelle: [34, S. 429]

| Ausgangssituation: | | $S_1 = 4$ $S_2 = 7$ | $X_1 = 0,5$ $X_2 = 0,5$ | |
|---|---|---|---|---|
| Wenn: | $P_{12} =$ | $-1,0$ | $0,0$ | $+1,0$ |
| Dann: | $S_P =$ | $1,5$ | $4,0$ | $5,5$ |

Für alle möglichen Portfolio-Kombinationen werden im folgenden Beispiel die Rendite ($R_p$) und das Risiko ($S_p$) ermittelt, um eine Auswahl (Portfolio Selektion) zu treffen.

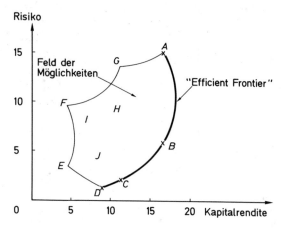

Abb. 7: Mögliche Portfolio Kombinationen; Quelle: [34, S. 430]

Das Feld der Möglichkeiten ist durch die zehn möglichen Portfolio-Kombinationen (A–J) abgegrenzt. Die effizienten Rendite-Risiko-Kombinationen sind die Portfolios, die bei gegebener Rendite ein minimales Risiko, oder bei gegebenem Risiko eine maximale Rendite ausweisen. In der Abbildung zeichnen sich vier effiziente Portfolios ab (A, B, C und D), die unter Anwendung der Effizienzkriterien für die engere Auswahl herangezogen werden. *Bolten* spezifiziert „those portfolios which, from among all the attainable portfolios, offer the highest return at a particular level of risk are called *efficient portfolios*... line ABCD is the *efficient frontier* along which all attainable, efficient portfolios lie" [34, S. 431]. Die endgültige Selektion ist abhängig von der individuellen Risikopräferenz des Auswählenden. „The portfolio manager should choose that portfolio which maximizes his utility" [34, S. 431]. Ein objektives Kriterium für die Auswahl zwischen alternativ effizienten Kombinationen gibt es nicht [144, S. 15].

## 2. Anwendung

Die reine Anwendung des *Markowitz-Modells* in der Verwaltung von Aktienfonds ist bisher daran gescheitert, die notwendige Informatioinsbeschaffung unter Kosten-Nutzen Aspekten zu rechtfertigen. Bei den ca. 1400 Aktien der New Yorker Börse müßten jeweils 1400 künftige Kapitalrenditen, 1400 Varianzen und 979 300 [n(n−1) : 2] Kovarianzen bestimmt werden. Da

Portfolio Selektion

sich diese Werte mit der Zeit verändern, müßten ständig Anpassungen vorgenommen werden. Der Aufwand für die Informationsverarbeitung und die durch permanente Veränderungen anfallenden Kosten wie Maklergebühren, verhindern eine kostengerechte Durchführung [75, S. 73 ff.]. Dennoch hat sich die Grundidee, ein Portfolio nach Kapitalrendite und Risiko zu bewerten, in der Praxis durchgesetzt. In Finanz- und Investmentgesellschaften ist das Management eines Portfolios zu einer wichtigen Aufgabe geworden. Z. B. erfreut sich die Zusammensetzung eines möglichst optimalen Anlagenportfolios („efficient portfolio") der ständigen Aufmerksamkeit der Bankunternehmen [37, 41, 73, 74, 136].

Mit der Entwicklung von simultanen Investitionsmodellen ist der Portfolio Selektion Ansatz von *Markowitz* auch auf die Sachinvestitionsmodelle übertragen worden [144, S. 13 ff.]. Hier ergeben sich Schwierigkeiten in der Informationsbeschaffung, insbesondere der Ableitung aussagefähiger Korrelierungen zwischen Zahlungsströmen von Investitionsobjekten. Die Übertragung des Markowitz-Modells auf den Produktionssektor ist formal problemlos. Schwierig ist die Ermittlung von Kovarianzen, die nur einen geringen Informationswert besitzen, weil die Deckungsbeiträge der Produkte häufig auf unsicheren Prognosen basieren [144, S. 15].

Die Konzeption der Portfolio Selektion findet auch Anwendung in den Diversifikationsbemühungen von Industrieunternehmen. Eines der Gründe für eine Diversifikation liegt in der Risikostreuung und der damit verbundenen Stabilisierung der Gesamtunternehmenserträge. Viele Unternehmen versuchen, ihre Gewinnsituation zu stabilisieren, durch eine Sortimentserweiterung (Sortimentsbreite und -tiefe), eine Expansion in neue geographische Absatzgebiete sowie durch eine Diversifikation in völlig neue Marktsegmente.

Die Entwicklung von Einprodukt-Firmen zu diversifizierten Multiprodukt-Unternehmen hat sich, wie die Untersuchungen von *Rumelt* zeigen, in dem Zeitraum von 1949 bis 1969 relativ schnell vollzogen [157, S. 51]. Der wirtschaftliche Erfolg tritt besonders bei den Diversifikationen ein, die auf den zentralen Fähigkeiten und Stärken eines Unternehmens aufbauen. Niedrigere Renditen sind bezeichnend für Diversifikationen in vollkommen unbekannten Marktsegmenten.

„He (*Rumelt*, d. Verf.) finds that the highest levels of economic performance occur among firms using strategies of controlled diversity-diversification that preserves and builds upon some central skill or strength" (157, Abstract]. Auch *Kitching* stellt in einer Analyse über 181 Akquisitionen in den USA fest, daß Diversifikationsaktivitäten in unbekannte Leistungsfelder mit hohen Risiken verbunden sind [111, S. 91]. Die Auswertung seiner Interviews mit US Führungskräften zeigt, daß sich allgemein nach einer Akquisition die Synergieeffekte, die nach funktionalen Bereichen differenziert sind, am wirkungsvollsten im Finanzbereich, dann mit abnehmender Rangfolge in den Sektoren Marketing, Forschung und Entwicklung und letztlich Produktion durchsetzen lassen [111, S. 93]. Die Gründe für eine vorrangige Betrachtung der finanzbezogenen Synergiepotentiale sind schnell zu erkennen. Die Kapitalkosten werden meist für die neu aufgenommene Firma niedriger. Die Muttergesellschaft bietet günstigere Zinsen und Zahlungstermine als der Kapitalmarkt. Häufig können durch Bereitstellung größerer Geldmengen Investitionen in den aufgekauften Firmen durchgeführt werden, die es erst dann möglich machen, das langfristige Erfolgspotential dieser Firmen voll auszuschöpfen. Besonders Konglomerate wie z. B. ITT, Gulf & Western, Indian Head haben es verstanden, ihre finanziellen Reserven konzentriert einzusetzen, indem sie ihre internen Kapitalströme in erfolgversprechende Firmen mit der vermutlich langfristig höchsten Rentabilität gelenkt haben.

Für jedes Unternehmen kann im Rahmen der strategischen Planung ein Portfolio von Investitionsprojekten nach bestimmten Kriterien zusammengestellt werden. *Carter* und *Cohen* betonen den Portfolio Begriff, um die Interdependenzen, die zwischen den einzelnen strategischen Projekten bestehen, in der strategischen Unternehmensplanung explizit zu berücksichtigen, denn in der Praxis wird über langfristige Investitionsprojekte häufig nur sequentiell entschieden [48, S. 8 ff.; 57, S. 349 ff.].

*Tilles* betrachtet ein Unternehmen als ein „mix of businesses" [204, S. 199], das unter Berücksichtigung bestimmter Kriterien wie Kapitalrendite, Risiko und Wachstum in seiner Gesamtheit zur Erreichung des Unternehmenszieles verändert werden sollte. Seit 1972 gehört General Electric zu den ersten Unternehmen, die einen Produkt-Portfolio Ansatz in der strategischen Planung anwenden [42, S. 52 ff.]. Der Wertpapier-Portfolio Ansatz hat damit in modifizierter Form ein weiteres Anwendungspotential gefunden, wie im Verlauf der Arbeit noch detailliert gezeigt wird.

Obwohl die Portfolio Management Konzeption für die strategische Planung weit differenzierter als die Grundidee der hier vorgestellten Portfolio Selektion sein wird, werden die zwei wesentlichen Aspekte des Portfolio Ansatzes

– eine konsequente Betrachtung des Systems als Ganzes sowie
– eine Berücksichtigung der Interdependenzeffekte von einzelnen Teilsystemen

wichtiger Bestandteil der weiteren Ausführungen sein.

# 2. Teil: Elemente einer Portfolio Management Konzeption

Der Erfolg der Unternehmensstrategie ist abhängig vom Erfolg einzelner Produkt- bzw. Geschäftsbereichsstrategien. *Hofer* stellt die Basis für den Unternehmenserfolg sehr treffend heraus, indem er beobachtet, daß „over the long run a firm could not achieve success at a corporate level until it knew how to achieve success at a business level" [104, S. 786]. Bevor der Aufbau einer Portfolio Management Konzeption diskutiert wird, sollen in diesem Teil der Arbeit die Elemente, die die Grundlage für eine Entwicklung einer Unternehmensstrategie liefern, herausgestellt werden (s. Abb. 8):
- Strategische Planungsebenen
- Strategische Geschäftsfelder (SGF)
- Strategische Erfolgsfaktoren.

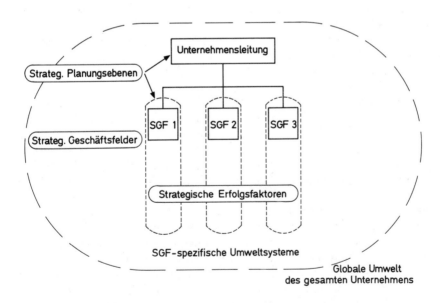

Abb. 8: Elemente einer Portfolio Management Konzeption.

## A. Strategische Planungsebenen

Die aus der Analyse der Anwendungsprobleme herkömmlicher Planungskonzepte abgeleiteten Anforderungen an einen verbesserten Planungsansatz beziehen sich sowohl auf die *zentrale* Unternehmensleitung, als auch auf die einzelnen *dezentralen* Produkt- bzw. Geschäftsbereiche sowie auf den Interaktionsprozeß zwischen diesen beiden Unternehmensebenen. Dabei werden folgende Aspekte der strategischen Planung berücksichtigt:
  – Strategische Planung als wichtige Führungsaufgabe der Unternehmensleitung.
  – Strategische Planung als Planungsmethode, die die Abstimmung der Teilstrategien zu einer konsistenten Gesamtstrategie gewährleistet.
  – Strategische Planung mit einer auf das gesamte Unternehmen bezogenen Risikobeurteilung.
  – Strategische Planung mit Hilfe von differenzierten, auf die aufgabenspezifische Umwelt eines dezentralen Verantwortungsbereiches ausgerichteten Leitgrößen.
  – Strategische Planung als iterativer Prozeß.
  – Strategische Planung als kommunikativer Prozeß.

Um diesen spezifischen Anforderungen gerecht zu werden und auch die Erfolgspotentiale einzelner Produkt- bzw. Geschäftsbereiche zu nutzen, ist eine Trennung von zentralen und dezentralen strategischen Planungsaufgaben angebracht [160, S. 21; 187, S. 1178]. Die strategische Planung impliziert damit einen Prozeß, der sowohl auf zentraler als auch dezentraler Unternehmensebene abläuft (s. Abb. 9).

Im allgemeinen formuliert die zentrale Firmenleitung im Rahmen der strategischen Planung die ersten groben Zielvorstellungen, Restriktionen und Rahmenbedingungen für das gesamte Unternehmen. Daran anschließend werden von den einzelnen Verantwortungsbereichen auf der dezentralen Ebene strategische Alternativen aufgestellt, da dort detaillierte Kenntnisse über Chancen und Bedrohungen von seiten der aufgabenspezifischen Umweltsysteme vorhanden sind. Ferner werden konkrete Zielvorstellungen, erforderliche Maßnahmen und Daten über damit verbundene finanzielle Auswirkungen dezentral erarbeitet. Diese Informationen werden dann zentral in „Strategieketten" [29, S. 377] oder Gesamtstrategiekombinationen verdichtet. Z. B. wird ermittelt, welche Anpassungen in den Unternehmenszielen, Restriktionen und den strategischen Alternativen notwendig sind. Erst wenn eine für das Unternehmen „optimale" Strategiekombination gefunden und diese mit den beteiligten dezentralen Entscheidungsträgern abgestimmt und verabschiedet ist, werden die strategischen Pläne in Form von taktischen und operativen Plänen ausgearbeitet und zur Durchführung vorbereitet.

# Strategische Planungsebenen

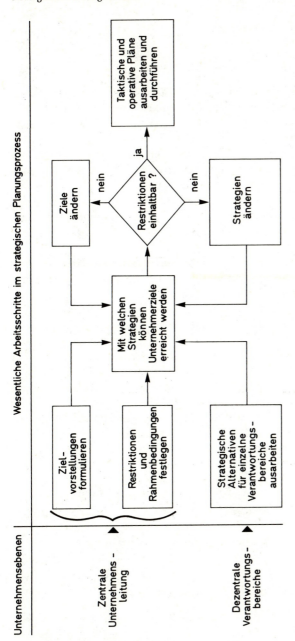

Abb. 9: Strategische Planung als fortlaufender iterativer Prozeß auf zwei Unternehmensebenen.

## B. Strategische Geschäftsfelder

### 1. Definition strategischer Geschäftsfelder

In der Literatur wird die Definition von Geschäftsaktivitäten („busineses") als erster Schritt in der strategischen Planung herausgestellt [69, S. 67 ff.; 204, S. 183 f.]. Es ist allgemein notwendig, die Geschäftsaktivitäten in Bereiche aufzuteilen, in denen sinnvoll strategisch gearbeitet werden kann.

Vor allem für große Multiprodukt-Unternehmen hat es sich als notwendig erwiesen, nicht nur strategische Planung auf zentraler Unternehmensebene, sondern vermehrt in den einzelnen Teilbereichen einzuführen [104, S. 784 ff.]. Aus diesem Grunde wurden z.B. bei General Electric „Strategic Business Units (SBU)" geschaffen, mit deren Hilfe die Geschäftsaktivitäten der GE in einzelne *strategische Geschäftsfelder* aufgeteilt werden konnten [153, S. 98 ff.; 187, S. 1177 ff.].

Die Definition von strategischen Geschäftsfeldern (SGF) bildet die Voraussetzung zu strategischer Planungsarbeit. Erst dann können SGF-spezifische Marktdaten ermittelt, Stärken und Schwächen analysiert, Zielvorstellungen und die daraus resultierenden Maßnahmen festgelegt werden.

Ein bedeutender Vorteil für die Bestimmung von solchen SGFs liegt darin, daß die kritischen strategischen Fragen nicht generell für das Unternehmen als Ganzes, sondern spezifisch für einzelne SGFs gestellt werden können, so z.B.:

— Wer sind die Hauptwettbewerber in den einzelnen SGFs und welche Strategien sind von ihnen zu erwarten?
— Wie hoch ist das Marktwachstum, und welches sind die Haupteinflußfaktoren auf das zukünftige Marktvolumen?
— Welche technologischen Entwicklungen zeichnen sich für die Zukunft ab, und welche Chancen und Bedrohungen ergeben sich daraus?
— Welches sind die wesentlichen wettbewerblichen Vor- und Nachteile, und wie können diese strategisch genutzt bzw. abgebaut werden?
— Welches sind die wesentlichen Faktoren, die Erfolg oder Mißerfolg bestimmen?

### 2. Bildung von strategischen Geschäftsfeldern

Für eine eindeutige Definition der strategischen Geschäftsfelder liegen keine objektiven Abgrenzungsanweisungen vor [157, S. 14]. Es haben sich aber in den letzten Jahren in Literatur und Praxis einige Lösungsansätze zu ihrer Bestimmung abgezeichnet.

## 2.1 Allgemeine Abgrenzungskriterien

Die Kombination der beiden Elemente „Produkt" und „Markt" bildet in der Regel die Grundlage für eine SGF-Definition [178, S.5]. *Tilles* führt diesen Gedanken weiter, indem er betont, daß „the basic concept of a business is that of a match between a given product group and a given market. In this context defining a business involves three elements: A definition of the product, a definition of the market, and an explicit determination of the connection between the two" [204, S. 184]. Grundlage für die Definition einer SGF bilden also die Abgrenzungsmerkmale
- Produkt
- Markt
- Produkt-Markt Kombination.

### 2.1.1 Produkt

Ein Produkt läßt sich anhand folgender drei Hauptmerkmale charakterisieren [178, S.5]:
- *Hardware*, z.B.
  - Modelle (Typen)
  - Serien-/Sonderfertigung
  - Zubehör
- *Software*, z.B.
  - Computer-Programme
  - Handbücher
  - Checklisten
- *Service (Kundendienst)*, z.B.
  - Installationen
  - Reparaturen
  - Ausbildungs-/Trainingsseminare
  - Beratung.

So gesehen ist ein Produkt eine *Hardware-Software-Service Kombination*, die unter langfristig strategischen Gesichtspunkten funktionsorientiert, d.h. unabhängig vom Einsatz z.B. von Verfahrens- und Materialtechnologien, definiert wird [59, S.27f.]. Aus diesem Grunde orientieren sich *Chevalier* und *Zumino* bei der SGF-Definition an einer Produktgruppe bestehend aus verschiedenen Produkttypen, jedoch mit gleichem Verwendungszweck (Funktion) [54, S. 157ff.]. Z.B. bilden elektromechanische und elektronische Taxometer eine Produktgruppe, da beide Geräte die gleiche Funktion, nämlich das monetäre Erfassen der Taxileistung erfüllen. *Chevalier* und *Zumino* kommen zu der Schlußfolgerung, daß „a product line approach seems the best way to take into account market and technological discontinuities as they shift over time" [54, S. 138]. Diese Betrachtungsweise ermöglicht eine zeitlose Produktdefinition, da Produktinnovationen wie z. B. Material- oder technologische Substitutionen im Rahmen der Produktgruppen bzw. der Funktionsorientierung einbezogen sind.

### 2.1.2 Markt

Hauptabgrenzungsmerkmale für eine Marktdefinition sind die *Abnehmergruppen* und der *regionale Markt*.

Abnehmergruppen lassen sich u. a. wie folgt differenzieren [29, S. 129]:
- *Abnehmerbranchen*, z. B.
  - Automobilindustrie
  - Maschinenbauindustrie
- *Abnehmerklassen*, z. B.
  - Industrie
  - Handel
  - Öffentliche Hand
  - Konsument
- *Größenklassen*, z. B.
  - Großabnehmer
  - Kleinabnehmer
- *Qualitätsklassen*, z. B.
  - Qualitätsansprüche (hoch/niedrig)
  - Servicekomfort (mit/ohne)
- *Vertriebswege*, z. B.
  - Großhandel
  - Einzelhandel
  - Direktvertrieb.

Der „direkte Markt" ist das geographische Absatzgebiet, in dem ein Unternehmen gegenwärtig seine Produkte und Serviceleistungen anbietet, während der „relevante Markt" für ein SGF die geographische Region ist, in der ein Unternehmen und/oder wesentliche derzeitige und künftige potentielle Wettbewerber ihre Produkte anbieten. „Direkter" und „relevanter" Markt sind häufig nicht identisch. Nur auf der Basis des relevanten Marktes kann meist eine realistische Marktanalyse durchgeführt werden. So sollte z. B. ein deutsches Unternehmen, das eine bestimmte Produktgruppe nur in der Bundesrepublik Deutschland vertreibt, in diesem direkten Markt jedoch amerikanische und japanische Konkurrenten als wesentliche Wettbewerber hat, die auch in anderen internationalen Märkten vertreten sind, für eine strategische Ausgangsanalyse den Weltmarkt als relevante Marktbasis nehmen. Denn nur durch eine Analyse des relevanten Marktes und den darin einbezogenen Schwerpunktländern können Chancen (Marktexpansion in neue Absatzgebiete), wie auch Bedrohungen (Marktstellung und Strategie der Hauptwettbewerber) realistisch beurteilt werden. Der relevante Markt kann je nach Erfordernis z. B. als Erdteil wie Europa, eine Wirtschftsregion wie die EG, ein Land wie Deutschland oder ein regionales Gebiet wie das Ruhrgebiet abgegrenzt werden.

### 2.1.3 Produkt-Markt Kombination

Eine Produkt-Markt Kombination besteht aus einer *Produktkomponente*, die durch Merkmale wie Hardware, Software und Service charakterisiert wird, und einer *Marktkomponente*, die durch verschiedene Abnehmergruppen und den spezifischen relevanten Markt gekennzeichnet wird. Eine für die strategische Planung bedeutungsvolle Produkt-Markt Kombination existiert dort, wo sich signifikante Unterschiede in den Kosten-, Preis- und Gewinn-Relationen zu anderen Produkt-Markt Kombinationen abzeichnen [149, S. 100 f.].

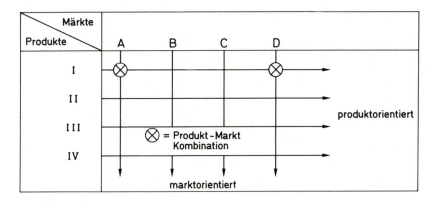

Abb. 10: Definition von Produkt-Markt Kombinationen.

So z. B. kann das Schreibmaschinenangebot nach Produkten in „Stand-" und „Koffer-Maschinen", nach Abnehmern in „Schreibbüros" und „Endabnehmer" sowie nach Vertriebswegen in „Direktvertrieb" und „Einzelhandel" gegliedert werden (s. Abb. 11).

Die Produkt-Markt Kombination „Direktvertrieb von Standmaschinen an Schreibbüros" ist in der Kostenstruktur ein anderes Geschäft als der Verkauf von „tragbaren Schreibmaschinen durch den Einzelhandel an Endabnehmer" (s. Abb. 12).

| Märkte\Produkte | Schreibbüros | | Endabnehmer | | |
|---|---|---|---|---|---|
| | Direkt-Vertrieb | Einzel-handel | Direkt-vertrieb | Einzel-handel | . . . . . . |
| Stand-Schreib-maschinen | ⊗ (groß) | ⊗ | | ⊗ | |
| Tragbare Schreib-maschinen | ⊗ | ⊗ | | ⊗ (groß) | |
| ⋮ | | | | | |

Abb. 11: Ein Beispiel: Bestimmung der zwei wesentlichen Produkt-Markt Kombinationen für das Schreibmaschinengeschäft (die Kreisfläche indiziert das Umsatzvolumen des Gesamtmarktes).

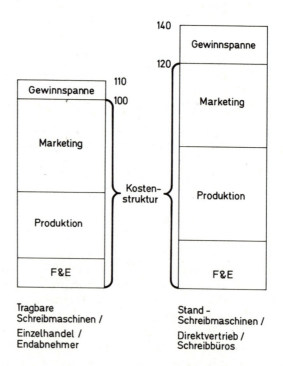

Abb. 12: Unterschiedliche Kosten-Preis-Gewinn Relationen für zwei Produkt-Markt Kombinationen aus der Schreibmaschinenbranche (Werte in DM/St.)

## 2.2 Spezifische Abgrenzungskriterien

Vorwiegend in der amerikanischen Literatur sind erste Erfahrungen über die Bildung von strategischen Geschäftsfeldern dokumentiert. So hat z. B. General Electric im Rahmen der strategischen Planung die Aktivitäten in 43 strategische Geschäftsfelder (Strategic Business Units) aufgeteilt, wobei die SGFs von unterschiedlichem Umfang sind [42, S. 56]. Einige sind identisch mit einem Unternehmensbereich, andere nur mit einem Produktbereich. Eine einmal festgelegte SGF-Bildung ist nicht statisch zu betrachten, da die externen und unternehmensinternen Veränderungen ein regelmäßiges Überprüfen der SGF-Abgrenzung erfordern.

Bei der Bestimmung der strategischen Geschäftsfelder für GE wurden u. a. folgende spezifische Kriterien beachtet [42, 160, 187]:

- Jedes SGF verfolgt sein eigenes Ziel, möglichst unabhängig von anderen SGFs.
- Die Konkurrenz-Situation ist durch SGF-spezifische Wettbewerber gekennzeichnet.
- Das SGF ist als Wettbewerber im Markt vertreten und nicht überwiegend als interner Zulieferant tätig.
- Die Voraussetzungen für eine strategische Planung und für ihre unabhängige Durchführung in bezug auf Forschung und Entwicklung, Fertigung und Marketing müssen für jedes SGF gegeben sein.

*Rumelt* erweitert diese Aspekte für die Bildung von unabhängigen SGFs durch drei zusätzliche Entscheidungskriterien [157, S. 13 f.]:

- Die Entscheidung, ein SGF zu liquidieren oder auszubauen, sollte das Geschäft der anderen SGFs nicht wesentlich verändern.
- Die Entscheidung, einen neuen Verfahrensprozeß oder neues Rohmaterial in der Fertigung eines SGF einzusetzen, sollte keinen bedeutenden Einfluß auf andere SGFs haben.
- Die Entscheidung Preis, Qualität oder Kundendienstleistungen innerhalb eines SGF zu verändern, sollte die Strategien anderer SGFs nicht wesentlich beeinflussen.

So wäre es beispielsweise im Fall der Firma Xerox sicherlich nicht sinnvoll, das Kopierpapiergeschäft von dem Geschäft der Kopiermaschinen zu trennen, weil beide Aktivitäten aufgrund der bestehenden wechselseitigen strategischen Abhängigkeiten die oben erwähnten Kriterien nicht erfüllen.

Die Einteilung in möglichst unabhängige SGFs schließt nicht aus[4], daß vorhandene Synergien, die sich in manchen Firmen wie ein roter Faden,

---

[4] Die Bildung von relativ »unabhängigen« SGFs im Rahmen einer Strategieentwicklung für das gesamte Unternehmen schließt eine spätere Abstimmung mit den einzelnen SGF-Strategien hinsichtlich bestehender Liefer-, Wettbewerbs- und Regionalverflechtungen nicht aus.

„common thread" [15, S. 105], durch ein Unternehmen ziehen, in die Planung einbezogen werden können. Um unternehmensspezifische Fähigkeiten wie z. B. bestimmte Forschungs- und Entwicklungs-Kenntnisse und/oder die Erfahrungen über die Verarbeitung bestimmter Rohstoffe zu erhalten und zu fördern, soll bei der zentralen Zusammenstellung und Auswahl geeigneter Strategiekombinationen die Ausnutzung von Synergiepotentialen berücksichtigt werden [204, S. 201].

Ein weiteres zentrales Abgrenzungskriterium bezieht sich auf die Zuordnung von eindeutig definierbaren und permanenten Kundenproblemen zu einzelnen SGFs. Die strategische Planung ist vorrangig auf die SGF-spezifischen Kundenprobleme auszurichten, die in der Zukunft mit hoher Wahrscheinlichkeit weiterbestehen werden. Um die Dauerhaftigkeit der relevanten Anwendungsprobleme zu analysieren, sind die bestehenden und künftigen potentiellen Lösungstechnologien zu präzisieren [86, S. 3] in solche,

- die derzeit bereits auf dem Markt sind,
- die sich gerade im Versuchs- und Erprobungsstadium befinden und
- die aufgrund bekannter physikalischer Wirkung prinzipiell möglich, aber in ihrer Erfolgswahrscheinlichkeit mehr oder weniger unsicher sind.

Ein wichtiger Aspekt bei der SGF-Abgrenzung ist die für eine Strategieentwicklung erforderliche Datenbasis. Erforderliche Marktinformationen können mit Unterstützung einer internen und/oder externen Marktforschung für einzelne SGFs erarbeitet werden. Unternehmensinterne Zahlen wie z. B. Daten über Umsätze, Kosten, Erträge und gebundenes Kapital haben nur dann Bedeutung, wenn diese direkt und/oder indirekt den einzelnen SGFs sinnvoll zugeordnet werden können.

Die spezifischen Abgrenzungskriterien zur Bildung von SGFs lassen sich wie folgt zusammenfassen [101, S. 210ff.]:

- Ein SGF orientiert sich an einem eindeutig definierbaren und *andauernden* Kundenproblem (Produkt-Markt Kombination).
- Es bestehen innerhalb eines SGF einheitliche und zu anderen SGFs unterschiedliche Merkmale
  • in den Kundenbedürfnissen (z. B. Qualitätsansprüche, Servicekomfort)
  • in den Marktverhältnissen (z. B. Größe, Wachstum, Wettbewerbsstruktur)
  • in der Kostenstruktur (z. B. F&E, Produktion, Marketing)
- Für ein SGF läßt sich unabhängig von den Strategien anderer SGFs eine eigene Strategie planen und durchführen.

## 2.3 Detaillierungsgrad

Ein kritisches Problem bei der Bildung von SGFs liegt in der Festlegung eines Detaillierungsgrades, der für die strategische Planung aussagefähig ist. *Tilles* bemerkt dazu: „A critical issue in defining a business is to do so at the most meaningful level of generalization" [204, S. 186]. Eine eindeutig klare Lösung für dieses Problem läßt sich nicht finden. Der für eine SGF-Definition erforderliche Detaillierungsgrad sollte im Hinblick auf unternehmensspezifische Gegebenheiten sowie auf praxisnahe Anwendung festgelegt werden, wobei jeweils unterschiedliche Anforderungen abhängig von der Planungsphase und der strategischen Planungsebene bestehen.

Der Detaillierungsgrad ist bei der strategischen Planung grundsätzlich geringer als bei der operativen Planung. So ist es beispielsweise für ein Papierunternehmen im Rahmen einer strategischen Planung nicht von Interesse, die Umsatzentwicklung von gebleichten, ungefärbten Kraftpapieren der Qualitätssorte 1 a 150 g/m$^2$, sondern eine ganze Produktgruppe wie „Kraftpapiere" als SGF zu betrachten [29, S. 129]. Ein SGF sollte jedoch auch nicht zu allgemein definiert werden, wie z. B. als „Transportmittel für Energieträger" anstatt spezifischer als „Rohrleitungen für Erdgas".

Für eine zentrale Unternehmensleitung liegen die strategischen Planungsaufgaben in langfristigen Investitionsentscheidungen, die zu einer für das gesamte Unternehmen sinnvollen, optimalen Mischung von SGFs führen sollen.

Im Gegensatz dazu liegen für eine dezentrale SGF-Leitung die strategischen Planungsaufgaben auf einer tieferen Detaillierungsebene, nämlich in der Ableitung SGF-spezifischer Zielvorstellungen und in der Entwicklung alternativer SGF-Strategien und Maßnahmenkombinationen. Grundlage für die Entwicklung detaillierter SGF-Strategien bildet die Marktsegment-Analyse, die für einzelne SGFs die bedeutenden Segmente nach Faktoren wie z. B. Volumen, Abnehmerverhalten, Wachstum, Marktanteil, Umsatz und Deckungsbeitrag differenziert (s. Abb. 13)[5]. Für einzelne Segmente werden Zielvorstellungen und Maßnahmen erarbeitet, die dann zu einer SGF-Strategie verdichtet werden.

Bei der strategischen Planung für ein spezifisches SGF gewinnt der Inhalt der Marktsegment-Analyse zunehmend an Bedeutung, da sich bestimmte segmentspezifische Faktoren recht unterschiedlich entwickeln und damit innerhalb eines SGF differenzierte segmentspezifische Maßnahmen erfordern.

---

[5] In der Literatur werden häufig die Begriffe Produkt-Markt Kombination und Marktsegment als Synonyme betrachtet. Im Verlauf dieser Arbeit sollen jedoch beide Bezeichnungen begrifflich getrennt bleiben. Die Produkt-Markt Kombination dient zur Bildung von SGFs; die Marktsegmentation bildet die Grundlage für die Erarbeitung einer SGF-Strategie.

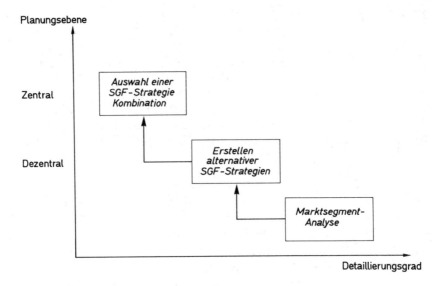

Abb. 13: Detaillierungsgrad der strategischen Aufgaben in Abhängigkeit der Planungsebenen.

Ein konkretes Beispiel verdeutlicht die Relevanz einer Marktsegment-Analyse [38, S. 175f.].

Innerhalb des europäischen Wälzlagergeschäftes setzten die heimischen Anbieter ihre Produkte zu relativ hohen Preisen ab. Ein japanischer Anbieter hatte dagegen ein bestimmtes Marktsegment identifiziert, das darin bestand, „Standardprodukte", die in großen Stückzahlen gefertigt wurden, mit geringem Kundendienstaufwand an Großabnehmer zu liefern. Ein hoher Marktmischpreis ermöglichte es dem neuen Anbieter, mit segmentspezifisch kalkulierten Preisen einen Markteinstieg bei relativ gutem Gewinn zu erzielen. Die europäischen Wettbewerber bemerkten erst sehr spät, daß sie immer mehr in das weniger ertragreiche Marktsegment der schwierigen und serviceintensiven Problemlösungen für Kleinabnehmer gedrängt wurden, das sich durch lange Produktentwicklung, hohen Beratungsaufwand und kleine Serien auszeichnete. Dem japanischen Unternehmen war es gelungen, seine Strategie der Steigerung des Marktanteils für das SGF „Wälzlager" im Weltmarkt (relevanter Markt) mit gezielten Maßnahmen in einem bestimmten Marktsegment durchzusetzen.

## C. Strategische Erfolgsfaktoren

### 1. Definition und Abgrenzung strategischer Erfolgsfaktoren

Strategische Erfolgsfaktoren sind solche Faktoren, die einen wesentlichen Einfluß auf das Erfolgspotential eines strategischen Geschäftsfeldes haben. In den letzten Jahren hat man durch empirische Studien Gesetzmäßigkeiten aufdecken können, die in *bestimmten Situationen* den Erfolg oder Mißerfolg eines SGF beeinflussen [85, S. 375]. *Hofer* hat in seinen Veröffentlichungen sehr ausführlich die Ergebnisse der bisher durchgeführten Forschungsstudien über strategische Erfolgsfaktoren ausgewertet, die sich detailliert mit der Frage beschäftigen, „how to be successful in the XYZ business" [103; 104; 105, S. 273].

Aus den umfänglichen Arbeiten sollen im folgenden Teil nur die Untersuchungen herausgestellt werden, deren Ergebnisse Grundlage für den Aufbau einer Portfolio Management Konzeption bilden. Die Darstellung beschränkt sich auf drei Untersuchungen, die überwiegend aus der amerikanischen Forschungsarbeit stammen:
- Produktlebenskurve (Product Life Cycle)
- Erfahrungskurve (Experience Curve)
- PIMS-Untersuchungen über Auswirkungen der Marktstrategien auf den Gewinn (Profit Impact of Market Strategies).

### 2. Modell der Produktlebenskurve

Das Modell der Produktlebenskurve ist durch empirische Untersuchungen über Umsatz- bzw. Absatzentwicklungen einzelner Produkte aufgedeckt worden. Diese Studien für eine Reihe von Produkten zeigen, daß die Le-

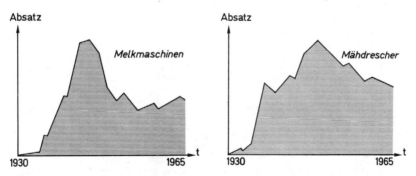

Abb. 14: Empirische Produktlebenskurven für zwei ausgewählte Produkte aus der amerikanischen Landwirtschaftsindustrie; Quelle: [84, S. 236].

benszyklen durch einen typischen Verlauf gekennzeichnet sind. Zwei Beispiele aus der amerikanischen Landwirtschaftsindustrie veranschaulichen die Phasen der Produktlebenskurve über einen Zeitraum von 35 Jahren (s. Abb. 14).

Nach einer Glättung der Umsatzkurven lassen sich typische Lebensphasen für ein Produkt herausstellen. Dabei wird die Phaseneinteilung relativ willkürlich vorgenommen [126, S.339]. In der Marketingliteratur wird häufig folgende Einteilung zur Erklärung des Phänomens der Lebenskurve verwendet:

- Einführungsphase
- Wachstumsphase
- Reifephase
- Sättigungs-/Rückgangsphase.

*Wasson* differenziert die Wachstumsphase zusätzlich in eine „rapid growth" und eine nachfolgende „competitive turbulance" Phase und teilt damit den Lebenszyklus eines Produktes in insgesamt fünf typische Phasen ein. Jedoch sind diese, wie auch alle anderen Abgrenzungen, empirisch nicht abgesichert [209, S.247ff.].

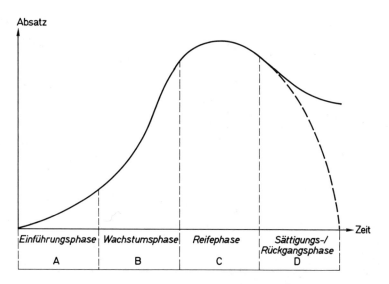

Abb. 15:   Eine ideal-typische Produktlebenskurve mit vier Hauptphasen.

Relativ problematisch erscheint die Anwendung dieses Modells, da eine Reihe von Einschränkungen gemacht werden müssen [126, S.343]:
  - Das Lebenszykluskonzept hat keine Allgemeingültigkeit, da eine

Gesetzmäßigkeit sich weder empirisch belegen noch theoretisch ableiten läßt.
- Die Phasen eines Produktzyklus sind nicht automatisch festgelegt, sondern werden von absatzpolitischen Entscheidungen beeinflußt. „Therefore, the product life cycle is the result, rather than the cause, of marketing strategy decisions" [72, S. 48].
- Eindeutige Kriterien zur Abgrenzung der Produktlebensphasen liegen nicht vor.

Das Modell verliert durch diese Einschränkungen an Aussagekraft.

Bei der Analyse des Lebenszyklusmodells ist die Bezugsgröße von Bedeutung, da sie unterschiedlich festgelegt werden kann [126, S. 342]:
- Branche (z. B. Elektrobranche)
- Produktgruppe (z. B. Farbfernsehgeräte)
- Produkt bzw. Marke (z. B. Farbfernsehgerät der Marke „X").

Die Produktabgrenzung hat damit Einfluß auf den Verlauf des Lebenszyklus. Wird das Produkt umfassender im Sinne einer Produktgruppe oder eines SGF definiert, orientiert sich die Produktabgrenzung an einem permanenten Kundenproblem oder Kundenbedürfnis, d. h. nach einer Reifephase wird der Umsatz meist eine kurze Rückgangsphase durchlaufen, um sich danach bei einem konstanten „Ersatzbedarf" in der Sättigungsphase („petrification phase") einzupendeln (s. Beispiele in Abb. 14) [72, S. 46 ff.; 130, S. 88 ff.].

Wenn jedoch das Produkt als Marke oder Modell einer Produktgruppe definiert wird, verkürzt sich die Dauer des Lebenszyklus und nach einer Reifephase tritt häufig ein starker Rückgang ein (siehe gestrichelte Linie in Abb. 15), der meist durch Substitution eines technologisch verbesserten oder preisgünstigeren Produktes mit gleicher Funktion verursacht wird. Darüber hinaus stellt *Meffert* fest, daß die Produktabgrenzung Einfluß auf den Aussagewert des Lebenszykluskonzeptes hat. „Je allgemeiner die Bezugsgrößen sind, um so plausibler erscheint das Konzept" [126, S. 342]. Obwohl das Modell von lediglich „beschreibender Natur" ist, wird es als Hilfsmittel in der strategischen Planung eingesetzt, da die Produkte für eine langfristige Betrachtung meist umfassender abgegrenzt werden. Es gibt keine Verfahren, die die absolute Lebensdauer eines Produktes exakt prognostizieren und die für ein bestehendes Produkt exakt die Position auf der entsprechenden Lebenskurve bestimmen können. Dennoch wird häufig mit Schätzungen gearbeitet, um, abhängig von der Position auf der Produktlebenskurve, differenzierte SGF-Strategien zu entwickeln [80, 104, 209].

## 3. Modell der Erfahrungskurve

Das Modell der Erfahrungskurve läßt sich unmittelbar aus der Konzeption der Lernkurve ableiten[6].

### 3.1 Die Lernkurve als Element der Erfahrungskurve

Im Jahre 1925 wurde in den Montagehallen der Wright-Patterson Airforce Base zum ersten Mal ein sinkender Montageaufwand pro Flugzeug bei steigendem Fertigungsvolumen beobachtet [150, S. 213]. Das Phänomen, daß die Lohnkosten bei der Fertigung von Produkten mit dem kumulierten Volumen sinken, ist unter dem Namen „Lernkurve" bekannt geworden. Schon *Adam Smith* hat dieses Phänomen entdeckt, nämlich, daß die Produktivität mit dem Grad der Arbeitsteilung steigt (183). Dieser Zusammenhang läßt sich graphisch an einer 85% Lernkurve beispielhaft illustrieren. Bei jeder Verdopplung des kumulierten Produktionsvolumens nimmt der Aufwand pro gefertigter Einheit um 15% ab (s. Abb. 16).

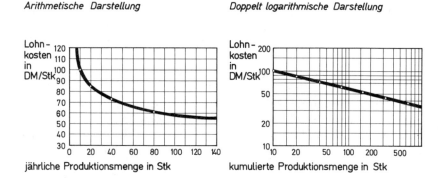

Abb. 16: Typische Lernkurve (85%) mit arithmetischer und logarithmischer Darstellung; [Quelle: 95, S. 1 f.].

In einer Reihe von empirischen Studien [2, 21, 22, 23, 102, 146, 198, 210, 212] konnte diese Gesetzmäßigkeit zwischen dem Lohnaufwand pro produzierter Einheit und dem kumulierten Produktionsvolumen bestätigt werden. *Conway* und *Schulz* betonen den praktischen Wert der Lernkurve zur Schätzung künftiger Produktionskosten, bemerken aber einschränkend, daß die fehlende Kenntnis der wesentlichen Ursachen und ihrer Auswirkungen

---

[6] In dieser Arbeit wird die Konzeption der Lernkurve ausschließlich in Zusammenhang mit den Produktionskosten dargestellt.

eine exakte Begründung des Kostendegressionseffektes nicht möglich macht: „This particular form of relationship has not yet been logically or mathematically related to manufacturing procedures in terms of quantitative cause and effect" [58, S. 41]. *Hirschmann* stellt deshalb die Lernkurve zunächst nur als ein empirisch belegbares *Phänomen* heraus, indem er sagt: „The learning curve, I believe, is an underlying natural characteristic of organized activity, just as the bell-shaped curve is an accurate depiction of normal, random distribution of anything, from human IQ's to the size of tomatoes" [102, S. 125].

Für den Lernkurveneffekt werden eine Reihe von Einflußfaktoren und deren Kombinationen genannt [102, S. 125 ff.; 219, S. 36]:
- Lerneffekte bei dem Einzelnen sowie auch in der Gruppe,
- Aufbau- und ablauforganisatorische Verbesserungen, u. a.
  - neue Management Informations-, Kontroll- und Steuerungssysteme,
  - Entstehung eines effizienten Ersatzteillagers und einer leistungsfähigen Instandhaltung,
  - verbesserte Arbeitsmethoden und Koordination bei entstehenden Routineabläufen,
- Einsatz neuer technologischer Herstellungsverfahren,
- bessere Maschinen- und Werkzeugausstattung,
- verbesserte Auslastung des Maschinenparks,
- bauliche Anpassungen an einen leistungsfähigen Fertigungsprozeß.

Auch wenn es sehr schwierig ist, den Lernkurveneffekt in die einzelnen Ursachen aufzugliedern, so kann, wie die empirischen Untersuchungen zeigen, an dessen dauerhafter Existenz wenig Zweifel bestehen.

## 3.2 Aussagekraft der Erfahrungskurve

Bei der Beobachtung des Erfahrungskurveneffektes handelt es sich um eine im Vergleich zum Lernkurveneffekt schwerer erkennbare Regelmäßigkeit: Mit jeder Verdopplung der im Zeitablauf *kumulierten Produktionsmengen* gehen die auf den *Wertschöpfungsanteil* bezogenen und in *konstanten Geldeinheiten* ausgedrückten *Stückkosten* eines Produktes *potentiell* um 20 bis 30% zurück und zwar sowohl innerhalb einer *Branche*, als auch beim *einzelnen Anbieter* [8, S. 352; 84, S. 241; 98, S. 19; 100, S. 71; 140, S. 34 145, S. 47; 219, S. 2].

Um 1966 wurden die ersten empirischen Studien in der elektronischen und chemischen Industrie durchgeführt, in denen nicht nur die Lohnkosten, sondern die gesamten Stückkosten (exkl. Materialkosten) zu dem kumulierten Produktionsvolumen in Relation gesetzt wurden. Im Gegensatz zur Lernkurve werden bei der Kosten-Erfahrungskurve alle *direkt* auf ein Produkt bzw. strategisches Geschäftsfeld *zurechenbaren* und *ausgabenwirksamen* Kostenelemente wie Kapital-, Entwicklungs-, Fertigungs-, Distributions-, Vertriebs-, Marketing-, allgemeine Verwaltungskosten und sonstige Gemeinkosten berücksichtigt [98, S.10].

Aus der geglätteten kumulierten Ausgabenkurve werden die oben definierten Stückkosten für die Kosten-Erfahrungskurve abgeleitet (s. Abb. 17)[7].

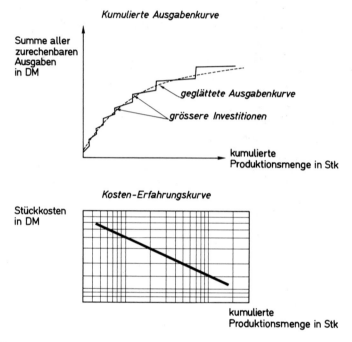

Abb. 17: Ableitung der Kosten-Erfahrungskurve; Quelle: [219, S. 3 u. 59].

Das doppelt logarithmische Ordinatensystem wird gewählt, um die konstante Wechselbeziehung zwischen „Erfahrung" (kumulierte Produktionsmenge) und „Kosten" (Stückkosten) stärker herauszustellen [98, S.21].

Diese lineare Wechselbeziehung läßt sich durch eine mathematische Transformation von einer hyperbolischen in die logarithmische Funktion ableiten [100, S.75; 159, S.16].

---

[7] Die Veränderung der kumulierten Ausgaben dividiert durch die Veränderung der kumulierten Erfahrung ergeben die Stückkosten in der Erfahrungskurve [98, S. 102].

# Strategische Erfolgsfaktoren

(1) y $= ax^{-b}$
(2) log y $= \log a - b \log x$

wobei

y $=$ durchschnittliche Stückkosten bei x-Produktionseinheiten
a $=$ Kosten der ersten Produktionseinheit
x $=$ kumulative Produktionsmenge
b $=$ Neigung der Erfahrungskurve
K $=$ Erfahrungsfaktor (slope)

K $= \dfrac{y_{2x}}{y_x} = \dfrac{a\,(2x)^{-b}}{ax^{-b}} = 2^{-b}, K \leqq 1$

log K $= -b \log 2$
z. B. wenn K $= 70\%$, dann b $= 0{,}51$

Bei der Kostenzuordnung ist zu beachten, daß die Kosten sich auf den unternehmensinternen *Wertschöpfungsanteil* (exkl. Materialkosten) beziehen [100, S. 76], und daß sie in *konstanten Geldwerten*, also unter Ausschaltung der Inflation, als reale Stückkosten zu errechnen sind, d.h. die tatsächlichen

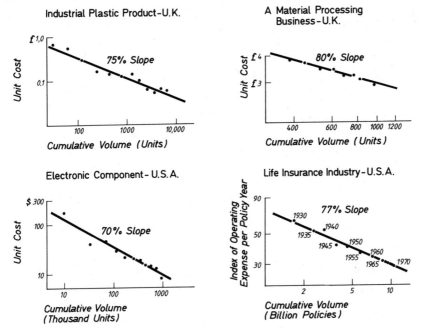

Abb. 18: Beispiele der Kosten-Erfahrungskurve für ein industrielles Kunststoffprodukt, materialverarbeitendes Geschäft, elektronisches Element und eine Lebensversicherungsbranche; Quelle: [97, S. 4]

Kostenwerte werden mit dem Quotienten aus realem und nominalen Bruttosozialprodukt der jeweiligen Jahre multipliziert.

Es wurde in der Vergangenheit eine Anzahl von Produkten auf die Gültigkeit der Kosten-Erfahrungskurve hin untersucht (s. Abb. 18).

Die Beispiele sind verständlicherweise anonym, da Kostendaten streng gehütete Geheimnisse der einzelnen Unternehmen sind. Das Beispiel über amerikanische Lebensversicherungen verdeutlicht für eine Zeitperiode von 40 Jahren einen konstanten Rückgang der Kosten pro Lebensversicherungsvertrag um 23 % bei jeder Verdopplung der kumuliert verkauften Lebensversicherungen.

Empirische Untersuchungen über den Kosten-Erfahrungskurveneffekt zeigen, daß dieser Trend sowohl für einzelne Unternehmen als auch für eine ganze Industrie, für Konsum- und Industriegüter ebenso wie für Dienstleistungen gilt.

Die Kosten-Erfahrungskurve ist nicht nur auf Produkte, Produktgruppen oder strategische Geschäftsfelder, sondern auch auf selbstgefertigte Bauteile komplexer Produkte und auf Teilaktivitäten anwendbar. Empirische Studien zeigen, daß z. B. Distributionsstückkosten mit zunehmender Erfahrung in nahezu gleicher Weise wie die Produktionsstückkosten gesenkt werden. So gesehen kann die Erfahrungskurve eines bestimmten Produktes sich als Summe aller Teil-Erfahrungskurven zusammensetzen [98, S. 99 f.]. Bei Komponenten, die als Bauteile in zwei und mehr verschiedenen Endprodukten eingesetzt werden, sind die Interdependenzeffekte zu berücksichtigen. In diesem Zusammenhang ist es von Bedeutung, die gemeinsamen Erfahrungsbasen eines Unternehmens zu identifizieren. So z. B. liegt für die Firma Krups, Hersteller von Küchengeräten, die Erfahrungsbasis in der Serienfertigung von Kleinstmotoren, dem gemeinsamen Bauteil aller Endprodukte. Bei Produktneueinführungen und auch Diversifikationen ist es deshalb von Vorteil, auf schon vorhandene unternehmensspezifische Erfahrungen aufzubauen, um zu einem frühen Zeitpunkt bestehende Kostendegressionspotentiale zu nutzen und damit Wettbewerbsvorteile zu erzielen [95, S. 6; 157, Abstract].

Für die Zukunft wird nur dann eine weitere Kostendegression eintreten, wenn die Unternehmensleitung durch gezielte Maßnahmen, z. B. die vorhandenen Rationalisierungsreserven in allen Bereichen ausschöpft [100, S. 71]. Die Kosten-Erfahrungskurve zeigt damit für künftige Mengenentwicklungen das mögliche *Kosteneinsparungspotential* an. Ursachen für den Erfahrungskurveneffekt sind in folgenden Faktoren zu suchen [95, S. 3 f.; 98, S. 26 f.; 100, S. 76]:

- *Kostendegression:* Bei größeren Stückzahlen können die Degressionseffekte in den funktionalen Bereichen wie F&E, Fertigung, Logistik, Vertrieb (inkl. Werbung) und allgemeine Verwaltung stärker

als bei kleineren Mengen genutzt werden. Der Lernkurveneffekt als Element der Erfahrungskurve sorgt für eine kontinuierliche Produktivitätssteigerung.
- *Rationalisierung:* Rationalisierungseffekte sind bei größeren Produktionsmengen z.B. über verbesserte Produktions- und Distributionsmethoden, die Senkung des spezifischen Rohstoff- und Energieverbrauches und verbesserter Instandhaltung wirksam.
- *Technischer Fortschritt:* Zum einen reduziert der Einsatz verbesserter Technologien in der Fertigung die Stückkosten (bei steigender Produktionsmenge kann z.B. durch leistungsfähigere Maschinen und Werkzeuge eine Vollautomatisierung der Fertigung erreicht werden). Zum anderen können technologische Verbesserungen des Produktes die Herstellungskosten senken (z.B. Einsatz kostengünstiger Materialien und durch konstruktive Veränderungen).

Indem alle Kostenelemente (Kapital- und Lohnkosten sowie Entwicklungs- und Produktionskosten) in die Kosten-Erfahrungskurve einbezogen werden, sind Degressionseffekte nicht allein durch eine Senkung bei den einzelnen Kostenelementen, sondern insbesondere durch Kombinationen und gegenseitigen Austausch (Substitution oder Kompensation) von Kostenelementen zu erzielen.

Ebenso wie bei der „Lern-" ist bei der „Erfahrungskurve" eine exakte Bestimmung der wesentlichen Ursachen und ihrer Auswirkungen, für eine logisch eindeutige Ableitung der empirisch belegbaren Kostendegressionseffekte nicht möglich [219, S.40].

Analog zu dem Kosten-Erfahrungseffekt läßt sich in Branchen mit freiem Wettbewerb ein Preis-Erfahrungseffekt feststellen. *Woolley* weist anhand einer Regressionsanalyse über die Preisentwicklungen 25 verschiedener Produkte statistisch einen Preis-Erfahrungseffekt nach [219, S.69ff.]. Diese Untersuchungen zeigen, daß auch die inflationsbereinigten Stückpreise langfristig mit jeder Verdopplung des kumulierten Industrievolumens sinken (s. Abb.19).

Die Untersuchungen von Preis-Erfahrungskurven zeigen, daß die Stückpreise zwar langfristig sinken, aber kurzfristig in keiner linearen Relation zu den Kosten stehen. Es lassen sich vier typische Phasen des Preisverhaltens nachweisen (s. Abb.20) [98, S.28ff.; 219, Anhang I u. II]:
- *Entwicklung:* Am Anfang sind meist die Stückkosten durch relativ hohe Forschungs- und Entwicklungs- sowie Markteinführungskosten höher als der im Markt zu erzielende Einstandspreis.
- *„Preisschirm":* Im weiteren Verlauf wird meist das Preisniveau weiterhin hoch gehalten. Man versucht häufig, die vorher angefallenen Verluste durch eine Hochpreispolitik auszugleichen. Aber bei ständig fallenden Stückkosten wird die Gewinnspanne höher, so daß

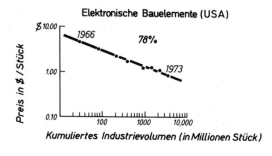

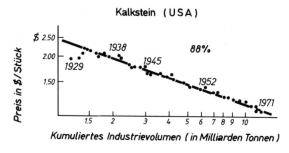

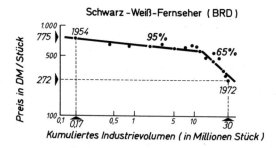

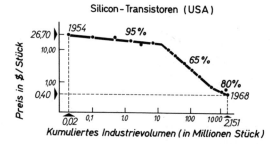

Abb. 19: Beispiele von Preis-Erfahrungskurven; Quellen: [97, S. 6f.; 98, S. 132; 219, S. 163].

# Strategische Erfolgsfaktoren

neue Anbieter mit höheren Stückkosten im Schutze des Preisschirms in den Markt eindringen und ihre Marktanteile aufbauen können.
- *Preiseinbruch:* Kapazitätserweiterungen und verstärkter Wettbewerb üben einen Druck auf die Preise aus. Diese Phase wird zur Krisenperiode einer Branche, die Marginalproduzenten meist nicht überleben.
- *Stabilität:* Nach einem Konzentrationsprozeß werden wieder stabile Kosten-Preis-Relationen erreicht, bei der die Preise parallel zu den Kosten verlaufen.

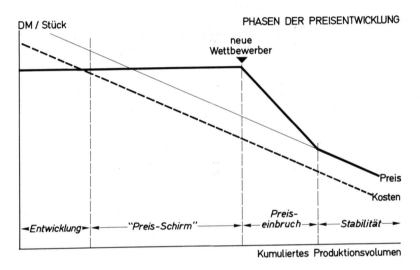

Abb. 20: Ideal-typische Phasen des Preisverhaltens; Quelle: [98, S. 31].

## 3.3 Schlußfolgerungen für die strategische Planung

Die Konzeption der Erfahrungskurve ist umfassender und ihre Auswirkungen auf die strategische Planung reichen erheblich weiter als die der Lernkurve. Die wesentlichen strategischen Schlußfolgerungen, die aus der Konzeption der Erfahrungskurve abgeleitet werden könne, beziehen sich auf die Bedeutung des *relativen Marktanteils*, des zukünftigen *Marktwachstums* und der *Kostenplanung*.

### 3.3.1 Bedeutung des relativen Marktanteils

Die „Erfahrungskurve" liefert neue Erkenntnisse über die Bedeutung des Marktanteils. Wenn die Stückkosten von der kumulierten Erfahrung abhängen, dann hat der Marktanteil einen berechenbaren Wert [98, S. 45 ff.], was sich anhand eines Beispiels darstellen läßt (s. Abb. 21).

Ein Produkt mit einem charakteristischen Kostenerfahrungsfaktor von 70%, d.h. 30% Kostenrückgang bei jeder Verdopplung des kumulierten Volumens, wird von drei Hauptanbietern (A, B, C) und weiteren fünf kleinen Herstellern im Markt vertrieben. Unter Annahme einer parallelen Entwicklung von kumulierten Produktionsvolumen und jährlicher Absatzmenge bestimmen die Marktanteile die *relative* Kostenposition einzelner Anbieter.

Der relative Marktanteil (RMA) kann als Faktor aus dem Marktanteil des eigenen Unternehmens zum Marktanteil des stärksten Konkurrenten errechnet werden. Diese Definition ermöglicht eine direkte Beziehung zwischen

Tab. 7: Bedeutung des relativen Marktanteils – Ein Beispiel –

| Anbieter | Kumuliertes Produktionsvolumen (in Stück) | Absatzmenge im Jahr t (in Stück) | Marktanteil (in %) | Relativer Marktanteilsfaktor (RMA) | Stückkosten (in DM) | Gewinnspanne bei einem Marktpreis von 1,20 DM/St. |
|---|---|---|---|---|---|---|
| C | 4000 | 400 | 50 | 2,0 | 0,50 | 0,70 |
| B | 2000 | 200 | 25 | 0,5 | 0,70 | 0,50 |
| A | 1000 | 100 | 12,5 | 0,25 | 1,00 | 0,20 |
| 5 Kleinere Hersteller | 1000 | 100 | 12,5 | — | — | — |
| Gesamt | 8000 | 800 | 100,0 | — | — | — |

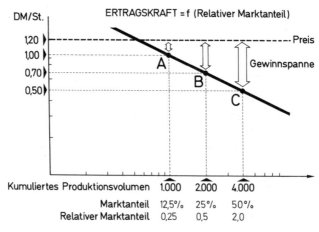

Abb. 21: Ertragspotential in Abhängigkeit des Relativen Marktanteils; Quelle: [159, S. 25].

Strategische Erfolgsfaktoren

dem RMA und der relativen Stellung auf der Kostenerfahrungskurve. In dem Fall, wo das eigene Unternehmen der größte Anbieter ist, wird das Marktanteilsverhältnis zum zweitgrößten Anbieter gebildet (s. Tab. 7).

Alternativ lassen sich andere Berechnungsmöglichkeiten für die Bestimmung eines relativen Marktanteils finden. *Chevalier* führt einen Marktanteils-Koeffizienten ein, wo der größte Anbieter immer den Faktor 1,0 einnimmt und die Koeffizienten der anderen Hersteller im Verhältnis zum größten Anbieter gemessen werden (< 1,0) [52, S. 66 ff.]. *Schoeffler* bezieht sich auf einen Faktor, der sich aus folgender Formel errechnen läßt [175, S. 15]:

Marktanteil des eigenen Unternehmens, dividiert durch die Summe der Marktanteile der drei größten Hersteller.

Z. B. der relative Marktanteil für das Unternehmen C (s. Tab. 7)

$$= \frac{50\%}{87,5\%} = 0,57$$

Das Beispiel (s. Abb. 21) verdeutlicht, daß der Anbieter C mit dem größten RMA *potentiell* die größte Gewinnspanne bei einem gegebenen Marktpreis (z. B. im Jahr t: 1,20 DM/Stück) hat. Eine Reihe von unabhängigen Studien belegen im Sinne des Beispiels, daß das Ertragspotential eines Produktes von der Höhe des *relativen Marktanteils* abhängig ist [31, 49, 52, 53, 77, 81, 87, 175].

Der relative Marktanteil wird dem absoluten Marktanteil als Bewertungsgröße vorgezogen. Ein Anbieter mit einem Marktanteil von 25 % ist, wie das Beispiel zeigt, nur halb so groß (RMA-Faktor: 0,5) wie der stärkste Wettbewerber (Marktanteil: 50 %). Dagegen kann ein Unternehmen mit einem SGF in einem atomistischen Anbietermarkt schon mit einem Anteil von 10 % als

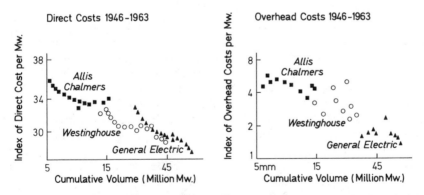

Abb. 22: Dynamischer Kostenvergleich für 3 US-Hersteller von Dampfturbinen-Generatoren auf der Basis der direkten Kosten und Gemeinkosten; Quelle: [97, S. 8].

Marktführer doppelt so groß (RMA-Faktor: 2,0) wie der stärkste Wettbewerber (Marktanteil: 5%) sein.

Am Beispiel der Megawattleistung produzierter Dampfturbinengeneratoren in den USA (1946–1963) wird deutlich, daß Allis Chalmers zu keinem Zeitpunkt in der Lage war, aufgrund der ungünstigen Marktanteilsposition ähnlich hohe Gewinnspannen wie der Marktführer General Electric und der Marktzweite Westinghouse zu erzielen (s. Abb. 22). Die sonst vertraulichen Kosteninformationen sind im Rahmen eines Antitrust-Verfahrens veröffentlicht worden.

Die mit der Erfahrungskurve verbundenen Zusammenhänge zwischen Kosten, Preisen und Gewinnspannen zeigen, daß eine Orientierung an den relativen Marktanteilen zur langfristigen Sicherung der Erfolgspotentiale einzelner SGFs von großer Bedeutung ist.

### 3.3.2 Bedeutung des Marktwachstums

Besonders bei hohem Markt- und entsprechendem Mengenwachstum steigen die kumulierten Mengen rasch, und die entsprechenden Erfahrungseffekte sind deutlich erkennbar. Die Mengenentwicklung bei den Erfahrungskurven z. B. für Kalkstein (Limestone) und elektronische Bauelemente (Integrated Circuits) stellen den Einfluß der Marktzuwachsrate auf den Preisrückgang heraus.

Bei den elektronischen Bauelementen (Erfahrungsfaktor: 78%) hat sich innerhalb eines kurzen Zeitraumes von 7 Jahren (1966–1973) die kumulierte Menge von 20 Millionen auf 3 Milliarden Einheiten vergrößert. (Zuwachsrate: > 100%/Jahr). Als Folge sind die inflationsbereinigten Stückpreise von $5 auf $0,80 gesunken. Der Preisverfall war sogar in nominalen Werten eindeutig festzustellen, eine Entwicklung, die sich z. B. bei dem Preisverfall für Taschenrechner bemerkbar machte.

Im Gegensatz dazu hat sich die kumulierte Produktionsmenge Kalkstein (Erfahrungsfaktor: 88%) innerhalb der untersuchten Zeitperiode (1929–1971) von 1,3 auf 12 Milliarden Tonnen erhöht (Zuwachsrate: 5,4%/Jahr). Als Folge einer niedrigen Marktwachstumsrate sind die Tonnenpreise nur sehr langsam von ca. $2 auf $1 gefallen.

Hohe Zuwachsraten des Marktvolumens beschleunigen den Erfahrungskurveneffekt und führen zu einem erheblichen Rückgang der Stückkosten. Ein Anbieter, der es versteht, sich durch Vergrößerung seines Marktanteils die Marktführerschaft zu sichern, kann im Vergleich zu seinen Wettbewerbern schneller die Kosten senken und bei gleichen Marktpreisen die Gewinnspanne verbessern. In einem wachsenden Markt fließen durch den Erfahrungskurveneffekt die Aufwendungen zur Erlangung eines zusätzlichen Marktanteils sehr schnell zurück. Aufwendungen für Marktanteilssteigerungen können somit besonders in Märkten mit hoher Zuwachsrate rentabel sein [98, S. 48 ff.]. Große Zuwachsraten im Markt erleichtern die Vergrößerung des Marktanteils, da auch die Konkurrenz trotz relativer Marktanteilsverluste eine beträchtliche Umsatzsteigerung verzeichnen kann. Dadurch ist der Widerstand der Konkurrenz gegenüber der Marktanteilssteigerung eines Anbieters im allgemeinen nicht so groß, wie vergleichsweise bei einem Verdrängungswettbewerb in einem stagnierenden Markt.

### 3.3.3 Bedeutung der Kostenplanung

Kosten gehen nicht automatisch zurück, sondern nur dann, wenn das Degressionspotential erkannt und gezielt ausgenutzt wird. Der Anbieter mit der größten kumulierten Produktionsmenge hat lediglich das Potential für die niedrigsten Stückkosten. Das Management muß durch gezielte Maßnahmen das Kostendegressionspotential ausnutzen. Bei einer bestimmten geplanten Absatzmenge ermöglicht das Wissen um die künftige Kostenentwicklung die Aufstellung von Kostenplänen.

*Gälweiler* sieht in der Kosten-Erfahrungskurve ein wichtiges Steuerungsinstrument für die Planung, mit dem die jährlichen Rationalisierungspotentiale errechnet werden können [82, S. 67 ff.]. *Henderson* dagegen hat Bedenken bei der Anwendung der Erfahrungskurve für *kurzfristige* Soll-Vorgaben: „Erfahrungskurven enthalten eine normative Darstellung der Folgen von Wechselbeziehungen einer sehr großen Anzahl von Faktoren, unter Einschluß aller Aktionen der Konkurrenten, aller Verhaltenswahrscheinlichkeiten und aller wirtschaftlichen Gegebenheiten. Diese Folgen sind normalerweise nur *im Trend* erkennbar. Für praktische Zwecke sollte die Erfahrungskurve mehr als ein Mittel zum besseren Verständnis der Zusammenhänge betrachtet werden und weniger als ein direktes Meßinstrument" [98, S. 99]. Die Erfahrungskurve bietet sich folglich als Darstellung der Trendkosten an [100, S. 77].

Zum gegenwärtigen Zeitpunkt wird das Erfahrungskurvenkonzept von einigen amerikanischen Firmen wie z. B. Digital Equipment Corporation und Texas Instruments im Rahmen ihrer langfristigen strategischen Planung erfolgreich angewandt [95, S. 14]. Dagegen ist diese Konzeption erst wenigen europäischen Managern bekannt [140, S. 61]. In Deutschland sind es vorwiegend die Elektrokonzerne wie AEG-Telefunken [121, S. 62], BBC und Siemens, die diese Konzeption in ihre strategische Planung einbeziehen.

## 4. PIMS-Modell

Das PIMS-Modell basiert auf einer branchenübergreifenden empirischen Studie über die spezifischen Erfolge bzw. Mißerfolge einzelner SGFs für einen sechs- bzw. sieben Jahreszeitraum (1970–1975, 1976). Das Forschungsgrundmodell in Form einer Multiregressionsanalyse besteht aus einer Gleichung mit dem „Return on Investment" (ROI) als abhängige Variable, *einem* meßbaren Ergebnis[8] einer SGF-Strategie und 37 unabhängigen Variablen, die zusammen ungefähr 80% der ROI-Varianz erklären. Die erste Veröffentlichung erschien 1974 über die Auswertungsergebnisse der Jahre 1970–1971 [177]. Es folgte ein Aufsatz 1975 über die Auswertungsergebnisse der Jahre 1970–1972 [45]. Die Ergebnisse der bisher letzten Auswertungen sind nur direkt über das Strategic Planning Institute zu erhalten. So wie sich die Datenbasis für die empirischen Untersuchungen vergrößert, sind in der Zukunft weitere Auswertungen zu erwarten.

Das Ergebnis des PIMS-Modells liegt in der Identifikation der Parameter, die die Höhe des ROI wesentlich beeinflussen können. ROI wird definiert [177, S. 140] als Summe von Gewinn vor Steuern und Zinsen auf das langfristige Fremdkapital, dividiert durch die Summe von Eigenkapital und langfristigem Fremdkapital (dividiert durch Bilanzsumme minus kurzfristige Verbindlichkeiten). Über 60 Firmen aus den verschiedenen Branchen[9], überwiegend amerikanische Großunternehmen, partizipieren mit mehr als 800 strategischen Geschäftsfeldern an diesem Programm [174, S. 4]. Die Datenangaben für die einzelnen SGFs werden von dem „Strategic Planning Institute" ausgewertet, das sich in seiner Entstehungsgeschichte seit 1960 von einem Projekt innerhalb des Elektrokonzerns GE zu einem Projekt der Harvard Business School (1972–1974) und dann seit 1974 zu einer eigenen Institution, dem Strategic Planning Institute, entwickelt hat [177, S. 139].

Zu dem hohen Erklärungsgrad des Modells ist jedoch kritisch zu bemerken, daß z. B. die unabhängige Variable, Kapitalintensität, investiertes Kapital dividiert durch Umsatz, definitorisch Teil der abhängigen Variablen ROI ist. Weiterhin wird die Interpretation der Ergebnisse durch die Tatsache eingeschränkt, daß die 37 Erklärungsfaktoren nicht statistisch voneinander unabhängig sind (Existenz hoher Korrelation) und daß die Ergebnisse in Durchschnittswerten ohne Angabe auftretender Varianzen veröffentlicht worden sind [176, S. 8].

---

[8] Alternativ ist der Kapitalwert (Summe aus verzinstem Cash Flow und Endrestwert) als meßbares Ergebnis zur Beurteilung einer SGF-Strategie anzuwenden.

[9] Prozentuale Aufteilung der SGFs auf einzelne Branchen [197, S. 8]

| | |
|---|---:|
| – Konsumgüter (Consumer products) | 29% |
| – Zwischenprodukte (Components) | 23% |
| – Investitionsgüter (Capital equipment) | 19% |
| – Betriebsmittel (Industrial supplies) | 14% |
| – Rohstoffe (Raw materials) | 11% |
| – Dienstleistung und Handel (Service and distribution) | 4% |
| Gesamt | 100% |

Im folgenden Abschnitt sollen die wesentlichen Ergebnisse der PIMS-Studie und ihre Interpretationen an den obig aus der Konzeption der Erfahrungskurve herausgearbeiteten Faktoren „*relativer Marktanteil* (RMA)" und „*Marktwachstum*" ausgerichtet werden. Das PIMS-Modell ermöglicht es, die recht groben Schlußfolgerungen, die aus dem Erfahrungskurveneffekt abgeleitet wurden, situationsbedingt zu relativieren.

## 4.1 Bedeutung des relativen Marktanteils

Die PIMS-Untersuchungen zeigen, daß der relative Marktanteilsfaktor eine kritische Erfolgsdeterminante ist und einen direkten Einfluß auf die Kapitalrentabilität ausübt (s. Abb. 23). Damit wird die Bedeutung der Marktführerschaft unabhängig von der Konzeption der Erfahrungskurve durch diese empirische Studie bestätigt.

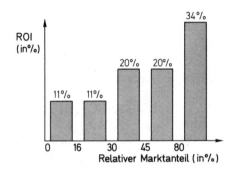

Abb. 23: ROI (vor Steuern) in Abhängigkeit des RMA; [Quelle: 197, S. 23].

Der relative Marktanteilsfaktor ist definiert als Quotient aus dem unternehmensspezifischen SGF-Marktanteil und der Summe der Marktanteile der drei größten Anbieter [175, S. 16]. ROI, Marktanteilswerte und sonstige Faktoren sind als Jahresdurchschnittszahlen der Zeitperiode 1970–1976 dargestellt. In den weiteren Ergebnisabbildungen wird jedoch die Bedeutung des RMA in Abhängigkeit weiterer Faktoren, die die Höhe des ROI wesentlich beeinflussen, differenziert:
- Produktqualität
- Relativer F+E Aufwand
- Kapitalintensität
- Bestellhäufigkeit
- Unternehmensgröße.

Die Produktqualität und der relative F+E Aufwand (im Verhältnis zum Umsatz) sind Faktoren, die direkt im Rahmen einer SGF-Strategie beeinflußt werden können, während Bestellhäufigkeit, Kapitalintensität und Unternehmensgröße Faktoren darstellen, die, da meist branchenspezifisch, nur geringfügig innerhalb der SGF-Strategie veränderbar sind.

### 4.1.1 Produktqualität

Die Produktqualität wird im Rahmen des PIMS-Modells als weiterer kritischer ROI-Einflußfaktor herausgestellt (s. Abb. 24).

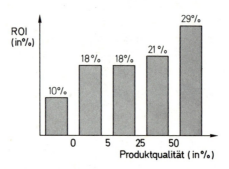

Abb. 24: ROI in Abhängigkeit der Produktqualität; Quelle: [197, S. 37].

Die Produktqualität eines SGF wird im Rahmen des PIMS-Modells als Index dargestellt, nämlich als Umsatzanteil der Produkte, die eindeutig besser im Vergleich zur Konkurrenz eingestuft werden können, minus dem Umsatzanteil der Produkte, die qualitätsmäßig schlechter kategorisiert werden.

Z.B. ein Index von 0 bedeutet, daß ein Unternehmen für ein spezifisches SGF umsatzmäßig gleich viel relativ bessere und schlechtere Produkte hat. Die Aussagefähigkeit dieses Index ist begrenzt, da er auf einer rein subjektiven Bewertung aufgebaut ist.

Eine andere unabhängige Untersuchung über die Auswirkung der Werbung bei Markenartikeln hebt die Bedeutung der Qualität heraus. Von allen Einzelfaktoren des Marketing-Mix sind Qualität und Preis auch bei werbeintensiven Produkten die wesentlichen Erfolgsfaktoren [116].

Eine Aufstellung (s. Abb. 25), die für die beiden wesentlichen Erfolgsdeterminanten RMA und Produktqualität den Einfluß auf den ROI darstellt, verdeutlicht, daß

- die Kombination von hoher Qualität und hohem RMA den höchsten ROI-Wert erzielt,
- eine hohe Produktqualität eine schwache RMA-Position ausgleichen kann,
- mit einem hohen RMA und geringer Produktqualität auch ein relativ hoher ROI erzielt werden kann.

Strategische Erfolgsfaktoren

Ein großer Teil der Ergebnisse ist in einer 9-Felder Matrix dargestellt, in der die Trennlinien so angelegt sind, daß eine ungefähre Gleichverteilung der SGFs gewährleistet ist. Nur Differenzen in den ROI-Werten von mehr als 3 Punkten sind statistisch signifikant [175, S. 7].

**Produktqualität**

|  |  | Gering | Mittel (6) | Hoch (36) |
|---|---|---|---|---|
| Relativer Marktanteil | Niedrig (26%) | 12 | 10 | 17 |
|  | Mittel (63%) | 17 | 17 | 26 ← ROI (in %) |
|  | Hoch | 29 | 29 | 37 |

Abb. 25: ROI in Abhängigkeit des RMA und der Produktqualität; Quelle: [197, S. 40].

### 4.1.2 Relativer F+E Aufwand

Ein hoher F+E Aufwand in Relation zum Umsatz zahlt sich nicht immer aus (s. Abb. 26). Bei niedriger RMA-Position erscheint ein hoher F+E Aufwand als nicht sinnvoll. Statt hoher F+E Ausgaben ist bei niedrigem RMA eine Produktimitation oder Lizenznahme zur Deckung des Bedarfs an neuen Produkten zu empfehlen [140, S. 29].

*Bircher* stellt in seiner Arbeit die Art und Weise, wie in F+E investiert wird, als einen bedeutungsvollen Erfolgsfaktor für eine Unternehmensstrategie heraus [29, S. 246]. Er führt eine Reihe alternativer „Vollzugsstrategien" an, die situationsbedingt eingesetzt werden können:

**F&E Aufwand (in % zum Umsatz)**

|  |  | Gering | Mittel (1,3) | Hoch (3,7) |
|---|---|---|---|---|
| Relativer Marktanteil | Niedrig (26%) | 17 | 12 | 4 |
|  | Mittel (63%) | 14 | 20 | 10 ← ROI (in %) |
|  | Hoch | 27 | 30 | 30 |

Abb. 26: ROI in Abhängigkeit des RMA und des relativen F & E-Aufwandes; Quelle: [197, S. 32].

- „Verzicht auf weiteren Ausbau des Forschungsapparates im Stammland, jedoch Intensivierung (Wachstum) der Forschungstätigkeit in überregionalen Forschungszentren,
- Ausdehnung (Differenzierung) der Forschungstätigkeit auf neue Forschungsgebiete,
- Anstreben von Pionierleistungen auf einem neuen Forschungsgebiet,
- Fremdstrategie durch Lizenznahme anstelle eigener Forschung" (29, S. 246).

### 4.1.3 Kapitalintensität

Der Einfluß der Kapitalintensität auf den ROI ist, wie oben erwähnt, definitionsbedingt [177, S. 143]. Je höher die Kapitalintensität eines SGF ausfällt, desto niedriger ist der ROI. In der Kombination von RMA und Kapitalintensität lassen sich differenzierte Aussagen hinsichtlich der ROI-Werte aufstellen (s. Abb. 27). Ein niedriger RMA und eine hohe Kapitalintensität führen zu einem niedrigen oder sogar negativen ROI. Dagegen erzielt die Kombination von hohem RMA und niedriger Kapitalintensität den höchsten ROI.

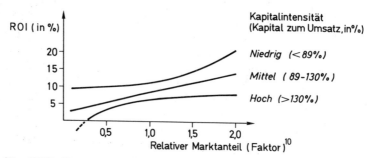

Abb. 27: ROI in Abhängigkeit von relativem Marktanteil und Kapitalintensität; Quelle: [125, S. 4].

### 4.1.4 Bestellhäufigkeit

Die Bedeutung des RMA als wesentliche Erfolgsdeterminante eines SGF variiert mit der Bestell- (Industrieabnehmer) bzw. Einkaufshäufigkeit (Konsumenten), einem branchenspezifischen Faktor (s. Abb. 28). Abnehmer sind geneigt, bei Waren des täglichen und mittelfristigen Bedarfs die Produkte von kleineren, unbekannten Anbietern zu testen. Bei Gütern des langfristigen

---

[10] Der relative Marktanteil wird hier definiert als Quotient aus dem SGF-Marktanteil zum Marktanteil des stärksten Wettbewerbers.

Strategische Erfolgsfaktoren

Bedarfs wird dieses Risiko eher gemieden. Aus diesem Grund ist die Bedeutung des RMA bei den Gütern des täglichen Bedarfs wie z. B. Nahrungsmittel oder Bürobedarf geringer als bei langlebigen Investitionsgütern, die diskontinuierlich gekauft werden.

|  | | Bestellhäufigkeit | | |
|---|---|---|---|---|
|  | | Niedrig | Mittel | Hoch |
| Relativer Marktanteil | Niedrig | 7 | 9 | 21 |
|  | Mittel | 15 | 15 | 15 ←ROI (in %) |
|  | Hoch | 25 | 28 | 23 |

Abb. 28: ROI in Abhängigkeit des RMA und der Bestellhäufigkeit; Quelle: [175, S. 20].

### 4.1.5 Unternehmensgröße

Die PIMS-Studie zeigt, daß von den in die Untersuchung einbezogenen 60 Unternehmen insbesondere die größeren Firmen (ab 1500 Mio $ Jahresumsatz), die Vorteile einer SGF Marktführerschaft am besten nutzen (ROI: 33%). Die Großunternehmen verstehen es, ihre SGFs mit ausreichendem, qualifiziertem Personal sowie den erforderlichen finanziellen Mitteln zu unterstützen (s. Abb. 29) [141].

|  | | RMA | | |
|---|---|---|---|---|
|  | | Niedrig (25%) | Mittel (54%) | Hoch |
| Unternehmensgrösse in Mio. $ | Klein (750) | 12 | 12 | 22 |
|  | Mittel (1.500) | 5 | 15 | 23 ←ROI (in %) |
|  | Gross | 14 | 17 | 33 |

Abb. 29: ROI in Abhängigkeit des RMA und der Unternehmensgröße; Quelle: [197, S. 56].

## 4.2 Bedeutung des Marktwachstums

Analog zu den differenzierten Aussagen über die Bedeutung des RMA läßt sich anhand der PIMS-Ergebnisse auch die Bedeutung des Marktwachstums durch zwei Faktoren, *Produktivität* und *vertikale Integration* relativieren.

### 4.2.1 Produktivität

Die Untersuchung zeigt, daß eine hohe Produktivität, gemessen an der Leitgröße „Umsatz pro Beschäftigter", eine hohe Kapitalrentabilität in den langfristig wachsenden Branchen bewirkt (s. Abb. 30). Dieses Ergebnis unterstützt die aus der Konzeption der Erfahrungskurve abgeleitete Schlußfolgerung, daß ein konsequentes Nutzen des Kostendegressionspotentials gerade in Märkten mit einer hohen Zuwachsrate (mehr als 6%) die Gewinnspanne positiv beeinflußt. Werden potentielle Produktivitätssteigerungen in den Wachstumsphasen des Lebenszyklus nicht ausgeschöpft, wird eine niedrigere Kapitalrentabilität erzielt.

|  | Produktivität (Umsatz pro Beschäftigter in 000 $) | | |
|---|---|---|---|
| Marktwachstumsrate (p.a. in%) | Gering (32) | Mittel (48) | Hoch |
| Niedrig (5,8%) | 18 | 17 | 18 |
| Mittel (8,8%) | 14 | 18 | 27 ← ROI (in%) |
| Hoch | 12 | 15 | 25 |

Abb. 30: ROI in Abhängigkeit des Marktwachstums und der Produktivität; Quelle: [197, S. 13].

### 4.2.2 Vertikale Integration

Als ein Maß für die vertikale Integration beeinflußt der Quotient „Wertschöpfung zu Umsatz" in Kombination mit dem Marktwachstum die Höhe des ROI. Die PIMS-Ergebnisse zeigen, daß in stark wachsenden Märkten mit einem niedrigen und in langsam wachsenden Branchen mit einem hohen vertikalen Integrationsgrad die höchste Kapitalrendite erzielt wird (s. Abb. 31). In sehr schnell steigenden Märkten bestehen hohe Anforderungen an eine erhöhte Flexibilität, z.B. in der Technologie, dem Fertigungsverfahren und

Strategische Erfolgsfaktoren

dem Vertriebssystem. Eine erhöhte Mobilität bzw. ein geringer vertikaler Integrationsgrad sind die Erfolgsfaktoren für einen hohen ROI. In einer nur langsam wachsenden oder stagnierenden Branche bestehen grundsätzlich andere Voraussetzungen. Der Erfolg liegt mehr in der Kontrolle der einzelnen Fertigungs- und Vertriebsstufen, d.h. in einem hohen vertikalen Integrationsgrad [175, S. 9]. Damit kann eine vertikale Integrationsstrategie, die sich an den Phasen des Lebenszyklus einzelner SGFs orientiert, sehr erfolgreich sein.

|  | Vertikale Integration (Wertschöpfung zum Umsatz, in %) | | |
|---|---|---|---|
| Marktwachstumsrate | | (52%) | (69%) |
| Niedrig (5,8%) | 15 | 8 | 19 |
| Mittel (8,8%) | 13 | 19 | 14 ←— ROI (in %) |
| Hoch | 24 | 17 | 20 |

Abb. 31: ROI in Abhängigkeit des Marktwachstums und des vertikalen Integrationsgrades; Quelle: [197, S. 12].

## 5. Zusammenfassung

Die wesentlichen Ergebnisse der „Produktlebenskurve" und „Erfahrungskurve" sowie der PIMS-Untersuchung zeigen, daß eine Reihe von empirisch belegten Regelmäßigkeiten in bestimmten Situationen als *strategische Erfolgsfaktoren* Einfluß auf das Ergebnis eines SGF haben.

Der ideal-typische Verlauf einer Produktlebenskurve mit den verschiedenen Phasen dient, wo sinnvoll anwendbar, als Bezugsrahmen für die strategische Planung, durch den eine differenzierte Formulierung einer SGF-Strategie abhängig von der jeweiligen Lebensphase erforderlich wird. Offen bleibt dennoch die Frage nach einer exakten Positionierung. Auch ist die Lebensdauer eines Produktes keine fest, von vornherein genau absehbare Größe, sondern meist nur rückblickend erkennbar.

Bei der Interpretation der „Erfahrungskurve" wird, wie bei dem Produktlebenszyklus, die Bedeutung des Marktwachstums herausgestellt. Darüber hinaus wird gezeigt, daß das Ertragspotential eines Produktes bzw. SGF meist abhängig von der relativen Stellung des Marktanteils ist. Es erscheint daher sinnvoll, sowohl mit neuen als auch mit bestehenden Produkten, insbesondere in stark wachsenden Märkten eine führende Marktposition anzustreben. Bei Produkten mit hohem technischen Knowhow kann die Investition in einer Marktanteilssteigerung besonders dann rentabel werden, wenn eine Imitationssperre vorhanden ist. Bei nur knappen Ressourcen sollten die Mittel nicht in alle Produkte gleichmäßig nach einem „Gießkannenprinzip", sondern nur selektiert in die Produkte eingesetzt werden, die mit hoher Wahrscheinlichkeit eine führende Marktposition erreichen. Das heißt, es sollten konsequenterweise auch die Produkte mit einem niedrigen RMA, geringer Aussicht auf eine langfristige Marktführung und äußerst niedrigem ROI aufgegeben werden. Ausnahmen bestehen bei internen Liefer- und Bezugsverflechtungen.

Die PIMS-Untersuchung, eines der bisher größten Forschungsvorhaben auf dem strategischen Gebiet [105, S. 275], relativiert die Ergebnisse der „Erfahrungskurve". Insbesondere die Bedeutung des RMA wird in Abhängigkeit weiterer Faktoren differenziert dargestellt.

# 3. Teil: Aufbau einer Portfolio Management Konzeption

Nach der Vorstellung strategischer Erfolgsfaktoren für die Entwicklung *einzelner* SGF-Strategien wird in diesem Kapitel eine neue Planungsmethode, die Portfolio Management Konzeption, für die Entwicklung einer *Unternehmensstrategie* erarbeitet. Sie dient dazu, Lösungsansätze für das zentrale Problem dieser Arbeit, nämlich eine für das Unternehmen „geeignete" SGF-Strategiekombination, zu finden.

In vielen Multiprodukt-Unternehmen ist die zentrale Unternehmensleitung überfordert, Entscheidungen über einzelne SGF-Strategien im Rahmen einer übergeordneten Unternehmensstrategie zu treffen. Die Schwierigkeiten haben meist ihre Ursache in der Größe und Komplexität der Unternehmen, in den bestehenden formellen Planungsprozessen und in den am kurzfristigen Erfolg ausgerichteten Zielsetzungen der einzelnen Verantwortungsbereiche [158, S. 375].

Der Unternehmensleitung fehlt aufgrund mangelnder Information häufig die Übersicht über die wesentlichen Chancen und Bedrohungen der einzelnen SGFs. Dies wird vor allem dann deutlich, wenn strategische Entscheidungen in Form von Investitionsanträgen anstehen, die nicht mehr intensiv analysiert werden können. So sind z.B. die einzelnen Projektpläne mit unwesentlichen Informationen überladen, die eine Orientierung auf die SGF-spezifischen kritischen Fragen erschweren, oder aber wesentliche Informationen, die zu grundsätzlichen Entscheidungen über eine einzuschlagende SGF-Strategie führen könnten, sind nicht vorhanden. Die vorgelegten Entscheidungsunterlagen beschränken sich oft auf Argumente, die z.B. für *ein* bestimmtes Investitionsprojekt sprechen. Die Entscheidungsfreiheit der Unternehmensleitung ist damit häufig von vornherein durch die vorgelegten Entscheidungsgrundlagen so stark eingeschränkt, daß in vielen Fällen nur noch eine Ja/Nein Entscheidung gefällt werden kann, weil Alternativen fehlen [158, S. 374].

Eine Portfolio Management Konzeption soll im Rahmen der strategischen Planung der Unternehmensleitung den Entscheidungsspielraum bei kritischen strategischen Fragen erweitern. Dazu gehören u.a. folgende Fragenkomplexe:

- Ist für das Unternehmen, bestehend aus einem Mix von vielen SGFs, die sich jeweils durch verschiedene Positionen z. B. auf der Produktlebenskurve und im relevanten Markt unterscheiden, und die damit auch Unterschiede in den Anforderungen an die Ressourcen aufweisen, eine ausreichende Rentabilität zu erwarten?
- Welche SGFs sollen in Zukunft ausgebaut und welche eliminiert werden?
- In welche Bereiche soll das Unternehmen möglicherweise durch eigene F&E Investitionen und/oder durch Akquisition diversifizieren?
- Wie hoch sind die erforderlichen Investitionen, und reicht die Finanzkraft des Unternehmens dazu aus?

Zur Beantwortung dieser kritischen Fragen soll eine Portfolio Management Konzeption entwickelt werden, die sowohl eine differenzierte SGF-Strategieentwicklung ermöglicht, bei der wesentliche strategische Erfolgsfaktoren und die SGF-spezifischen Umweltsysteme berücksichtigt werden, die aber auch ein Selektionsverfahren zur Findung einer geeigneten SGF-Strategiekombination unter Berücksichtigung der Unternehmensziele und Restriktionen zuläßt.

Die Basis für den Aufbau einer Portfolio Management Konzeption bildet der aus dem finanzwirtschaftlichen Bereich entlehnte Produkt-Portfolio Ansatz. In Anlehnung an das Portefeuille, das nach bestimmten Kriterien wie „Kapitalrendite" und „Risiko" Wertpapierbündel enthält, kann analog dazu ein Produkt- bzw. SGF-Portfolio als eine Zusammenstellung der nach bestimmten Kriterien bewerteten SGFs verstanden werden. Eine *SGF-Portfolio Darstellung* unterstützt die zentrale Unternehmensleitung dabei, sich einen Überblick über die strategische Ausgangssituation des Unternehmens als Ganzes zu verschaffen. Erst aus einer daran anschließenden *Analyse der strategischen Ausgangssituation* können grobe Soll-Vorstellungen für einzelne SGFs und für das gesamte Unternehmen abgeleitet werden, die sich dann im Rahmen einer *strategischen Feinplanung* detaillieren lassen.

## A. Portfolio Darstellungen

Im Gegensatz zum Wertpapier-Portefeuille geht das SGF-Portfolio in seiner Zielsetzung über eine reine Zusammenstellung der Unternehmensaktivitäten hinaus.

Die SGF-Portfolio Darstellung dient der Analyse der gegenwärtigen Situation und der Zukunftsträchtigkeit einzelner sowie der Kombination aller SGFs eines Unternehmens. Aus den Portfolio Darstellungen der Vergangen-

Portfolio Darstellungen

heit und der Gegenwart lassen sich verfolgte Strategien überprüfen und künftige SGF-spezifische Zielvorstellungen ableiten [145, S. 45].

Die Grundlage einer Portfolio Darstellung bildet eine nach bestimmten Kriterien durchzuführende Aufteilung der SGFs in sogenannte *strategische* oder *Portfolio Kategorien*, denen jeweils SGFs in ähnlicher strategischer Ausgangssituation (z. B. SGF-Position auf der Lebenskurve und/oder im relevanten Markt) zugeordnet werden. Eine dadurch erzielte Komplexitätsreduktion von vielen unterschiedlichen SGFs zu wenigen homogenen strategischen Kategorien verschafft eine Übersichtlichkeit, die in der Praxis zwar eine grobe, doch meist aussagekräftige Analyse über die strategische Ausgangssituation und eine Orientierung auf die wesentlichen kritischen Fragen erlaubt. Durch eine solche Klassifizierung in einzelne strategische Kategorien lassen sich unterschiedliche strategische Verhaltensmuster, sogenannte „Normstrategien" [101, S. 108 ff.], sowie neue Erkenntnisse über eine wirtschaftlich sinnvolle Aufteilung der Ressourcen (Sach- und Humankapital) herausarbeiten.

## 1. Druckers strategische Kategorien

### 1.1 Einteilung in strategische Kategorien

Mitte der 60er Jahre wurde von *Drucker* der erste Versuch unternommen, die unterschiedlichen Geschäftsaktivitäten eines Multiprodukt-Unternehmens folgenden 11 strategischen Kategorien zuzuordnen [69, S. 67 ff.; 70, S. 88 ff.]:
- *„Today's breadwinners"* sind Produkte mit einem hohen Umsatz- und Deckungsbeitragsanteil in der Reife- und Sättigungsphase des Produktlebenszyklus.
- *„Tomorrow's breadwinners"* sind umsatzschwache Produkte mit einem relativ hohen Deckungsbeitrag und einem hohen Marktwachstum.
- *„Product specialties"* sind Nebenprodukte der umsatzstarken Produkte, die innerhalb bestimmter Marktsegmente eine Marktführerschaft einnehmen.
- *„Development products"* sind Entwicklungsprodukte, die noch kurz vor oder gerade in der Einführungsphase sind.
- *„Failures"* sind Produkte mit anhaltenden Verlusten und damit eindeutige Liquidationskandidaten.
- *„Yesterday's breadwinners"* sind Produkte mit einem hohen Umsatzanteil und einem geringen Deckungsbeitrag in der Reife- und Sättigungsphase des Lebenszyklus.
- *„Repair jobs"* sind Produkte mit einem hohen Umsatzanteil in ei-

nem Markt mit einem hohen Marktanteil und hoher Zuwachsrate, deren niedrige Deckungsbeiträge mit Hilfe gezielter Maßnahmen zu verbessern sind.
- *„Unnecessary specialties"* sind umsatzstarke Spezialprodukte, die durch eine ausbleibende Standardisierung nur einen niedrigen Deckungsbeitrag erbringen.
- *„Unjustified specialties"* sind umsatz- und deckungsbeitragsschwache Produkte, die durch eine „künstliche" Produktdifferenzierung gegenüber bestehenden Produkten im Markt keine langfristige Existenzberechtigung haben.
- *„Investments in managerial ego"* schließt die Produkte ein, die aufgrund des hohen Investitionsaufwandes ein Erfolg sein sollten, es jedoch wahrscheinlich nie werden.
- *„Cinderellas (or sleepers)"* sind vom Management vernachlässigte Produkte, deren Umsatz ertragreich ausgebaut werden könnte.

Tab. 8: Darstellung von Druckers 11 Strategischen Kategorien

| Unternehmensspezifische Komponenten | | Phasen des Produktlebenszyklus | | | |
|---|---|---|---|---|---|
| Umsatzanteil | Deckungsbeitragsanteil | Einführung | Wachstum | Reifephase | Sättigung/Rückgang |
| Hoch | Hoch | | | Today's Breadwinners | |
| | Niedrig | | | Unnecessary Specialties | Yesterday's Breadwinners |
| | | | | Repair Jobs | |
| Niedrig | Hoch | | | Tomorrow's Breadwinners | |
| | | | | Product Specialties | |
| | | | | Cinderellas (or Sleepers) | |
| | Niedrig | Unjustified Specialties | | | |
| | | Development Products | Investment in Managerial Ego | | |
| | | | | Failures | |

Portfolio Darstellungen

Diese Einteilung orientiert sich an den unternehmensspezifischen Komponenten „Umsatz-" und „Deckungsbeitragsanteil" (Prozent zum Umsatz) sowie den marktspezifischen „Phasen des Produktlebenszyklus" (s. Tab. 8). Es wird angenommen, daß in der Regel in der Einführungs- und in der Wachstumsphase umsatz- und deckungsbeitragsstarke Produkte eine Ausnahme bilden [69, S. 67 ff.].

## 1.2 Kategoriespezifische Verhaltensmuster

Für jede dieser Kategorien lassen sich nun unterschiedliche strategische Verhaltensweisen ableiten (s. Tab. 9).

Tab. 9: Druckers strategische Kategorien und die damit verbundenen strategischen Verhaltensweisen; Quelle: [39, S. 86].

| Classification | Management Action |
|---|---|
| Todays breadwinners | Slight modification or change now and again. |
| Tomorrow's breadwinners | Press ahead with these. |
| Product specialities | Generally high margin business, with limited competition and should absorb limited recources. Generally a price insensitive market. |
| Development products | Make sure there are a good number of these around. |
| Failures | Withdraw. |
| Yesterday's breadwinners | Milk the product. |
| Repair jobs | Make necessary change. |
| Unnecessary speciality | Really watch the contribution of these. Probably loss makers. If so withdraw. |
| Unjustified speciality | |
| Investments in management ego | In response to the statement that things will be alright next year, ask why, what's new? If the answer is nothing, probably this product should be withdrawn. |
| Cinderellas | Be prepared to back this type of product. If you do not, your competitor may! |

Die Matrix-Darstellung der 11 strategischen Kategorien (s. Tab. 8) zeigt jedoch eine Reihe von begrifflichen Überlappungen, die eine eindeutige Zuordnung der SGFs zu den einzelnen Kategorien nicht gewährleisten. Dennoch ist der Grundgedanke, die strategische Ausgangsposition eines Unternehmens anhand von strategischen Kategorien zu erfassen, aufgegriffen worden. Unter Einbeziehung der neueren empirisch gesicherten Er-

kenntnisse aus der PIMS-Untersuchung und aus dem Konzept der Erfahrungskurve haben sich zwei unterschiedliche Darstellungsformen für das SGF-Portfolio entwickelt:
- Marktanteils-Wachstums-Matrix
- Branchenattraktivitäts-Geschäftsfeldstärken-Matrix.

## 2. Marktanteils-Wachstums-Matrix

### 2.1 Einteilung in Portfolio Kategorien

Diese Art der Portfolio Darstellung [19, 84, 94, 96, 135, 140, 163, 228] orientiert sich an den beiden bedeutenden strategischen Erfolgsfaktoren:
- Relativer Marktanteil
- Zukünftiges Marktwachstum.

Beide Komponenten beeinflussen den Cash Flow eines SGF.

In der deutschen Literatur und Praxis wird der Cash Flow überwiegend für das *ganze* Unternehmen und weniger für Produkt- und Geschäftsbereiche ermittelt. Zu diesem Zweck läßt sich der Cash Flow aus den Veränderungen einzelner Bilanzpositionen wie folgt errechnen [190, S.106]:

Jahresüberschuß (Jahresfehlbetrag)
+ Rücklagenerhöhung aus dem Ergebnis
− Rücklagenauflösung
+ Erhöhung der langfristigen Rückstellungen
− Auflösung von langfristigen Rückstellungen
+ Abschreibungen und Wertberichtigungen auf das Anlagevermögen
+ außerordentliche bzw. periodenfremde Aufwendungen
− außerordentliche bzw. periodenfremde Erträge
= Cash Flow

Damit ist der Cash Flow der Teil des „Einnahmestroms", der zur Dividendenzahlung, zur Schuldentilgung und zu sonstigen Finanzierungszwecken dem Unternehmen zur Verfügung steht.

Zur Beurteilung einzelner SGFs wird in dieser Arbeit der Cash Flow eines SGF als der direkt einem SGF zurechenbare Überschuß aus Einnahmen und Ausgaben definiert [135, S.24]. Beide Faktoren, relativer Marktanteil und künftiges Wachstum, beeinflussen eine dritte Größe, den Cash Flow eines SGFs. Der Marktanteils-Wachstums-Matrix liegen folgende Hypothesen über diese drei Faktoren zugrunde [71, S.152]:
- Je höher der relative Marktanteil, desto höher die Gewinnspanne und damit der erzielte Cash Flow.

Portfolio Darstellungen

- Hohe Zuwachsraten in einem Markt erfordern erhöhte Investitionen.
- Hohe Zuwachsraten gehen langfristig zurück. Bei nachlassendem Marktwachstum lassen sich dann Gewinn und Cash Flow bedingt durch vorher getätigte Marktinvestitionen in eine Marktführerschaft erzielen.

Für die Analyse anhand dieser Darstellung wird der Cash Flow dem Gewinn oder ROI als Steuerungsgröße bevorzugt, da der SGF-spezifische Cash Flow vom Management direkt beeinflußt werden kann.

Der SGF-Gewinn ist häufig eine fiktive Rechengröße, die durch Abschreibungsart (linear oder progressiv), Bewertung der Lagerbestände (FIFO- oder LIFO-Methode) und Aufteilung der Umlagen (z. B. Hauptverwaltungskosten) manipuliert werden kann. Im Rahmen einer strategischen Planung ist eine Ausrichtung auf den Cash Flow einzelner SGF-Strategien die Basis für eine Finanzplanung zur nachhaltigen Sicherung der Unternehmensliquidität.

Die SGFs werden aufgrund ihrer zukünftigen Position auf der Produktlebenskurve und ihrer derzeitigen Marktstellung (RMA) in vier Portfolio Kategorien eingeteilt (s. Abb. 32):

- *„Nachwuchs"* sind Produkte mit niedrigem relativen Marktanteil, aber hohem Marktwachstum.
- *„Stars"* sind Produkte mit hohem relativen Marktanteil und hohem Wachstum.
- *„Cash-Kühe"* sind Produkte mit hohem relativen Marktanteil und niedrigem Marktwachstum.
- *„Probleme"* sind Produkte mit niedrigem relativen Marktanteil und geringem Marktwachstum.

Die Originalbezeichnungen aus der amerikanischen Literatur sind „Wildcat", „Star", „Cash Cow" und „Dog" [135, S. 25].

Ein neues Produkt wird meist bestehende Produkte substituieren, indem neue Lösungen für Kundenprobleme angeboten und neue Kundenbedürfnisse geweckt werden. Ein solches Produkt mit der Absicht einzuführen, in der ersten Phase des Lebenszyklus einen hohen relativen Marktanteil und damit frühzeitig Kostendegressionspotential zu erzielen, erfordert weit mehr Ausgaben als durch den zunächst noch geringen Absatz an Einnahmen hereinfließt [163, S. 82]. Unterbleibt eine rechtzeitige Investition in Marktanteil, so ist der Cash Flow dennoch meist negativ, da in der Einführungsphase die auf das SGF bezogenen relativ hohen Forschungs- und Entwicklungs- sowie Markteinführungskosten höher sind als der im Markt zu erzielende Einstandspreis. SGFs in der Einführungsphase sind demnach meist aufgrund ihrer niedrigen RMA-Position dem Nachwuchsquadranten zuzuordnen. Nur in Ausnahmefällen, in denen es z. B. einem Unternehmen gelingt, eine bisher von der Funktion konkurrenzlose Innovation für ein bestehendes Kunden-

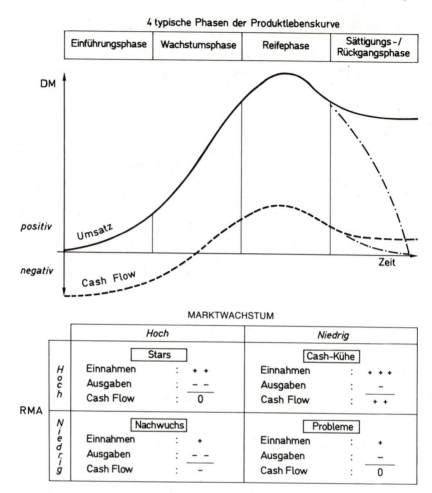

Abb. 32: Ableitung der Marktanteils-Wachstums-Matrix

problem oder Kundenbedürfnis einzuführen, ist das SGF aufgrund der Monopolstellung dem Starquadranten zuzuordnen.

SGFs werden der Star-Kategorie zugeordnet, wenn es in der Wachstumsphase gelungen ist, eine führende Marktposition zu erreichen. Die Einnahmen, die diese SGFs erzielen, werden jedoch für die Finanzierung der erforderlichen Investitionen benötigt, die für die Sicherung oder den Ausbau der RMA-Position erforderlich sind. Gelingt es einem SGF nicht, innerhalb der Wachstumsphase eine führende Marktposition aufzubauen, so wird es dem Nachwuchsquadranten zugeordnet.

Portfolio Darstellungen

Das Defizit an Mitteln aus dem Aufbau der Nachwuchsprodukte muß, wenn man von einer Fremdfinanzierung oder Eigenkapitalerhöhung absieht, von SGFs gedeckt werden, die einen Einnahmeüberschuß erzeugen. Die Aussicht auf einen hohen positiven Cash Flow ist bei den SGFs am größten, die einen hohen RMA in der Sättigungsphase des Lebenszyklus einnehmen (Cash-Kühe). Denn dort hat sich die Wettbewerbssituation stabilisiert und der hohe RMA führt zu den niedrigsten Stückkosten und zu den höchsten Gewinnspannen der Branche. Da der Markt nur noch langsam wächst, ja eher stagniert oder auch leicht rückläufig ist, sind zusätzliche Ausgaben wie z.B. für Kapazitätserweiterungen nicht mehr notwendig.

Als „Probleme" werden grundsätzlich die SGFs eingestuft, die durch einen niedrigen relativen Marktanteil in der Reife- und Sättigungsphase charakterisiert sind. Sie erzielen aufgrund ihrer relativ ungünstigen Marktanteile und Kostenposition in der Regel allenfalls ausgeglichene Cash Flow Ergebnisse.

Für eine Einordnung in die Marktanteils-Wachstums-Matrix sind für die einzelnen SGFs folgende drei Parameter zu ermitteln:
- Umsatz oder investiertes Kapital
- Relativer Marktanteil (Derzeitiger RMA im relevanten geographischen Markt)
- Zukünftiges Marktwachstum (Reale Zuwachsrate, errechnet als Durchschnittsgröße der nächsten fünf Jahre).

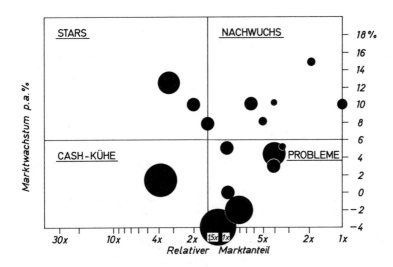

Abb. 33: Beispiel einer Portfolio Darstellung mit Hilfe der Marktanteils-Wachstums-Matrix [96, S. 12].

Mit Hilfe dieser Daten läßt sich ein SGF-Portfolio graphisch darstellen (s. Abb. 33). Die Fläche der Kreise indiziert die Größe (Umsatz oder Kapital eines SGF), um die relative Bedeutung einzelner SGFs herauszustellen. Die RMA-Position wird auf einer logarithmischen Skala aufgetragen, um damit einen direkten Zusammenhang zur relativen Kostenposition im Vergleich zum stärksten Wettbewerber herauszustellen. Z. B. für ein Unternehmen A mit einem Marktanteil von 10% errechnet sich in einem Markt, in dem ein Unternehmen B mit einem Marktanteil von 20% Marktführer ist, ein RMA-Faktor von 0,5. Unter der Annahme, daß die Anteile der kumulierten Mengen sich im gleichen Verhältnis wie die Marktanteile entwickeln, hat das Unternehmen B im Vergleich zu A ein doppelt so hohes kumuliertes Produktionsvolumen (RMA-Faktor für das Unternehmen B = 2,0).

Bei einer 80%-Kosten-Erfahrungskurve sind dann die Stückkosten des Unternehmens B im Vergleich zu A (Basis 1,00) um 20% geringer und die relative Kostenposition für B beträgt 0,80 (s. Abb. 34)[11].

| Relative Kostenposition (Erfahrungsfaktor: 80%) | 0,64 | 0,80 | 1,00 | 1,25 | 1,56 |
|---|---|---|---|---|---|
| Relativer Marktanteil | 4,0 | 2,0 | 1,00 | 0,5 | 0,25 |
|  |  | ↑ |  | ↑ |  |
|  |  | Unternehmen B im Vergleich zu A |  | Unternehmen A im Vergleich zu B |  |

Abb. 34 Ein Beispiel: Zusammenhang zwischen der relativen Kostenposition auf der Kosten-Erfahrungskurve und dem relativen Marktanteil

Umgekehrt sind die Stückkosten des Unternehmens A im Vergleich zu B (Basis: 1,00) um 20% höher, und die relative Kostenposition für A beträgt 1,25. Bei jeder Verdopplung des RMA-Faktors kann die relative Kostenposition um einen konstanten Wert (1 − Erfahrungsfaktor; in diesem Beispiel = 20%) verbessert werden. Diese konstante Beziehung wird durch eine logarithmische Skala deutlich gemacht (s. Abb. 33).

Die Trennlinie für einen hohen und niedrigen RMA wird bei dem Faktor 1,5 festgelegt [96, S. 12 f.]. Die Praxis zeigt, daß Kostenvorteile sich meist erst dort bemerkbar machen, wo ein Marktführer mindestens eineinhalb mal so groß ist wie der nächstkleinere Anbieter.

---

[11] Für Unternehmen B: $\dfrac{x - 1{,}00}{1{,}00} = -20\%$ niedrigere Stückkosten als A

dann $x = 0{,}8$

Für Unternehmen A: $\dfrac{y - 1{,}00}{y} = +20\%$ höhere Stückkosten als B

dann $y = 1{,}25$

Portfolio Darstellungen

Die Trennlinie für die Einordnung in die Felder mit hohem und niedrigem Marktwachstum läßt sich durch die künftige reale Zuwachsrate (z. B. 6%) des Bruttosozialproduktes der für das Unternehmen bedeutsamen Wirtschaftsregion festlegen (s. Abb. 33). Die künftige Zuwachsrate des Marktes wird im linearen Maßstab dargestellt.

## 2.2 Kategoriespezifische Verhaltensmuster

Eine Analyse des SGF-Portfolios zeigt, daß zur langfristigen Unternehmenssicherung neue Produkte entwickelt und in den Markt eingeführt werden müssen. Ein Unternehmen braucht aber auch Produkte, die die Investitionsmittel für notwendige Produktinnovationen hervorbringen. Sinn einer SGF-Portfolio Darstellung liegt in dem Bestreben, einen langfristigen Ausgleich der Geldströme sicherzustellen. Ein ausgewogenes Portfolio enthält:

- *Cash-Kühe*, die hohe Einnahmen erbringen, die weit über die zur Erhaltung ihres Marktanteils notwendigen Ausgaben hinausgehen. Sie erbringen den *Cash Flow von heute* für das gesamte Unternehmen.
- *Stars*, die ihr weiteres Wachstum in aller Regel selbst finanzieren. Sie weisen häufig buchmäßige Gewinne aus, die zur Erhaltung der Marktanteilsposition in einem stark wachsenden Markt reinvestiert werden müssen. Stars bringen das *Wachstum von heute*. Sie werden bei nachlassendem Marktwachstum zu Cash-Kühen und bringen dann in Folge geringer erforderlicher Investitionen den *Cash Flow von morgen*.
- *Nachwuchsprodukte*, die mehr Investitionsmittel erfordern, als sie erzeugen. Sie bleiben chronische Liquiditätsverbraucher, solange es nicht gelingt, einen hohen relativen Marktanteil zu erreichen, d.h. Stars zu werden. Nur dann bringen sie das *Wachstum von morgen*. Sind in einem Unternehmen mit knappen Ressourcen mehrere Nachwuchsprodukte vorhanden, ist eine Selektion der aus- und abzubauenden SGFs durchzuführen.
- *Problemprodukte*, die in aller Regel weder Cash Flow noch Wachstum bringen. Selbst wenn sie einen buchmäßigen Gewinn abwerfen, muß dieser doch wieder reinvestiert werden, um den Marktanteil zu halten. Aus diesem Grund sind sie *potentielle Liquidationskandidaten*. In Ausnahmefällen wie bei bestehenden Interdependenzen zu anderen SGFs (z.B. Nachfrageverbund, Bezugs- und Lieferverflechtungen) sind Problemprodukte aus der Sicht des Unternehmens zu erhalten.

Für die Strategien der vier Portfolio Kategorien lassen sich differenzierte strategische Verhaltensweisen ableiten (s. Tab. 10):

Tab. 10: Ableitung strategischer Verhaltensweisen für die Portfolio Kategorien der Marktanteils-Wachstums-Matrix

| Strategische Elemente | Portfolio Kategorien | | | |
|---|---|---|---|---|
| | Nachwuchs | Stars | Cash-Kühe | Probleme |
| Zielvorstellung | Selektierter Ausbau/ Abbau des RMA | Halten/ Leichter Ausbau des RMA | Halten/ Leichter Abbau des RMA | Abbau des RMA |
| Investitionsaufwand | Hoch, Erweiterungsinvestitionen oder Verkauf | Hoch, Reinvestition des Netto-Cash Flows | Gering, ausschließlich Rationalisierungs- und Ersatzinvestitionen | Minimal, Verkauf bei Gelegenheit, möglicherweise Stillegung |
| Verhalten gegenüber dem Risiko | Akzeptieren | | Einschränken | Stark Reduzieren |

## 3. Branchenattraktivitäts-Geschäftsfeldstärken-Matrix

### 3.1 Einteilung in Portfolio Kategorien

Im Gegensatz zur Marktanteils-Wachstums-Matrix, die sich an quantifizierbaren Parametern orientiert, ist die Branchenattraktivitäts-Geschäftsfeldstärken-Matrix auf qualitative Faktoren ausgerichtet [44, 119, 145, 159, 179, 221, 222].

Die Beurteilung der *Branchenattraktivität* bezieht sich auf die Bewertung einzelner branchenspezifischer Faktoren, die nicht von den Unternehmen beeinflußt werden können [119, S. 83]. Dazu gehören u. a. folgende Komponenten:

(1) Das erwartete *künftige Marktwachstum* bestimmt in hohem Maße die Branchenattraktivität.

(2) Die *Marktgröße* ist ein wichtiger Beurteilungsfaktor für das langfristig nutzbare SGF-Ertragspotential [119, S. 84].

(3) Das *Marktrisiko* wird durch die geographische Lage der Hauptabsatzgebiete [158, S. 377] (Industriestaaten, Entwicklungsländer) bestimmt. Die politische und wirtschaftliche Situation beeinflußt maßgeblich das Marktrisiko. Z. B. ist die Standortattraktivität von Produktionsanlagen umso höher, je geringer das politische Interventionsrisiko und je vorteilhafter die wirtschaftlichen Faktoren (wie z. B. Lohn-, Energie-, Rohstoff- und Finanzierungskosten) eines Landes zu beurteilen sind [179, S. 37 ff.]. Je mehr sich außerdem der Absatz auf viele geographi-

sche Gebiete verteilt, um so geringer ist die Konjunkturabhängigkeit von einzelnen Märkten und um so weniger starke Schwankungen sind für den Gesamtumsatz zu erwarten.

(4) Die *Markteintrittskosten* bestimmen, wie leicht oder schwierig potentielle Wettbewerber in den Markt eindringen können [119, S. 84]. Diese Kosten sind z. B. abhängig von der branchenspezifischen Kapitalintensität und den technologischen Imitationssperren (wie bestehende Patente).

(5) Die *Konkurrenzsituation* wird durch die Wettbewerbskonzentration und -intensität gekennzeichnet und läßt sich nach folgenden Kriterien beurteilen:
- Atomistischer/oligopolistischer Markt
- Internationale/nationale Konkurrenz
- Existenz eines eindeutigen Marktführers
- Marktanteilsveränderungen einzelner Konkurrenten.

(6) Die *Preiselastizität* bestimmt die Wechselbeziehung zwischen der Abnehmernachfrage und der Preispolitik der Anbieter. Je höher die Preiselastizität, um so schneller kann ein Anbieter durch relativ geringe Preisreduzierungen zusätzliche Marktanteile gewinnen. Eine Branche mit einer hohen Preiselastizität erlaubt einen großen Entscheidungsspielraum in bezug auf die Preispolitik und kann unter diesem Aspekt als attraktiv bewertet werden.

(7) Die *Bestellhäufigkeit* relativiert die Bedeutung des RMA. Die PIMS-Untersuchung zeigt, daß in Branchen mit hoher Bestellhäufigkeit SGFs mit niedrigem RMA einen überdurchschnittlichen ROI erzielen können.

(8) Die *Investitionsattraktivität* orientiert sich an der durchschnittlichen Branchenrentabilität in Sach- sowie Humankapital und an den potentiellen Produktivitätssteigerungen. Die Investitionsattraktivität eines SGF ist umso höher,
- je höher die Umsatzrentabilität
- je höher der Kapitalumschlag.

Ein SGF wird umso attraktiver beurteilt, je mehr in der Zukunft sich durch Rationalisierung und Spezialisierung oder auch durch den Einsatz hochqualifizierter Mitarbeiter (verbesserte Software, höhere Qualität) die Produktivität des Human- und Sachkapitals steigern läßt.

(9) Die *Rohstoffattraktivität* wird einmal durch die Beeinträchtigung der SGF-Wirtschaftlichkeit bei Rohstoff-Preiserhöhungen und zum anderen durch die Störungsanfälligkeit in der Rohstoffversorgung beeinflußt [179, S. 33].

(10) Das *Innovationspotential* eines SGF ist umso höher, je größer die

unausgeschöpften Reserven wertanalytischer Verbesserungsmöglichkeiten in bezug auf Vormaterial, Fertigung, Montage und Anwendung sind. Ebenso sind bei der Beurteilung der Attraktivität des Innovationspotentials die Höhe der Marktwachstumsrate sowie der Grad der Schutzfähigkeit für technologische Neuerungen zu berücksichtigen [179, S. 45 ff.].

(11) Die *soziale Attraktivität* eines SGF läßt sich durch die negativen und/oder positiven Folgeerscheinungen aus der Produktherstellung und der Produktanwendung auf die Umwelt als auch durch die bestehende öffentliche Meinung und Einstellung, die in gesetzlichen und gesellschaftlichen Restriktionen ihren Ausdruck findet, bestimmen [179, S. 48 ff.].

Die Beurteilung der *Geschäftsfeldstärke* bezieht sich auf eine zum stärksten Wettbewerber vergleichende Bewertung SGF-spezifischer Faktoren, die direkt von dem Unternehmen beeinflußt werden können (s. Tab. 11). Diese Bewertung orientiert sich an den funktionalen Aktivitäten F&E, Produktion, Marketing, Personal und Finanzen, wobei „Marketing" in drei weitere Bereiche, Distribution, Vertrieb und Marketing-Mix, untergliedert ist.

Tab. 11: Faktoren der Geschäftsfeldstärke

1. **Relativer Marktanteil**
2. **Produkt Qualität,** z. B.
   a) Funktionssicherheit
   b) Servicefreundlichkeit
   c) Technische Leistungen
3. **Technische Position,** z. B.
   a) F + E Aufwand
   b) Häufigkeit der Markteinführung neuer Produkte
   c) Schutzrechtsituation (Patente, Lizenzen)
4. **Produktion,** z. B.
   a) Standort
   – Anzahl Fertigungsstandorte
   – Regionale Streuung
   – Lohnniveau
   b) Fertigungskapazität

(Größe/Auslastung)
c) Typenvielfalt (Anzahl/Konzeption des Aufbaus)
d) Fertigungsstruktur
   – Einzel-/Mehrproduktfertigung
   – Einzel-/Großserienfertigung
e) Betriebsausstattung
   – Alter der Anlage
   – Technischer Stand
   • Fertigungsverfahren
   • Steuerung/Ablauf
   • Lager/Transportsystem
   • Qualitätswesen
   – Vertikale Integration (Wertschöpfungsgrad)

5. **Arbeitsorganisation,** z. B.
   a) Fertigungssystem

   – Gruppenfertigung
   – Fließfertigung
   b) Lohnform
   – Einzelakkord
   – Gruppenzeitlohn
   c) Arbeitsbedingungen
   – Lärm
   – Staub
   – Licht
   – Sicherheit

6. **Distribution,** z. B.
   a) Vertriebsweg
   – Techn. Wiederverkäufer (OEM)
   – Großhandel
   – Fachhandel
   – Vertreter
   – Direktvertrieb
   b) Lieferbereitschaft
   – Lagerstandorte
   – Bestandspolitik
   – Lieferzeit
   – Lieferzuverlässigkeit

Tab. 11: Faktoren der Geschäftsfeldstärke

7. **Vertrieb**, z. B.
   a) Vertriebsorganisation
      – Vertriebssteuerung: zentral/dezentral
      – Akquisition: zentral/dezentral
      – Einzel-/Mehrproduktorientierung
      – Spezielle Kunden-/Branchenorientierung
        • Klein-/Großkunden
        • Öffentl. Auftraggeber
   b) Vertriebskapazität
      – Anzahl Verkaufs-/Technikbüros
      – Personalstärke bei:
        • Akquisiteuren
        • Kundenberatern
        • Anwendungsspezialisten
        • Projektierern
   c) Geografische Schwerpunkte
   d) Entlohnungssystem
      – Festes Gehalt
      – Provision

8. **Marketing-Mix**, z. B.
   a) Programm
      – Standard-/Spezialprodukte
      – Sortimentsbreite und -tiefe
      – Kunden-Sonderprogramme
   b) Preis
      – Preispolitik
      – Finanzierung
      – Übernahme von Nebenleistungen
   c) Verkaufsförderung/Werbung
      – Aufwand:
        • DM/Jahr
        • Prozent vom Umsatz
      – Wirkungsgrad
      – Methoden
   d) Service und Kundendienst
      – Eigen-/Fremdservice
      – Standortnähe zum Kunden
      – Preisgestaltung
      – Kapazität
      – Kundenzufriedenheit

9. **Finanzielles Ergebnis**, z. B.
   a) Cash Flow (Einnahmen-Ausgabenüberschuß)
   b) Ergebnis
   c) Eingesetztes (gebundenes) Kapital
   d) Rentabilität
      – Umsatzrendite
      – Kapitalumschlag

Voraussetzung für eine SGF-Portfolio Darstellung mit Hilfe der Branchenattraktivitäts-Geschäftsfeldstärken-Matrix ist die Erstellung eines Kriterienkatalogs und Beurteilungssystems. Erst dann können die einzelnen SGFs hinsichtlich der Branchenattraktivität und der eigenen Stärke (relativ zum Wettbewerb) bewertet werden. *Lorange* kommt zu der Feststellung, daß „the choice of relevant factors for measuring the attractiveness of competing business lines should therefore be situational (and, d. Verf.)... design choices ought to be done on a contingency basis" [119, S. 84]. Damit wird die Auswahl der relevanten Faktoren und ihre Gewichtung für die Beurteilung der Branchenattraktivität und der Geschäftsfeldstärke zu einer unternehmensspezifischen Aufgabe (s. Tab. 12).

Für die Zuordnung in eine Portfolio Darstellung sind für die einzelnen SGFs der Umsatz oder das eingesetzte Kapital und die Punktzahlen für die Branchenattraktivität sowie die Geschäftsfeldstärke zu ermitteln (s. Abb. 35). Die Trennlinien für die 9-Felder-Matrix lassen sich aus dem Zahlenbeispiel in Tab. 12 ableiten.

Tab. 12: Ein Beispiel für ein Bewertungssystem

| Bewertungskriterien | Branchenattraktivität | | |
|---|---|---|---|
| | Gewichtungs-faktor | Punktzahl (max. 5 Punkte) | Gewichtete Punktzahl |
| 1. Marktwachstum | 2,5 | | |
| 2. Marktgröße | 1,0 | | |
| 3. Marktrisiko | 0,5 | | |
| 4. Markteintrittskosten | 0,5 | | |
| 5. Konkurrenzsituation | 1,0 | | |
| 6. Preiselastizität | 0,5 | | |
| 7. Bestellhäufigkeit | 0,5 | | |
| 8. Investitionsattraktivität | 1,5 | | |
| 9. Rohstoffattraktivität | 1,0 | | |
| 10. Innovationspotential | 1,0 | | |
| 11. Soziale Attraktivität | 1,0 | | |
| Gesamt Punktzahl | 11,0 | | (max. 55 Punkte) |

Tab. 12: Ein Beispiel für ein Bewertungssystem (Forts.)

| | Geschäftsfeldstärke | | |
|---|---|---|---|
| | Gewichtungs-faktor | Punktzahl max. 5 Punkte | Gewichtete Punktzahl |
| 1. Relativer Marktanteil | 2,5 | | |
| 2. Produkt Qualität | 1,5 | | |
| 3. Technische Position | 0,5 | | |
| 4. Produktion | 0,5 | | |
| 5. Arbeitsorganisation | 0,5 | | |
| 6. Distribution | 0,5 | | |
| 7. Vertrieb | 0,5 | | |
| 8. Marketing-Mix | 0,5 | | |
| 9. Finanzielles Ergebnis | 1,0 | | |
| Gesamte Punktzahl | 8,0 | | (max. 40 Punkte) |

Portfolio Darstellungen 105

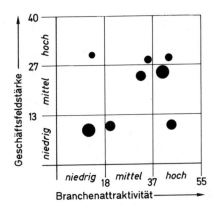

Abb. 35: Graphische Darstellung eines SGF-Portfolios mit Hilfe einer Branchenattraktivitäts-Geschäftsfeldstärken-Matrix; Quelle: [145, S. 46].

Aus dieser 9-Felder Matrix können folgende drei Portfolio Kategorien abgeleitet werden (s. Abb. 36):
- „Wachsen"
- „Selektieren"
- „Ernten".

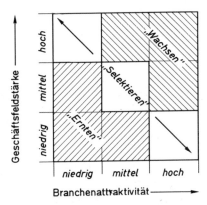

Abb. 36: Ableitung der Branchenattraktivitäts-Geschäftsfeldstärken-Matrix; Quelle: [145, S. 46].

## 3.2 Kategoriespezifische Verhaltensmuster

Im Bereich „*Wachsen*" liegen die zukunftsträchtigen SGFs, die aufgrund ihrer hohen Markt- und Stärkenbeurteilung ein hohes Ertragspotential haben.

Für sie sind erforderliche Investitionen zur Erhaltung oder Erweiterung der Marktstellung bereitzustellen.

Die Kategorie „*Selektieren*" beinhaltet SGFs, die sich jeweils in einer sehr unterschiedlichen Situation befinden. Einmal sind die SGFs einbezogen, die eine hohe Branchenattraktivität haben, aber deren Geschäftsfeldstärke nicht sonderlich groß ist. Diese SGFs stellen das Erfolgspotential zukünftiger Jahre dar. Sie sollten in Zukunft in den Bereich „Wachsen" gelangen. Auf der anderen Seite befinden sich im Bereich „Selektieren" SGFs, deren Höhepunkt überschritten ist. Diese SGFs sind durch eine niedrige Branchenattraktivität gekennzeichnet, aber ihre Geschäftsfeldstärke ist relativ hoch. Hierbei sind möglicherweise Investitionen erforderlich, um ein vorzeitiges „Sterben" zu verhindern. In beiden Fällen ist eine detaillierte Untersuchung dieser Grenzfälle erforderlich, um entweder eine Investitions- (Wachsen) oder Liquidationsstrategie (Ernten) zu entwickeln.

Der Kategorie „Ernten" sind die SGFs „ohne Zukunft" zugeordnet. Sie haben nur noch so lange eine Existenzberechtigung, wie sie Gewinn oder zumindest einen Deckungsbeitrag abwerfen. Ansonsten sollten sie aufgegeben werden. SGFs sind dann abzustoßen, wenn unter Ausnutzung aller Rationalisierungsreserven und Synergieeffekte kein positiver Cash Flow erzielt werden kann [101, S. 92].

Für die Strategien der drei Portfolio Kategorien lassen sich kategoriespezifische, strategische Verhaltensweisen ableiten (s. Tab. 13).

Tab. 13: Ableitung strategischer Verhaltensweisen für die Portfolio Kategorien der Branchenattraktivitäts-Geschäftsfeldstärken-Matrix

| Strategische Elemente | Portfolio Kategorien | | |
| --- | --- | --- | --- |
| | „Wachsen" | „Selektieren" | „Ernten" |
| Zielvorstellung | Ausbau der Marktposition mit Ausrichtung auf langfristigen Gewinn | Kurzfristig hohe Gewinne, mittlerer Cash Flow | Maximaler Cash Flow |
| Investitionsaufwand | Hoch | Selektiv Hoch/Niedrig | Minimal, Verkauf bei Gelegenheit |
| Verhalten gegenüber dem Risiko | Akzeptieren | Einschränken | Stark Reduzieren |

# B. Analyse der strategischen Ausgangssituation

Ziel dieser Analyse ist es, anhand der Portfolio Darstellung die gegenwärtige Wettbewerbsfähigkeit, die Unternehmensrentabilität und die Unternehmensliquidität zu untersuchen.

Im Rahmen einer *Portfolio Analyse* wird das SGF-Portfolio auf seine Ausgewogenheit hin untersucht. Zunächst werden die Wachstumschancen, die Einstellung zum Marktwachstum sowie zum Marktanteil und zur Marktführerschaft analysiert.

Dieser Untersuchung über die Marktstärke eines Unternehmens folgt eine *Analyse des Finanzierungspotentials*, in dem der finanzielle Spielraum, der sich durch die Rentabilität des bestehenden Portfolios, den Verschuldungsgrad und die Dividendenausschüttung bestimmen läßt, eingehender untersucht wird.

Nach der Analyse eines bestehenden SGF-Portfolios und der finanziellen Situation folgen Ableitungen sowohl unternehmensbezogener als auch SGF-spezifischer *Zielvorstellungen*.

## 1. Portfolio Analyse

Voraussetzung für eine Portfolio Analyse ist die Einteilung der Unternehmensaktivitäten in SGFs und deren Zuordnung in eine der vorgestellten Portfolio Darstellungen (s. Abb. 33 und 35). Für eine Analyse der strategischen Ausgangssituation ist vorerst eine Auswahl zwischen der Marktanteils-Wachstums- und der Branchenattraktivitäts-Geschäftsfeldstärken-Matrix zu treffen.

### 1.1 Auswahl einer Portfolio Darstellungsform

Die zwei-dimensionale Marktanteils-Wachstums-Matrix kann durch Bestimmung der quantifizierbaren Parameter „relativer Marktanteil" und „zukünftiges Marktwachstum" ohne großen Aufwand erstellt werden. Die Aufteilung in vier im Gegensatz zu drei Portfolio Kategorien der Branchenattraktivitäts-Geschäftsfeldstärken-Matrix ermöglicht eine objektive Darstellung der strategischen Ausgangssituation. Die Anwendung der Marktanteils-Wachstums-Matrix ist in den Situationen kritischer, in denen der relative Marktanteil als Aussage der Geschäftsfeldstärke durch weiter zu differenzierende Faktorenkonstellationen relativiert wird, wie z.B. in Branchen

– in denen ein Unternehmen trotz niedrigem RMA eine relativ hohe Produktqualität aufweist,

– die durch eine hohe Bestellhäufigkeit charakterisiert sind.

Eine sinnvolle SGF-Definition sollte in diesen Fällen Abgrenzungskriterien wie Qualitätsklassen und/oder Bestellhäufigkeitsmerkmale berücksichtigen. Die Portfolio Analyse anhand der Marktanteils-Wachstums-Matrix ist im allgemeinen problemloser für Unternehmen aus Investitionsgüterbranchen wie z. B. der Chemie-, Elektro- und Stahlverarbeitungsindustrie als für Unternehmen der Konsumgüterbranchen, wie z. B. der Bekleidungs- und Nahrungsmittelindustrie, anzuwenden.

Die Branchenattraktivitäts-Geschäftsfeldstärken-Matrix hat den Vorteil, daß eine Reihe von wichtigen Faktoren zusätzlich zum RMA und Wachstum in die SGF-Beurteilung einbezogen sind. Jedoch die Bestimmung der Bewertungskriterien, die Auswahl eines geeigneten Punktesystems und letztlich die eigentliche SGF-Beurteilung ist ein stark subjektiver Prozeß, der eine eindeutige Zuordnung in die 9-Felder Matrix nicht immer ermöglicht [158, S. 378].

Stehen die erforderlichen Daten zur Verfügung, so läßt sich parallel mit beiden Darstellungsformen eine Portfolio Analyse zur Gewinnung zusätzlicher Erkenntnisse durchführen [61, S. 29 ff.]

## 1.2 Beispiel einer SGF-Portfolio Analyse

Nach den methodischen Portfolio Darstellungen wird nun zur Illustration einer SGF-Portfolio Analyse zur gegenwärtigen Wettbewerbsfähigkeit eines Unternehmens, bestehend aus 16 SGFs, mit Hilfe der Marktanteils-Wachstums-Matrix durchgeführt. Das Beispiel beschreibt ein Unternehmen aus der Metallverarbeitungsindustrie mit drei Unternehmensbereichen Bauelemente, Regal- und Behältertechnik und insgesamt 16 SGFs:

   I. *Bauelemente*
      1. Fassadenelemente
      2. Doppelböden
      3. Decken
      4. Trennwände
      5. Badekabinen
  II. *Regalbau*
      6. Kommissioniergeräte
      7. Förderbänder
      8. Hochregale
      9. Palettenregale
     10. Stahlboxpaletten
 III. *Behälterbau*
     11. Wasserspeicher
     12. Druckbehälter

Analyse der strategischen Ausgangssituation

13. Fahrzeugtanks
14. Giftmüllbehälter
15. Kellereinschweißtanks
16. Stückgutcontainer.

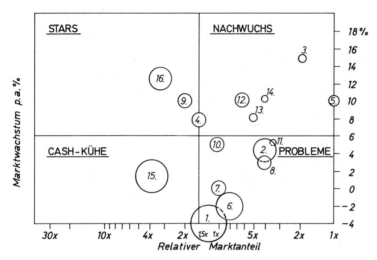

Abb. 37: Darstellung eines SGF-Portfolios für ein Unternehmen aus der Metallverarbeitungsindustrie.

Eine Bewertung der Marktposition der SGFs vermittelt in anschaulicher Weise einen detaillierten Einblick in die Struktur des Portfolios (s. Abb. 37). Die Darstellung zeigt, daß das vorliegende Portfolio sehr unausgewogen ist. Der volumenmäßige Schwerpunkt aller Unternehmensaktivitäten liegt im Feld der „Probleme". Weiterhin wird das Portfolio durch nur eine Cash-Kuh und mehrere Nachwuchsprodukte gekennzeichnet. Die Anzahl und das Umsatzvolumen der Starprodukte ist im Portfolio unterdurchschnittlich repräsentiert. Idealerweise sollte ein ausgewogenes Portfolio genügend Cash-Kühe aufweisen, um eine ausreichend finanzielle Basis für notwendige Investitionen in Nachwuchsprodukte zu gewährleisten. Weiterhin sollten Nachwuchsprodukte und Stars sowie nur relativ wenige Problemprodukte im Portfolio vorhanden sein. Die strategische Ausgangssituation für das hier zu untersuchende Unternehmen ist relativ ungünstig.

Ein möglicher Vergleich mit den Hauptwettbewerbern aufgrund einer entsprechenden Portfolio Analyse kann zeigen, daß diese ein ausgewogeneres Portfolio aufweisen. Im Rahmen einer Wettbewerbsstrategie wäre diese Erkenntnis zu berücksichtigen.

Zusätzlich lassen sich aus einer Analyse der *Marktpositionsentwicklung* Hinweise auf Wachstumschancen, Wachstumspräferenzen und die Einstellung zur Marktführung und daraus neue Erkenntnisse über die Wettbewerbsfähigkeit des Unternehmens und die in der Vergangenheit verfolgten Strategien ableiten [94, S. 10; 140, S. 74].

Eine Marktposition zeigt anhand der vergangenen Marktwachstumsraten und SGF-spezifischen Wachstumsraten, ob ein Unternehmen innerhalb der letzten fünf Jahre Marktanteile verloren oder gewonnen hat. Eine „Ideal-Verteilung" berücksichtigt, wie Abbildung 38 illustriert, die Grundstrategien für die einzelnen Portfolio Kategorien. Werden SGFs oberhalb der „45°-Trennlinie" eingeordnet, so wird damit ein Marktanteilsverlust dokumentiert. Für SGFs unterhalb dieser Trennlinie wurde dagegen in der Vergangenheit der Marktanteil gesteigert. Die Normstrategien für die einzelnen Portfolio Kategorien lassen sich in diese Darstellung wie folgt eintragen:
- *Nachwuchsprodukte* selektiert aus- (hoher Marktanteilsgewinn) oder abbauen (hoher Marktanteilsverlust)
- *Stars* halten oder leicht ausbauen (Marktanteilsgewinn)
- *Cash-Kühe* halten oder leicht abbauen (geringer Marktanteilsverlust)
- *Problemprodukte* abbauen (hoher Marktanteilsverlust).

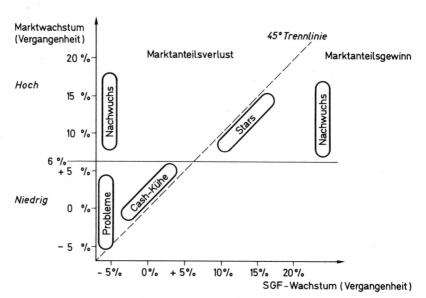

Abb. 38: „Ideale Marktpositionsentwicklung; Quelle: [94, S. 10].

Analyse der strategischen Ausgangssituation

Eine Analyse der Marktanteilspositionsentwicklung für das metallverarbeitende Unternehmen zeigt (s. Abb. 39), daß
- genügend Wachstumschancen vorhanden sind (SGF: 3, 4, 5, 9, 12, 13, 14, 16),
- das Unternehmen in den stark wachsenden Branchen überwiegend Marktanteile verloren hat und in den langsam wachsenden Märkten Marktpositionen verbessert wurden.
  • Für die Starprodukte (16, 9, 4) haben sich die RMA-Positionen verschlechtert.
  • Für die umsatzmäßig kleinsten und die marktanteilsschwächsten Nachwuchsprodukte (3, 14, 5) wurde der Marktanteil erhöht.
  • Die dominierende RMA-Position der Cash-Kuh (15) wurde ausgebaut.
  • Für viele Problemprodukte (1, 2, 7, 11) wurde die RMA-Position verbessert.

Diese Analyse veranschaulicht, wie die in der Vergangenheit verfolgten SGF-Strategien, sei es durch eigene Aktionen oder indirekt durch die Initiativen der Wettbewerber verursacht, das Unternehmen in die derzeitig ungünstige Ausgangsposition gebracht haben.

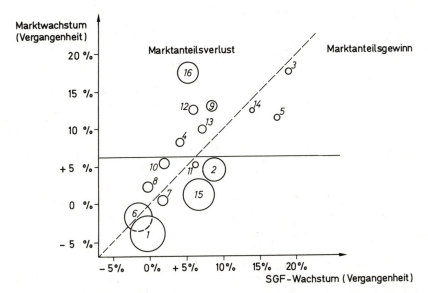

Abb. 39: Marktpositionsentwicklung für ein Unternehmen aus der Metallverarbeitungsindustrie.

## 1.3 Cash Flow Analyse eines SGF-Portfolios

Die Cash Flow-bezogene Ausgewogenheit eines Portfolios kann mit einer einfachen Darstellung aufgedeckt werden (s. Abb. 40). Die Abbildung zeigt eine „ideale" Positionierung für die einzelnen Portfolio Kategorien.

Liquidität wird definiert als Quotient der SGF-spezifischen Ausgaben zu den Einnahmen. Bei einem Faktor kleiner als 1,0 ist der Cash Flow positiv [134, S. 66; 140, S. 78].

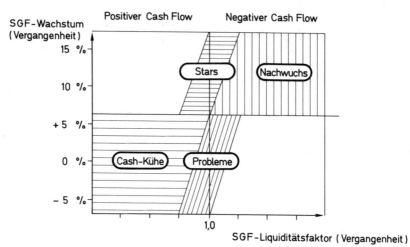

Abb. 40: „Ideale" Positionierung der vier Portfolio Kategorien in der Liquiditäts-Wachstums-Matrix.

Die Analyse der Liquidität (s. Abb. 41) für das metallverarbeitende Unternehmen verdeutlicht eine risikoreiche Ausgangsposition. Aus dieser Analyse lassen sich im Zusammenhang mit der SGF-Portfolio Darstellung (s. Abb. 37) und der Marktpositionsentwicklung (s. Abb. 39) kritische Fragen für einzelne SGFs ableiten, z. B.:

- Warum werden die knappen Ressourcen zum Ausbau des Marktanteils einer Cash-Kuh (SGF 15) eingesetzt? Sollte nicht für dieses SGF ein weitaus höherer positiver Cash Flow erzielt werden?
- Ist eine Liquidation der Marktanteilsposition der Stars (SGF 16, 9) für das Unternehmen langfristig sinnvoll (Aufgabe des Marktanteils zur Erzielung eines positiven Cash Flows)?

Die bisherigen Analysen verdeutlichen, warum das Unternehmen innerhalb der letzten zwei Jahre Verluste ausweisen mußte und nur einen ungenügenden Cash Flow (DM 5 Mio; 2,5% vom Umsatz) erwirtschaften konnte.

Analyse der strategischen Ausgangssituation

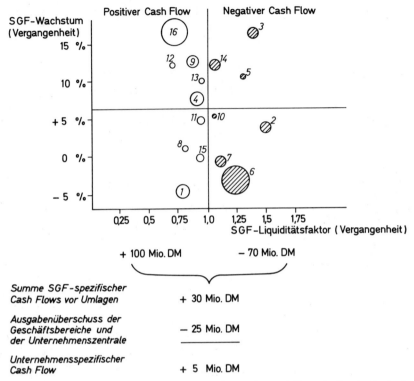

Abb. 41: Liquiditätssituation für ein Unternehmen der metallverarbeitenden Industrie (Die Kreisgröße zeigt die Höhe des positiven und negativen Cash Flows).

## 2. Analyse des Finanzierungspotentials

Die Mittelbeschaffung für künftige Finanzierungszwecke ist wichtiger Bestandteil der Strategieentwicklung. Sie ermöglicht die Finanzierung von Marktoffensiven und den Start neuer Aktivitäten. Die erforderlichen Mittel können grundsätzlich durch Finanzierungs- und Desinvestitionsvorgänge beschafft werden.

Schließt man jedoch Desinvestitionsvorgänge aus, so beschränkt sich die Mittelbeschaffung auf folgende vier, von dem Unternehmen beeinflußbare Komponenten [101, S. 198 f.; 225, S. 3 f.]:
- Innenfinanzierung
  - *Rentabilität der SGF-Portfolios*
    (unternehmensspezifischer Cash Flow)
  - *Einbehaltung von Gewinnen*
    (Dividendenpolitik)

- Außenfinanzierung
  (Verschuldungspolitik)
  - *Eigenkapital*
  - *Fremdkapital*

Aufgrund dieser vier unternehmensspezifischen Faktoren läßt sich eine *langfristig erreichbare Zuwachsrate* des Kapitals unter Berücksichtigung bestimmter Annahmen ermitteln. Eine Formel zur Ermittlung dieser Zuwachsrate kann, wie die Tabelle 14 zeigt, aus der Definition der Kapitalrentabilität abgeleitet werden.

Tab. 14: Ableitung einer langfristig erreichbaren Zuwachsrate des Kapitals; Quellen: [134, S. 69; 159, S. 4'f.; 225, S. 10].

**Definition der Begriffe:**

- W = Langfristig erreichbare Zuwachsrate des Kapitals (%)
- F = Fremdkapital (DM)
- E = Eigenkapital (DM)
- F/E = Verschuldungsgrad
- R = Kapitalrendite (nach Steuern) = $\dfrac{G + ZF}{F + E}$ (%)
- Z = durchschnittlicher Zinssatz des Fremdkapitals (nach Steuern) (%)
- D = Dividendenausschüttungsgrad
- G = Gewinn (Ergebnis) nach Stuern (DM)
- $\dfrac{G}{E}$ = Eigenkapitalrendite (nach Steuern) (%)

**Ableitung der Unternehmenswachstumsrate:**

(1) $R = \dfrac{G + ZF}{F + E}$ oder $G = R(F + E) - ZF$

Werden keine Dividenden ausgeschüttet, ist die langfristig erreichbare Zuwachsrate des Kapitals gleich der Eigenkapitalrendite

(2) $W = \dfrac{G}{E} = \dfrac{R}{E}(F+E) - \dfrac{ZF}{E} = \dfrac{RF}{E} + R - \dfrac{ZF}{E} = \dfrac{F}{E}(R-Z) + R$

Eine Dividendenausschüttung schmälert die Zuwachsrate

(3) $W = \dfrac{G}{E}(1-D) = \dfrac{F}{E}(R-Z)(1-D) + R(1-D)$

**Annahmen zur Ermittlung der Zuwachsrate:**
- Konstante Verschuldungspolitik
- Konstante Dividendenpolitik
- Konstante Kapitalrendite
- Konstanter Zinssatz
- Keine Desinvestitionen
  (z. B. Veräußerung von Vermögensteilen)

Analyse der strategischen Ausgangssituation

Die langfristig erreichbare Zuwachsrate des Kapitals läßt sich für das metallverarbeitende Unternehmen in folgender Weise ermitteln (s. Tab. 15):

Tab. 15: Ein Beispiel: Ermittlung der langfristig erreichbaren Zuwachsrate für ein metallverarbeitendes Unternehmen.

|  | Jahr 1 | Jahr 2 |
|---|---|---|
| Umsatz (Mio DM) | 200 | 205 |
| Umsatz : Kapital | 1 : 1 | 1 : 1 |
| Eigenkapital (Mio DM) | 100 | 102,5 |
| Fremdkapital (Mio DM) | 100 | 102,5 |
| Verschuldungsgrad | 1 : 1 | 1 : 1 |
| Zinssatz (vor Steuern) | 7% | 7% |
| Zinssatz (nach Steuern) | 3,5% | 3,5% |
| Zinsen (nach Steuern in Mio DM) | 3,5 | 3,60 |
| Ergebnis (vor Steuern in Mio DM) | 10 | 10,25 |
| Ergebnis (nach Steuern[12] in Mio DM) | 5 | 5,12 |
| Kapitalrendite (nach Steuern) | 4,25% | 4,25% |
| Eigenkapitalrendite | 5% | 5% |
| Dividende (Mio DM) | 2,5 | 2,51 |
| Dividendenausschüttungsgrad | 0,5 | 0,5 |

$$W = \frac{1}{1}(4{,}25-3{,}5)(1-0{,}5) + 4{,}25(1-0{,}5) = 5 \times 0{,}5 = 2{,}5\%$$

Die langfristig erreichbare Zuwachsrate beträgt 2,5%, d.h. das Unternehmen ist in der Lage, bei Annahme einer konstanten Kapitalrendite, einer konstanten Verschuldungs- und Dividendenpolitik Finanzierungsmittel in Höhe von 2,5% des Kapitals aufzubringen. Durch die Rücklagenbildung und eine zusätzliche Fremdverschuldung von je DM 2,5 Mio. stehen dem Unternehmen Mittel bereit, um eine Umsatzsteigerung bei konstantem Kapitalumschlagfaktor von DM 200 Mio auf DM 205 Mio zu finanzieren.

Für das metallverarbeitende Unternehmen läßt sich ein noch ungenutztes Finanzierungspotential identifizieren. Durch einmalige Änderung der Unternehmenspolitik wie z.B. durch einen erhöhten Verschuldungsgrad von 2:1 und einem niedrigeren Dividendenausschüttungsgrad von 0,25 könnte langfristig eine Steigerung der jährlichen Umsatzzuwachsrate von 2,5% auf 4,3% finanziell realisiert werden.

Die Hebelwirkung, insbesondere der Verschuldungspolitik auf das Unternehmen kann an einem konkreten Beispiel zweier Firmen der amerikanischen Chemieindustrie, Dow Chemical und Monsanto, illustriert werden (siehe Tab. 16).

[12] Es ist möglich, unter Berücksichtigung der ergebnisabhängigen und ergebnisunabhängigen Steuern einen kombinierten Steuersatz unternehmensspezifisch (z.B. 50%) im Verhältnis zum Ergebnis annäherungsweise festzulegen.

Tab. 16: Verschuldungspolitik und der Einfluß auf die Wachstumspolitik von Dow Chemical und Monsanto; Quellen: [66, S. 34 ff.; 133, S. 64].

|  | 1964 | 1970 | 1976 |
|---|---|---|---|
| **1. Verschuldungsgrad (Fremdkapital : Eigenkapital)** |  |  |  |
| – Dow Chemical | 1 : 3,3 | 1 : 1,6 | 1 : 1,5 |
| – Monsanto | 1 : 1,9 | 1 : 2,0 | 1 : 2,5 |
| **2. Umsatz in Mio. $** |  |  |  |
| – Dow Chemical | 1077 | 1911 | 5652 |
| – Monsanto | 1527 | 1972 | 4270 |
| **3. Ergebnis in Mio. $ vor Steuern (Umsatzrendite in %)** |  |  |  |
| – Dow Chemical | 100 (9,3%) | 102 (5,3%) | 613 (10,8%) |
| – Monsanto | 130 (8,5%) | 67 (3,4%) | 366 (8,6%) |
| **4. Eigenkapital in Mio. $** |  |  |  |
| – Dow Chemical | 786 | 1128 | 2865 |
| – Monsanto | 975 | 1194 | 2253 |
| **5. Eigenkapitalrendite in % vor Steuern** |  |  |  |
| – Dow Chemical | 12,7% | 9,0% | 21,4% |
| – Monsanto | 13,3% | 5,6% | 16,2% |

Dow Chemical erhöhte den Verschuldungsgrad drastisch in dem Zeitraum (1964–1976) von 1 : 3,3 auf 1 : 1,5 und inivestierte die Mittel selektiert in den Marktanteilsausbau bestimmter SGFs. Dow Chemical steigerte Umsatz und Rendite schneller als das Unternehmen Monsanto, das den Verschuldungsgrad in diesem Zeitraum sogar reduzierte. War anfangs Monsanto die weitaus größere der beiden Firmen, so übertraf Ende 1976 Dow Chemical durch eine aggressive Verschuldungspolitik Monsanto sowohl im Umsatz als auch in der Rendite.

Dieses Beispiel zeigt, daß eine „risikoreiche" Verschuldungspolitik Basis für eine nachhaltige Sicherung des Unternehmens sein kann. Das Konzept der Erfahrungskurve und die Ergebnisse der PIMS-Untersuchung verdeutlichen, daß ein hoher RMA durch niedrigere Stückkosten bei gleichbleibenden Marktpreisen langfristig einen hohen Gewinn abwerfen kann. Um den Marktanteilsausbau auf den Chemiemärkten zu finanzieren, müssen Kredite die Lücken schließen. In dem Maße wie das Unternehmen Dow Chemical seine Märkte durchdringt, gewinnt es trotz steigender Zinsbelastung durch die sinkenden Produktionskosten zusätzliche Vorteile. Dieses Beispiel zeigt die Wechselbeziehung zwischen den finanz- und marktbezogenen strategischen Steuerungsgrößen „relativer Verschuldungsgrad" und „relativer Marktanteil".

Erforderliche Umstrukturierungen im bestehenden Portfolio (selektierte Ausrichtung auf Marktführung) können die Kapitalrendite langfristig verbessern. Die notwendigen Mittel können kurz- und mittelfristig in vielen Fällen durch einen erhöhten Verschuldungsgrad und durch eine Senkung der Dividendenzahlungen sichergestellt werden. Durch konsequentes Ausschöpfen des Finanzierungspotentials und gezielte Marktinvestitionen kann eine langfristig rentable Unternehmenssicherung erreicht werden.

## 3. Ableitung von Zielvorstellungen

Aus der Portfolio Analyse der strategischen Ausgangssituation und Abschätzung des Finanzierungspotentials können für das gesamte Unternehmen und einzelne SGFs Schlußfolgerungen zur Umstrukturierung abgeleitet werden, die dann im Rahmen der strategischen Feinplanung detailliert werden (s. Abb. 42). Dieses Schaubild stellt die Bedeutung der Portfolio Darstellung als Instrument für die Analyse der Ausgangssituation und als Hilfsmittel für die Ableitung von Zielvorstellungen heraus.

### 3.1 Unternehmensbezogene Zielvorstellungen und Restriktionen

Unabhängig von den SGF-spezifischen Zielvorstellungen können allgemeine Ziele und Restriktionen von der Unternehmensleitung festgelegt werden.

Finanzielle Ziele (z.B. Rendite, Wachstum) und Restriktionen (z.B. Höhe der Fremdverschuldung und der Dividendenzahlung) sollten explizit herausgestellt werden, um die Rahmenbedingungen für eine strategische Planung festzulegen. Denn die Bereitschaft, ein erhöhtes finanzielles Risiko einzugehen, muß nicht nur bei den Banken, sondern auch bei der Unternehmensleitung, dem Aufsichtsrat und den Eigentümern vorhanden sein.

Ebenso können allgemeine richtungsweisende Umstrukturierungskriterien, wie z.B. die Forcierung des Ausbaus von technisch hochwertigen Produkten und Systemlösungen in internationalen Märkten, aufgestellt werden. Für das stahlverarbeitende Unternehmen können beispielsweise folgende Kriterien berücksichtigt werden:
- Marktanteilsausbau von Nachwuchsprodukten mit
  - Expansionspotential in Auslandsmärkten,
  - geringen Wettbewerbsnachteilen im technischen Bereich,
  - führender Marktposition, erreichbar innerhalb der nächsten 5 bis 10 Jahre.
- Marktanteilsabsicherung von Stars und Cash-Kühen mit
  - Marktführerschaft (RMA größer als 1,5),
  - Aus- bzw. Abbau in ausgewählten Marktsegmenten,
  - Erschließungsmöglichkeit von Rationalisierungsreserven,
  - Affinitäten zu anderen wesentlichen SGFs (Synergiepotentiale).

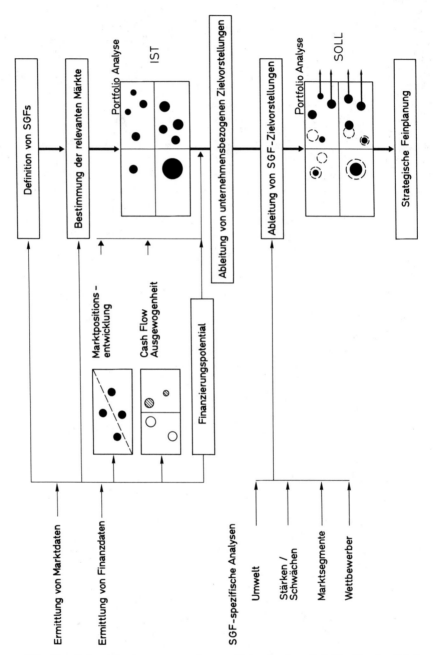

Abb. 42: Datenanforderungen und wesentliche Analyse-Schritte für die Ableitung von Zielvorstellungen.

Analyse der strategischen Ausgangssituation

- Marktanteilsabbau von Problemprodukten mit
  - nachhaltig negativem Cash Flow, Ergebnis bzw. Kapitalrendite,
  - nachhaltigen Wettbewerbsnachteilen in bezug auf die Marktstellung und die technische Position.
- Marktanteilsabbau von Nachwuchsprodukten mit
  - temporär negativem Cash Flow, Ergebnis bzw. Kapitalrendite,
  - geringer Affinität zu anderen SGFs,
  - nachhaltigen Wettbewerbsnachteilen in bezug auf die Marktstellung und die technische Position,
  - hoher Kapitalintensität.
- Verkauf von SGFs mit
  - nachhaltig hoher Ertragskraft bzw. guter Ergänzungsmöglichkeit für das Portfolio eines potentiellen Käufers,
  - geringen Affinitäten zu anderen SGFs,
  - hoher Wahrscheinlichkeit eines Verkaufsergebnisses von mehr als DM X Mio.,
  - geringen Wettbewerbsnachteilen für die anderen SGFs. Z. B. bei hoher Lieferverzahnung kann eine externe Bezugsbasis sichergestellt werden.
- Akquisition von Firmen mit
  - „Cash-Kuh"-Merkmalen zur Diversifikation bzw. horizontalen oder vertikalen Integration,
    hoher RMA (größer als 1,5),
    niedriges zukünftiges Marktwachstum (geringer als 6%),
    nachhaltig hohe Ertragskraft,
  - „Nachwuchs"-Merkmalen zur Fusion mit bestehendem Nachwuchsprodukt.

## 3.2 SGF-spezifische Zielvorstellungen

Allgemein lassen sich die Zielvorstellungen aus drei Grundstrategien, die sich an den zukünftigen Marktanteilsveränderungen ausrichten, ableiten:
- Marktanteilsausbau (inkl. Akquisition),
- Marktanteilsabsicherung,
- Marktanteilsabbau (inkl. Verkauf).

Die Portfolio Darstellung des stahlverarbeitenden Unternehmens (siehe Abb. 37) zeigt, daß die Anforderungen an die Umstrukturierung und Verbesserung der Kapitalrendite sich schwerpunktmäßig auf den Aus- bzw. Abbau der Marktanteilspositionen der SGFs im Problem- und Nachwuchsquadranten ausrichten, während für die wenigen SGFs im Star- und Cash-Kuh-Quadranten eine Absicherung der RMA-Position sinnvoll erscheint. Für die Ab-

leitung realistischer Zielvorstellungen sind eine Reihe von SGF-spezifischen Detailanalysen durchzuführen:
- Umweltanalyse
- Stärken-/Schwächenanalyse
- Marktsegment-Analyse
- Wettbewerbsanalyse.

Die Zielvorstellungen können für den nächsten Fünfjahreszeitraum alternativ für einzelne SGFs aufgestellt werden, wie z.B. für ein Nachwuchsprodukt (s. Abb. 43):

- Alternative A: Ausbau des Marktanteils von 10% auf 20%
  (RMA von 0,7 auf 1,4)
- Alternative B: Ausbau des Marktanteils von 10% auf 14%
  (RMA von 0,7 auf 1,0)
- Alternative C: Verkauf des SGF.

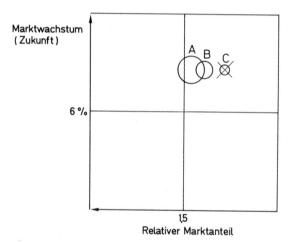

Abb. 43: Drei alternative Zielvorstellungen für eine Nachwuchsprodukt.

Die Ableitung alternativer SGF-Zielvorstellungen läßt sich in Form von qualitativen Bewertungen dokumentieren (s. Tab. 17).

So können für alle SGFs entweder eindeutige oder alternative Zielvorstellungen erarbeitet werden, die man dann in eine Soll-Portfolio Darstellung (s. Abb. 42) einträgt.

Mit der Aufstellung unternehmensbezogener Ziele und Restriktionen und SGF-spezifischer Alternativ-Zielvorstellungen ist der Rahmen für eine strategische Feinplanung abgesteckt.

Tab. 17: Ein Beispiel: Ableitung einer SGF-Zielvorstellung

| SGF: Druckbehälter (12) | Portfolio-Kategorie: Nachwuchs |
|---|---|
| Normstrategie: Selektierter Marktanteilsausbau- oder -abbau | |
| SGF-Zielvorstellung Alternative B: | Marktanteilsausbau von 10% auf 14% in 5 Jahren. |

| | Begründung: |
|---|---|
| Branchenattraktivität | Geschäftsfeldstärke |
| – Hohes künftiges Marktwachstum | – Marktanteilsgewinne in den letzten 5 Jahren |
| – Marktvolumen: DM 100 Mio. | – Relativ hohe Produkt-Qualität |
| – Viele kleine Wettbewerber | – Neue Patente in Aussicht |
| – Marktführer: Fa. XYZ mit 12% | – Ausreichende Fertigungskapazität |
| – Hohes Produktivitätssteigerungspotential | – Relativ hohe Lieferbereitschaft |
| – Keine neuen Umweltschutzauflagen | – Aggressive Preispolitik |
| – Gesicherte Rohstoffzufuhr | |

# C. Strategische Feinplanung

Die strategische Feinplanung im Rahmen einer Portfolio Management Konzeption beinhaltet die Phasen der
- Entwicklung einzelner alternativer SGF-Strategien und ihrer finanziellen Anforderungen und Auswirkungen,
- Berechnung alternativer Strategiekombinationen,
- Auswahl einer „geeigneten" Kombination unter Berücksichtigung von bestehenden SGF-Verflechtungen.

Obwohl diese Phasen unternehmensspezifischen Anforderungen hinsichtlich der Art der Datenerhebung und dem Detaillierungsgrad unterliegen, wird im folgenden Teil die inhaltliche und prozeßbezogene Entwicklung einer Portfolio Management Konzeption weiter verfeinert.

## 1. Entwicklung alternativer SGF-Strategien

Nach der Ableitung alternativer Zielvorstellungen für einzelne SGFs sind die entsprechenden Strategien zu entwickeln. Für die Erreichung einzelner SGF-Zielvorstellungen stellt sich die Frage:

Mit welchen Maßnahmen und mit welchem damit verbundenen Aufwand kann das gesteckte Ziel mit welchem finanziellen Nutzen erreicht werden?

Zur Beantwortung dieser Frage sind erstens die erforderlichen Maßnahmen zu spezifizieren und zweitens die damit verbundenen Nutzen- und Aufwandsdaten abzuschätzen.

## 1.1 Erforderliche Maßnahmen

Mit der Entwicklung von SGF-Strategien sind eine Reihe erforderlicher Maßnahmen verbunden, die sich durch Abschätzen des Zeitpunktes, der Dauer und Art in einem Aktionsplan detaillieren lassen. Im Rahmen der strategischen Feinplanung sind die Maßnahmen nur grob festzulegen. So sollte z. B. für den Marktanteilsausbau eines SGF das erforderliche Werbebudget abgeschätzt werden (s. Tab. 18). Die Budgetaufteilung in einzelne Werbemedien (Fernsehen, Rundfunk, Zeitschriften) und die Auswahl geeigneter Werbeagenturen sind Entscheidungen, die im Rahmen der taktischen und operativen Planung getroffen werden müssen.

Die Tabelle der wesentlichen Maßnahmen für die Entwicklung einzelner SGF-Strategien enthält eine Anzahl von möglichen Aktionen, die SGF-spezifisch eingesetzt werden können. Neben der Festlegung erforderlicher Aktionen sind die Voraussetzungen, Annahmen und Risiken der durchzuführenden Maßnahmen explizit herauszustellen.

Die Strategiemöglichkeiten und die erforderlichen Maßnahmen lassen sich je nach der Ausgangssituation einzelner SGFs differenzieren [84, S. 264 ff.]:
- Strategie eines Marktführers,
- Strategie eines nachrangigen Anbieters,
- Strategie eines Grenzanbieters.

Für einen *Marktführer* (RMA-Faktor > 1,0) gilt es, die günstige Marktstellung zu erhalten. Aufgrund der relativ niedrigsten Kostenposition und demnach mit der höchsten Gewinnspanne ist ein Marktführer meist in der Lage, nachrangigen Anbietern und neuen potentiellen Wettbewerbern z. B. durch eine Niedrigstpreispolitik das „Überleben" bzw. den „Markteintritt" zu erschweren. Texas Instruments verfolgt als Marktführer bei den SGFs „Mikroprozessoren" und „Taschenrechner" eine Niedrigpreispolitik, um einen Marktanteilszuwachs bei der Konkurrenz zu verhindern.

*Nachrangige Anbieter* müssen sich mit der zweiten oder dritten Marktposition und dem in der Regel damit verbundenen niedrigeren Ertragspotential begnügen. Nur durch eine Spezialisierung auf bestimmte Marktsegmente kann es einem nachrangigen Anbieter gelingen, sich in speziellen Teilmärkten eine Art „Marktführerschaft" aufzubauen. Besonders für Klein- und Mittelbetriebe ist der Weg der Spezialisierung meist die einzig ertragreiche Alternative. Eine zweit- oder drittrangige Marktanteilsposition kann in risikoreichen Märkten, die z. B. durch schnelle technologische Veränderungen in der Entwicklungsphase gekennzeichnet sind, oftmals eine günstige strategische Position sein.

Strategische Feinplanung

Tab. 18: Wesentliche Maßnahmen für SGF _____ Alternative: _____

| Maßnahmen | Jahr 1 | | Jahr 2 | | Jahr 3 | | Jahr 4 | | Jahr 5 | | Bemerkungen (Voraussetzungen, Risiken, Aufwand usw.) |
|---|---|---|---|---|---|---|---|---|---|---|---|
| | Halbj. 1. | 2. | Halbj. 1. | 2. | Halbj. 1. | 2. | Halbj. 1. | 2. | Halbj. 1. | 2. | |
| 1. Forschung und Entwicklung<br>– Neue Produkte<br>– Baukastensystem<br>– Systemlösungen<br>– Standardisierung/ Spezialisierung | | | | | | | | | | | |
| 2. Produkt-Gestaltung<br>– Produktsortiment<br>– Produktqualität<br>– Kundendienst<br>– Beratungsdienst<br>– Verpackung<br>– Garantieleistung<br>– Lieferzeit | | | | | | | | | | | |
| 3. Distribution/Vertrieb<br>– eigene Absatzorganisation<br>– selbständige Absatzmittler | | | | | | | | | | | |
| 4. Konditionen<br>– Preis<br>– Preisnachlaß (Rabatt/Bonus)<br>– Finanzierungsbedingung, Leasing | | | | | | | | | | | |
| 5. Kommunikation<br>– Werbung<br>– Public Relations<br>– Verkaufsförderung<br>– Persönlicher Verkauf | | | | | | | | | | | |
| 6. Fertigung<br>– Integrationsgrad<br>– Automatisierungsgrad<br>– Kapazität<br>– Standort<br>– Maschinenausstattung<br>– Qualitätskontrolle<br>– Bestandspolitik | | | | | | | | | | | |
| 7. Personal<br>– Anzahl<br>– Qualität<br>– Spezialisierung | | | | | | | | | | | |

Die Situation des *Grenzanbieters* ist dadurch charakterisiert, daß das SGF bei einem niedrigen RMA und einer relativ ungünstigen Kostenposition bei geringen Preis-, Volumen- und Kostenschwankungen schnell in die Verlustzone geraten kann. Eine Überlebensstrategie liegt meist nur in der Spezialisierung auf bestimmte Marktsegmente.

### 1.2. Erforderliche Daten

Die folgende Darstellung (s. Tab. 19) zeigt beispielhaft ein Datenblatt für die strategische Feinplanung einzelner SGFs. Der obere Teil der Darstellung bezieht sich auf die Marktstrategie mit der Bestimmung des SGF-spezifischen Marktanteils und Preisindex, während der untere Teil der Tabelle die finanziellen Anforderungen und Auswirkungen der SGF-Strategie detailliert wiedergibt. In der Praxis hat es sich bewährt, zusätzlich zu den jährlichen Schätzungen für die künftigen Markt- und Finanzdaten Minimum- und Maximum-Werte anzugeben. Die Angabe einer Bandbreite für die einzelnen Daten ermöglicht eine Risikoabschätzung der Strategiealternativen.

Tab. 19: Datenblatt für die strategische Feinplanung

| | | | Jahr 1 | | Jahr 2 | | Jahr 3 | | Jahr 4 | | Jahr 5 | |
|---|---|---|---|---|---|---|---|---|---|---|---|---|
| | Zeitraum | Basisjahr | | | | | | | | | | |
| Kerndaten | | | Plan | Ist | Plan | Ist | Plan | Ist | Plan | Ist | Plan | Ist |
| SGF: _____ Portfolio-Kategorie: _____ | | | | | | | | | | | | |
| Rel. Markt: _____ Alternative: _____ | | | | | | | | | | | | |
| 1. Marktvolumen in Stück | | | | | | | | | | | | |
| 2. Marktvolumen in DM | | | | | | | | | | | | |
| 3. Kumuliertes Industrievolumen in Stück | | | | | | | | | | | | |
| Marktwachstum | | | | | | | | | | | | |
| 4. nominal (für DM-Werte) | | % | | | | | | | | | | |
| 5. real (für St.-Werte) | | % | | | | | | | | | | |
| 6. Marktpreisindex | | 100 | | | | | | | | | | |
| SGF-Umsatz (marktbezogen, ohne interne Lieferungen) | | | | | | | | | | | | |
| 7. in Stück | | | | | | | | | | | | |
| 8. in DM | | | | | | | | | | | | |
| SGF Umsatzwachstum | | | | | | | | | | | | |
| 9. nominal (für DM-Werte) | | % | | | | | | | | | | |
| 10. real (für St.-Werte) | | % | | | | | | | | | | |
| 11. SGF-Preisindex | | 100 | | | | | | | | | | |
| 12. Marktanteil des eigenen SGF (7:1) | | | | | | | | | | | | |
| Marktanteile von Hauptwettbewerb. (%) | | | | | | | | | | | | |

Strategische Feinplanung

Tab. 19: Datenblatt für die strategische Feinplanung (Forts.)

| | | | | | | |
|---|---|---|---|---|---|---|
| 13. —— | | | | | | |
| 14. —— | | | | | | |
| 15. —— | | | | | | |
| 16. —— | | | | | | |
| 17. Relativer Marktanteil (12:13) | | | | | | |
| 18. Einnahmen: Gesamtumsatz SGF (in DM) | | | | | | |
| 19. Darin interne Lieferungen (in DM) | | | | | | |
| 20. Variable Kosten (21+22+23) | | | | | | |
| 21. Lohnkosten | | | | | | |
| 22. Material | | | | | | |
| 23. Sonstige Variable K. | | | | | | |
| 24. Semivariable Kosten (25+26+27) | | | | | | |
| 25. F & E | | | | | | |
| 26. Produktion | | | | | | |
| 27. Marketing (z. B. Werbung) | | | | | | |
| 28. SGF-zurechenbare Fixkosten (29+30+31+32) | | | | | | |
| 29. F & E | | | | | | |
| 30. Fertigung | | | | | | |
| 31. Vertrieb | | | | | | |
| 32. Verwaltung | | | | | | |
| 33. Summe aller direkt zuordenbaren ausgabenwirksamen Kosten (20+24+28) | | | | | | |
| 34. SGF-Ergebnis (vor Abschreibung, Umlagen und Steuern (18–33) | | | | | | |
| 35. Investitionen (36+37) | | | | | | |
| 36. Projekt A | | | | | | |
| 37. Projekt B | | | | | | |
| 38. SGF-Cash Flow vor Umlagen (34–35) | | | | | | |
| 39. Ausgabenwirksame Bereichs- und Unternehmenskosten (SGF-Umlage) | | | | | | |
| 40. SGF-Cash Flow nach | | | | | | |

Tab. 19: Datenblatt für die strategische Feinplanung (Forts.)

| | | | | | |
|---|---|---|---|---|---|
| Umlagen (38–39)<br>41. Abschreibungen<br>42. SGF-Ergebnis (vor Steuern; nach Abschreibungen und Umlagen; (34–39–41) | | | | | |
| 43. Jährliches Produktionsvolumen in Stück<br>44. Kumulierte Produktionsmenge in Stück<br>45. Stückkosten nominal [(38–22):43]<br>46. Stückkosten real (ohne Inflation) | | | | | |
| 47. Belegschaft (Jahresdurchschnitt)<br>48. Umsatz pro Beschäftigter (18:47)<br>49. Wertschöpfung zu Umsatz [(18–22):18]<br>50. Relativer F&E Aufwand [(25+29):18]<br>51. Eingesetztes Kapital (52+53–57)<br>52. Anlagevermögen<br>53. Umlaufvermögen (54+55+56)<br>54. Vorräte<br>55. Forderungen<br>56. Flüssige Mittel<br>57. Kurzfristige Verbindlichkeiten<br>58. Kapitalumschlagfaktor (18:51)<br>59. Umsatzrendite (42:18)<br>60. Kapitalrentabilität (42:51) | | | | | |

## 2. Berechnung alternativer Strategiekombinationen

Die Bewertung der einzelnen SGF-Strategiealternativen kann auf der Basis verzinster Cash Flow Werte durchgeführt werden. Der *Kapitalwert* setzt sich aus der Summe der verzinsten *kumulierten Cash Flows* und dem verzinsten

Strategische Feinplanung

Endrestwert zusammen. Der Endrestwert eines SGF stellt z. B. den Marktwert am Ende des fünften Jahres dar. Er kann als kapitalisierter Wert des SGF-Ergebnisses oder SGF-Cash Flows am Ende des fünften Jahres unter Annahme einer langfristigen Wachstumsrate errechnet werden.

Beispiel einer Endrestwertberechnung: $EW = \dfrac{CF(5)}{Z-W}$

Cash Flow im 5. Jahr
CF (5) = DM 100 Mio.
Zinssatz (Z) = 10%
Langfristige Wachstumsrate (W)
= 2% nach dem 5. Jahr

$$EW = \dfrac{100}{10\% - 2\%} = DM\ 1250\ Mio.$$

Die folgende Darstellung zeigt illustrativ die Kapitalwerte der einzelnen Cash Flow Alternativen (s. Tab. 20).

Tab. 20: Entwicklung der SGF-spezifischen Cash Flow-Alternativen (Auf der Basis verzinster Werte).

| SGF | Alter-native | Cash Flow für die einzelnen Jahre | | | | | Kumulierter verzinster CF | Verzinster EW | KW |
|---|---|---|---|---|---|---|---|---|---|
| | | 1 | 2 | 3 | 4 | 5 | | | |
| 1 | 1 | 10 | 15 | 18 | 28 | 30 | 101 | 159 | 260 |
|   | 2 | − 170 | 15 | 93 | 136 | 163 | 237 | 847 | 1254 |
|   | 3 | 500 | 0 | 0 | 0 | 0 | 500 | 0 | 500 |
| 2 | — | | | | | | | | |
| 3 | — | | | | | | | | |
| 4 | — | | | | | | | | |
| 5 | 1 | − 225 | − 37 | 116 | 97 | 42 | − 7 | 221 | 214 |
|   | 2 | − 276 | 78 | 575 | 709 | 665 | 1751 | 3455 | 5206 |
|   | 3 | − 1042 | − 580 | 210 | 1057 | 1518 | 1163 | 7888 | 9051 |
| — | | | | | | | | | |
| — | | | | | | | | | |
| — | | | | | | | | | |
| 16 | — | | | | | | | | |

| KW | Kapitalwert der zukünftigen Cash Flows | $KW = \sum\limits_{N=1}^{5} \dfrac{CF(N)}{(1+Z)^N} + \dfrac{EW}{(1+Z)^5}$ |
|---|---|---|
| CF | Cash Flow | |
| EW | Endrestwert | Kalkulationszinssatz (Z) = 10% |

Z. B. für SGF 1, ein Nachwuchsprodukt, sind drei Strategiealternativen aufgestellt worden:
- Alternative 1: Beibehaltung der Strategie der vergangenen Jahre
- Alternative 2: Ausbau des Marktanteils
- Alternative 3: Verkauf des SGF.

Für Alternative 2 wurde der höchste Kapitalwert ermittelt. Dennoch ist der höchste Kapitalwert nicht das alleinige Auswahlkriterium, denn wie die Alternative 2 verdeutlicht, ist ein hoher negativer Cash Flow im ersten Jahr zu erwarten. Es können also nicht alle vom Kapitalwert her attraktiven SGF-Strategien gewählt werden, da diese meist in den ersten Jahren eine hohe Marktinvestition erfordern (siehe auch Alternative 3 des SGF 5). Unter Berücksichtigung der überlebensnotwendigen Liquiditätssicherung sind demnach andere SGF-Strategiekombinationen auszuwählen [227, 229, 230].

## 3. Auswahl einer geeigneten Strategiekombination

### 3.1 Selektionsverfahren

#### 3.1.1 Modell der Linearen Programmierung

Die Selektion einer geeigneten Strategiekombination kann als ein Problem der Linearen Programmierung dargestellt werden, bei dem es gilt, eine Zielfunktion unter Berücksichtigung bestimmter Bedingungen und Restriktionen zu erfüllen, d.h. Maximierung des Kapitalwertes der zukünftigen Cash Flows unter Berücksichtigung von Restriktionen und Richtlinien, die von der Unternehmensleitung festgelegt werden, wie z.B.
- Restriktionen in bezug auf minimalen und/oder maximalen [101, S. 115]
  - Personalbedarf
  - Rohstoffbedarf
  - Cash Flow
  - Risiko
- Richtlinien in bezug auf minimalen und/oder maximalen
  - Verschuldungsgrad
  - Dividendenzahlungen.

Die folgende Darstellung (s. Tab. 21) zeigt eine „optimale" SGF-Strategiekombination für ein Unternehmen mit sieben SGFs.

Strategische Feinplanung

Tab. 21: Empfohlenes Portfolio für ein Unternehmen mit 7 SGFs

| SGF | Alternative | Jahr 1 | Jahr 2 | Jahr 3 | Jahr 4 | Jahr 5 |
|---|---|---|---|---|---|---|
| 1 | 3 | − 170 | 15 | 93 | 136 | 163 |
| 2 | 2 | 198 | 183 | 170 | 160 | 152 |
| 3 | 3 | 182 | 179 | 180 | 194 | 206 |
| 4 | 1 | − 284 | − 41 | 224 | 417 | 449 |
| 5 | 3 | − 1042 | − 580 | 210 | 1057 | 1518 |
| 6 | 3 | − 1561 | − 1204 | − 177 | 421 | 1260 |
| 7 | 3 | − 54 | − 23 | 15 | 29 | 74 |
| Summe Cash Flow | | − 2731 | − 1471 | 715 | 2414 | 3822 |
| Verzinster Cash Flow: | | 2 749 | | | | |
| Verzinster Endrestwert: | | 19 855 | | | | |
| Kapitalwert: | | 22 604 | | | | |

Für ein Portfolio mit sieben SGFs und je drei strategischen Alternativen würde ein Computer bei Durchrechnung aller 2187 Strategiekombinationen ($3^7$) z.B. einen Zeitaufwand von 3,6 Minuten benötigen unter der Annahme, daß die Berechnung einer Kombination eine zehntel Sekunde dauert. Der Computerzeitaufwand erhöht sich mit der Anzahl der SGFs. Für ein Portfolio mit 16 SGFs und je drei strategischen Alternativen ($3^{16} = 43\,046\,721$ Kombinationen) liegt der erforderliche Zeitaufwand bei 50 Tagen. Aus diesem Grund ist der Einsatz der Linearen Programmierung für die Auswahl einer geeigneten Strategiekombination zur Zeit noch auf Unternehmen mit wenigen SGFs beschränkt.

### 3.1.2 Simulationsmodell

In Multiprodukt-Unternehmen mit vielen SGFs (20 und mehr) ist ein Einsatz von computergestützten Simulationsmodellen sinnvoll. Da sich in der Praxis die „realistisch durchführbaren" Strategiealternativen meist sehr schnell bestimmen lassen, ist die Anzahl der möglichen SGF-Strategiekombinationen relativ gering. Für diese Kombinationen lassen sich die finanziellen Auswirkungen errechnen, um festzustellen, inwieweit die vorher aufgestellten Richtlinien und Restriktionen eingehalten werden. Es kann sich durchaus als sinnvoll erweisen, einige der Restriktionen zu reduzieren oder ganz aufzugeben. Das Arbeiten mit einem Simulationsmodell wird damit zu einem *iterativen Lernprozeß*, der es erlaubt, interaktiv Restriktionen als auch SGF-Strategiekombinationen zu verändern (s. Abb. 44) [19, S.23].

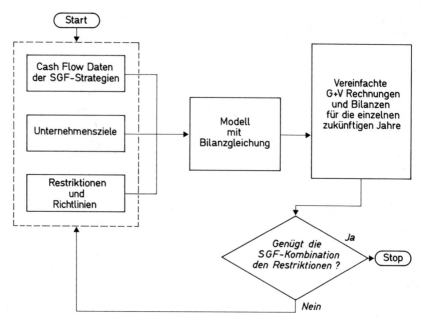

Abb. 44: Struktur eines Planungs-Simulationsmodells [47, S. 156].

## 3.2 Berücksichtigung bestehender Interdependenzen

Obwohl die SGFs als relativ unabhängige strategische Arbeitsgebiete definiert werden, bestehen häufig Verflechtungen zwischen einzelnen SGFs, die bei der Entwicklung einer unternehmensweiten Integrations-, Wettbewerbs- und Regionalstrategie zu berücksichtigen sind und die damit auch Einfluß auf die Auswahl einer geeigneten Strategiekombination haben.

### 3.2.1 Interne Bezugs- und Lieferverflechtungen

Bei bestehenden Bezugs- und Lieferverflechtungen (u. a. Nachfrageverbund) sind die Auswirkungen sowohl beim selektierten Auf- als auch Abbau einzelner SGFs zu berücksichtigen. Anhand einer Aufstellung lassen sich diese Verflechtungen je nach „Intensitätsgrad" und „Erfordernis" (s. Tab. 22) darstellen.

Mit Hilfe einer solchen Aufstellung kann dieses Interdependenzproblem auf die kritischen Fälle beschränkt werden. Nur bei den SGFs mit einer relativ hohen „Bezugs- und/oder Lieferintensität" und gleichzeitiger „unbedingter Erfordernis" für interne Bezüge und/oder interne Lieferungen sind die Stra-

# Strategische Feinplanung

**Tab. 22: Bezugs- und Lieferverflechtung zwischen SGFs**

| Interne Bezüge ||| zu betrach-tendes SGF | Interne Lieferungen |||
|---|---|---|---|---|---|---|
| von SGF | Intensität | Erfordernis | Art der Produkte | an / von | an SGF | Intensität | Erfordernis | Art der Produkte |
|  |  |  |  |  |  |  |  |
|  |  |  |  |  |  |  |  |
|  |  |  |  |  |  |  |  |

**Intensitätsgrad**
Bezugs-/Lieferungswert in % vom Umsatz für das Basisjahr
z. B.
1. Hoch     > 10%
2. Mittel   > 5–10%
3. Niedrig  < 5%

**Erfordernis**
1. Interne **Bezüge** sind unbedingt erforderlich
2. Interne **Bezüge** sind nicht erforderlich
3. Interne **Lieferungen** sind unbedingt erforderlich
4. Interne **Lieferungen** sind nicht unbedingt erforderlich. Der Lieferanteil kann nicht extern abgesetzt werden
5. Interne **Lieferungen** sind nicht unbedingt erforderlich. Der Lieferanteil kann zusätzlich extern abgesetzt werden.

tegien der miteinander verflochtenen SGFs im Rahmen einer unternehmensweiten vertikalen und horizontalen Integrationsstrategie abzustimmen.

### 3.2.2 Wettbewerbsverflechtungen

Neben der am eigenen SGF-Portfolio ausgerichteten Betrachtungsweise sind Verflechtungen mit den SGF-Portfolios der Hauptwettbewerber zu analysieren, um daraus eine integrierte *Wettbewerbsstrategie* für das gesamte Unternehmen zu erarbeiten. Das Ziel einer solchen Wettbewerbsstrategie [71, S. 147 ff.; 76, S. 926 ff.] liegt darin, das Verhalten der Hauptkonkurrenten zu durchschauen und zum eigenen Nutzen zu beeinflussen, um somit den Erfolg der eigenen Unternehmensstrategie zu gewährleisten. Die *Wettbewerbsana-*

*lyse* bildet eine Grundlage für die Entwicklung einer *integrierten Wettbewerbsstrategie*.

### 3.2.2.1 Wettbewerbsanalyse

Da eine erfolgreiche Unternehmensstrategie abhängig ist von der Qualität der Information über die Absatzmärkte und den Wettbewerb, ist eine Wettbewerbsanalyse unabdingbarer Bestandteil einer strategischen Planung.

Fehlende Informationen über die Konkurrenten verleiten häufig zu einer intern ausgerichteten Betrachtungsweise, die nur Vergleiche zu eigenen SGFs zuläßt. Die Daten aus dem eigenen Unternehmen erhalten aber erst einen relevanten Aussagewert im Vergleich zu Konkurrenzinformationen. So können z. B. 10% Umsatzsteigerung des SGF „Kunststoffrohre" innerhalb eines Chemiekonzerns als Erfolg gewertet werden, wenn ein Vergleich ergibt, daß die Wachstumsraten der übrigen SGFs dieses Unternehmens niedriger liegen. Stellt man jedoch fest, daß die Hauptkonkurrenten in Kunststoffrohren eine Umsatzsteigerung von 20% erzielt haben, muß der vorher gewertete relative Erfolg als Mißerfolg beurteilt werden, denn in jeder Wettbewerbssituation ist der eigene Geschäftserfolg im Vergleich zu den Konkurrenten zu bewerten. Diese Informationen sind primär durch ein systematisches Abfragen bei den Kunden zu ermitteln, da brauchbares Sekundärmaterial [46, S. 42 ff.] nicht immer vorhanden ist. Im Rahmen einer Primäruntersuchung können Konkurrenzinformationen von eigenen Mitarbeitern des Außendienstes und der Marktforschung ermittelt werden. Darüber hinaus hat sich in der Praxis eine Unterstützung von erfahrenen Beratungsfirmen, Marktforschungsunternehmen und Wirtschaftsauskunfteien bewährt [71, S. 151].

Unter einer Wettbewerbsanalyse wird die Erfassung und Auswertung solcher Wettbewerbsinformationen verstanden, die die gegenwärtigen Wettbewerbsverhältnisse aufdecken und die die Abschätzung der Konkurrenzstrategien und ihre Auswirkungen auf das eigene Unternehmen ermöglichen. Eine Basis dafür liefert eine Durchführungsmethodik, die sich bei einer systematischen Konkurrenzanalyse vorrangig an folgenden Fragen ausrichtet [71, S. 151]:

- Wer sind die Hauptkonkurrenten?
- Welche wesentlichen Informationen sollen ermittelt und wie können diese beschafft werden?
- Wie können die erfaßten Konkurrenzinformationen sinnvoll ausgewertet werden?

Eine erfolgreiche Unternehmensstrategie bezieht den Wettbewerb als *beeinflußbare* Größe in die Konzeptionserarbeitung und Durchführung mit ein. In Unternehmen mit einer Vielzahl von SGFs und Wettbewerbern ist im Rahmen der Entwicklung einer Unternehmensstrategie bei der Wettbe-

werbsanalyse eine Konzentration auf die stärksten Konkurrenten notwendig. Voraussetzung dafür ist eine Bestimmung der Hauptwettbewerber. Zur groben Auswahl hat sich in der Praxis die „SGF-Wettbewerbsmatrix" als zweckmäßig erwiesen. Für jedes der eigenen SGFs werden alle Konkurrenten und deren Umsätze oder Marktanteile identifiziert. Aus dieser Aufstellung lassen sich dann diejenigen Wettbewerber als Hauptkonkurrenten bestimmen,
- die in einem SGF Marktführer sind oder die eine zweite Position einnehmen,
- die im Vergleich zum eigenen SGF-Portfolio die größte Anzahl gleicher und verwandter SGFs aufweisen.

Ein vereinfachtes Beispiel demonstriert das Auswahlverfahren (s. Tab. 23). Anhand der Auswahlkriterien lassen sich die Konkurrenten C, D, E und H als Hauptwettbewerber ermitteln, für die eine detaillierte Konkurrenzanalyse durchzuführen ist. Unter Berücksichtigung des Aufwand-Nutzen-Aspektes ist eine Beobachtung und Analyse der Hauptwettbewerber meist ausreichend.

Tab. 23: SGF-Wettbewerbs-Matrix (Umsatzwerte in Mio. DM); Quelle: [71, S. 148]

|  | SGF 1 | SGF 2 | SGF 3 |
|---|---|---|---|
| Eigenes Unternehmen | 10 | 40 | 20 |
| Konkurrent A | 5 | — | 20 |
| Konkurrent B | 15 | 10 | — |
| Konkurrent C | 30 | — | — |
| Konkurrent D | 20 | 5 | 30 |
| Konkurrent E | — | 20 | 5 |
| Konkurrent F | — | 10 | 10 |
| Konkurrent G | — | — | 5 |
| Konkurrent H | — | — | 40 |

Bei einer Bestimmung der Hauptwettbewerber sind nicht nur produktgleiche Unternehmen, sondern produkt- und produktionsverwandte sowie abhängig von dem Grad bestehender und potentieller Substitutionen, auch absatzmarkt- und bedarfsidentische Unternehmen in die Konkurrenzaufstellung mit einzubeziehen. So z. B. könnte ein Hersteller von Stahlgasrohren folgende Unternehmen in einer Konkurrenzanalyse berücksichtigen [71, S. 149]:
- *Produktgleich:*
  Hersteller von Gasrohren aus Stahl,
- *Produktverwandt:*
  Hersteller von Gasrohren aus Substitutionsmaterialien

– *Produktionsverwandt:*
  Hersteller von Stahlrohren nach gleichen Produktionsverfahren, nur für andere Anwendungen,
– *Absatzmarktidentisch:*
  Transportunternehmen für Gase,
– *Bedarfsidentisch:*
  Hersteller von anderen Energien, z. B. Elektrizität, und Energieträgern, z. B. elektrische Hochspannungsüberleitungssysteme.

Eine Wettbewerbsanalyse ist zum einen auf ein SGF und zum anderen auf das gesamte Unternehmen bezogen. Für die Entwicklung einer unternehmensbezogenen Wettbewerbsstrategie sind die Stärken und Schwächen bezogen auf das ganze Unternehmen zu analysieren. Wettbewerbsinformationen lassen sich mit Hilfe einer Liste von Prüffragen erfassen (s. Tab. 24).

Tab. 24: Prüffragen zur Erfassung unternehmensbezogener Konkurrenzinformationen; Quelle: [71, S. 149 f.].

1. Wer ist das Unternehmen?
   – Welche Gesellschaftsform?
   – Wer sind die Kapitaleigner?
   – Wann und wie entstand es?

2. Was produziert das Unternehmen?
   – Welche Programmbreite wird angeboten (Zahl und Art der Produkte)?
   – In welchen Branchen ist es hauptsächlich tätig?

3. Wie groß ist das Unternehmen?
   – Wie hoch ist der Jahresumsatz?
   – Wie viele Beschäftigte?

4. Wie erfolgreich ist das Unternehmen?
   – Wie hoch sind Jahresgewinn und Cashflow?
   – Wie rentabel arbeitet das Unternehmen?
   – Wie schnell ist es gewachsen?
   – Wie schnell kann es wachsen?

5. Über welches besondere Know-how verfügt das Unternehmen; auf welcher Basis arbeitet es; wo liegen die Stärken und Schwächen?
   – Forschung und Entwicklung; Patente; Lizenzvergabe?
   – Produktion; Rohstoffe; Produktionsstätten?
   – Marketing; Verkehrslage zu Abnehmern; Vertriebssystem?

6. Ist das Unternehmen krisenanfällig? Abhängig von Wirtschaftskonjunkturen, Rohstoffen, politischen Einflüssen, anderen strukturellen längerfristigen Veränderungen?

7. Welche Politik wird verfolgt und welche Richtlinien werden eingehalten?
   – Welche Gesellschaftspolitik?
   – Welche soziale Einstellung?
   – Wie werden Investitionsentscheidungen getroffen?
   – Welche Kriterien werden angelegt?
   – Welche Dividendenpolitik?
   – Welcher Verschuldungsgrad?
   – Welche Preispolitik? Ist das Unternehmen ein ständiger Preisbrecher? Auf welcher Basis werden Preise festgelegt? Vollkosten? Deckungsbeitrag?

8. Wie hoch sind die Investitionen?
   – Maschinen und Einrichtungen
   – Forschung und Entwicklung
   – Werbung

Tab. 24: Prüffragen zur Erfassung unternehmensbezogener Konkurrenzinformationen (Forts.)

9. Wer sind die Persönlichkeiten, die das Unternehmen maßgeblich beeinflussen?
   - Wo kommen sie her?
   - Wie alt sind sie?
   - Welche Ausbildung und Erfahrung haben sie?

10. Wie läßt sich der Managementstil beschreiben? Welche Verhaltenskonstanten werden erkennbar?
    - Ist es zielbewußt, risikofreudig, flexibel?
    - Wie schnell werden Probleme gelöst? Entschlußkraft?
    - Welche Leistungsmaßstäbe werden an das Topmanagement gestellt?

11. Werden strategische Pläne erstellt und wie?

- Betreibt man Marktforschung?
- Welche modernen Planungsmethoden werden eingesetzt?

12. Welches sind die Unternehmensziele?
    - Wachstumsrate?
    - Branchen-Positionsziel; Marktanteil?
    - Diversifikation?

13. Welches sind derzeitige Probleme? Finanziell, personell, technisch, im Absatz und Beschaffungsbereich? Warum?

14. In welchen Bereichen liegen die finanziellen Reserven des Unternehmens?

15. Wo liegen die Chancen und Möglichkeiten für das Unternehmen?

---

Die Auswertung der Wettbewerbsinformationen bildet den wichtigsten Teil der Konkurrenzanalyse, wenn auch für viele Unternehmen die Beschaffung der Wettbewerbsinformationen ein erhebliches Problem darstellt. Für die Auswertung der unternehmensbezogenen Konkurrenzinformationen können die Planungsinstrumente der Portfolio Management Konzeption genutzt werden. Im Rahmen einer umfassenden Analyse der strategischen Ausgangssituation zeigen das *SGF-Portfolio* sowie die Marktpositionsentwicklung für einzelne Hauptwettbewerber jeweils die
- Wachstumschancen
- Einstellung zum Marktwachstum
- Einstellung zum Marktanteil und Marktführung.

Darüber hinaus läßt sich nach einer Analyse der Rentabilität des SGF-Portfolios, der Verschuldungs- und Dividendenausschüttungspolitik die potentielle Finanzkraft der Hauptwettbewerber abschätzen.

Das bestehende Produktportfolio sowie die finanzielle Lage beeinflussen maßgeblich das Wettbewerbsverhalten der Hauptkonkurrenten. Beides kennzeichnet die Stärke eines Unternehmens und somit die Möglichkeit für Marktoffensiven oder den Start neuer Aktivitäten. Das voraussichtliche Wettbewerbsverhalten von Hauptkonkurrenten ist sowohl für einzelne

SGFs als auch für das ganze Unternehmen zu prognostizieren (s. Tab. 25).
Es ist mit Sicherheit leichter, eine aussichtsreiche Wettbewerbsstrategie zu entwickeln wenn es gilt, mit einem Wettbewerber zu konkurrieren, der ein von vielen „Problemen" und „Nachwuchs" durchsetztes Portfolio hat als in einem Fall, in dem ein ausgewogenes Portfolio vorliegt.

Tab. 25: Abschätzung voraussichtlicher Reaktionen der Hauptwettbewerber auf eigene Strategien [101, S. 103].

| Strategie des eigenen Unternehmens | | Abschätzung voraussichtlicher Reaktionen der Hauptwettbewerber | | |
|---|---|---|---|---|
| | | A | B | C |
| SGF 1 (Nachwuchs) | RMA-Abbau | Star ? | — | Nachwuchs ? |
| SGF 2 (Star) | RMA-Halten | Nachwuchs? | Nachwuchs ? | — |
| SGF 3 (Problem) | RMA-Abbau | — | Problem? | Cash-Kuh ? |
| SGF 4 (Cash-Kuh) | RMA-Halten | Problem ? | — | Problem ? |
| Gesamtstrategie: | Konsolidierung | ? | ? | ? |

## 3.2.2.2 Entwicklung einer Wettbewerbsstrategie

Der Erfolg einer Wettbewerbsstrategie liegt in der Beeinflussung der Gewinne und der Gewinnerwartungen der Konkurrenten in den jeweiligen SGFs. Die Konkurrenz soll davon abgehalten werden, ihre Mittel in die Märkte zu lenken, in denen man selbst seine Marktposition ausbauen möchte.

Besonders bei Konkurrenten mit einer Anzahl gleicher SGFs ist eine Abstimmung der SGF-Strategien gegenüber einzelnen Hauptwettbewerbern erforderlich. Das folgende einfache Beispiel illustriert mögliche Verflechtungen einzelner SGF-Strategien gegenüber gemeinsamen Wettbewerbern (s. Tab. 26).

Tab. 26: Einfaches Beispiel einer SGF-Portfolio-Verflechtung zweier Unternehmen mit 2 SGFs

| | Eigenes Unternehmen | Hauptwettbewerber |
|---|---|---|
| SGF 1 | Nachswuchs (10% Marktanteil) | Star (40% Marktanteil) |
| SGF 2 | Star (40% Marktanteil) | Nachwuchs (10% Marktanteil) |

Z. B. würde ein aggressiver Ausbau des eigenen Starproduktes, SGF2, den Hauptwettbewerber mit seinem Nachwuchsprodukt in die Defensive drängen und könnte durch diese Aktion eine unerwünschte Gegenoffensive im SGF 1 auslösen.

Insbesondere sind die Preisstrategien einzelner SGFs und ihre Auswirkungen auf den unternehmensbezogenen Cash Flow innerhalb einer Wettbewerbsstrategie abzustimmen [99, S. 265 ff.; 218, S. 431 ff.]. Würde z. B. der Stückpreis in SGF 1 um DM 1,- erhöht werden, könnte das eigene Unternehmen bei einer Absatzmenge von 100 Stück möglicherweise einen zusätzlichen positiven Cash Flow von DM 100,- erzielen. Folgte in diesem vereinfachten Beispiel unter der Annahme einer geringen Preiselastizität der Hauptwettbewerber dieser Preispolitik, könnte er aufgrund seiner führenden Marktposition (Marktanteil: 40%) einen viermal so hohen zusätzlichen Cash Flow (DM 400,-) erreichen. Legt der Hauptwettbewerber diesen Cash Flow in eine aggressive Preispolitik seines Nachwuchsproduktes (SGF2) an und reduziert den Stückpreis dort bei einer Absatzmenge von 100 Stück um DM 4,-, entsteht ihm kurzfristig bei diesen Aktionen ein insgesamt ausgeglichener Cash Flow (+ 400 − 400). Dagegen würde dem eigenen Unternehmen im SGF 2, vorausgesetzt, daß man der wettbewerblichen Preispolitik zur Erhaltung der Marktanteilsposition folgt, ein zusätzlich negativer Cash Flow von DM 1600,- entstehen. Insgesamt würde das eigene Unternehmen bei dieser Folge von Preisstrategien einen zusätzlichen negativen Cash Flow von DM 1500,- (+ 100 − 1600) erzielen. Dieses Beispiel verdeutlicht die Notwendigkeit, die SGF-bezogenen Strategien im Rahmen einer Wettbewerbsstrategie für das gesamte Unternehmen abzustimmen. Je höher die Verflechtung des SGF-Portfolios mit denen der Hauptwettbewerber, desto größer ist der Bedarf an der Entwicklung einer integrierten Wettbewerbsstrategie.

Für die Entwicklung von Konkurrenzstrategien gibt es meist zwei grundsätzliche Alternativen:
- Wettbewerb
- Kooperation.

Die Managementphilosophie in Wirtschaftssystemen mit freiem Wettbewerb als Antriebs- und Ordnungsfunktion wird vorrangig von einer Wettbewerbsorientierung geprägt. Dennoch werden Kooperationsstrategien unter Einhaltung der bestehenden Kartellgesetzgebungen in zunehmendem Maße verfolgt, da sie in vielen Fällen die Überlebensfähigkeit der beteiligten Unternehmen stärkt. Für kleine und mittlere Unternehmen lassen sich häufig betriebsgrößenspezifische Nachteile durch geeignete Kooperationsaktivitäten kompensieren (z. B. gemeinsame F + E, Marktforschung, Werbung und Einkauf sowie Austausch von Produkten zur besseren Kapazitätsauslastung). Es würde den Rahmen dieser Arbeit sprengen, die verschiedenen Formen der Kooperation und ihren situativen Ansatz zu detaillieren [26, 184, 185].

Aber auch für große Industrieunternehmen kann eine Kooperation vorteilhaft für alle Parteien werden. Das im Januar 1975 gegründete deutsch-französisch-italienische Nutzfahrzeugunternehmen IVECO ist ein Beispiel für eine erfolgreiche Kooperationsstrategie, die es einem europäischen Unternehmen ermöglicht, gegenüber den amerikanischen und japanischen Konkurrenten im Weltmarkt wettbewerbsfähig zu sein [186].

### 3.2.3 Regionalverflechtungen

Die für ein Unternehmen auszuwählende „geeignete" Strategiekombination setzt sich aus SGF-Strategien zusammen, die sich jeweils auf den SGF-spezifischen „relevanten Markt" beziehen. Im Rahmen einer SGF-Strategie werden sowohl Strategien für den relevanten Markt als auch für darin einbezogene Schwerpunktländer unabhängig von anderen SGF-Strategien entwickelt. Die gesamtkombinatorischen Auswirkungen aller SGFs auf einzelne Schwerpunktländer sind aber meist dann nicht berücksichtigt. Es ist deshalb erforderlich, die SGF-bezogene mit einer länderbezogenen Betrachtungsweise innerhalb einer *Regionalstrategie* zu verbinden (s. Tab. 27).

Tab. 27: Entwicklung einer Regionalstrategie

| + Ausbau des relativen Marktanteils<br>= Halten des RMA<br>− Abbau des RMA | | SGF-Strategie (SGF) | | | | |
|---|---|---|---|---|---|---|
| | | SGF 1 | SGF 2 | SGF 3 | | Σ RS |
| Regional-<br>strategie<br>(RS) | Land 1 | = | + | + | | + |
| | Land 2 | − | = | − | | − |
| | Land 3 | − | + | = | | = |
| | −<br>−<br>− | | | | | |
| | Σ SGF | − | + | = | | |

Die matrixartige Darstellung zeigt nach gewichteter Summierung aller SGF-Strategien, aufgeteilt nach Schwerpunktländern, die strategischen Konsequenzen für einzelne regionale Gebiete (z. B. Ausbau der unternehmensbezogenen Marktstellung in Land 1 und Abbau in Land 2). Die arithmetischen Ableitungen der Länderstrategien sind aus übergeordneter Sicht zu überprüfen und gegebenenfalls zu korrigieren. So läßt sich beispielsweise der Abbau

Strategische Feinplanung

der Aktivitäten in Land 2 aus der Sicht einzelner SGFs, jedoch nicht aus der Sicht des gesamten Unternehmens vertreten, da z.B. zur Absicherung der Rohstoffversorgung bestimmte Zugeständnisse an eine Landesregierung gemacht wurden.

Für eine derartige regionalbezogene Betrachtungsweise sind eine Reihe von Fragenkomplexen zu beantworten, bevor eine endgültige, auf die Schwerpunktländer des Unternehmens ausgerichtete, Regionalstrategie verabschiedet werden kann:
- Welche Länder (Schwerpunktländer) zeichnen sich aus durch
  - hohe Marktvolumina,
  - überdurchschnittliche Zuwachsraten,
  - günstige Wettbewerbskonstellationen (aus der Sicht des eigenen Unternehmens).
- Welche Länder lassen sich zu Wirtschaftsregionen zusammenfassen, für die landesübergreifende Regionalstrategien zu entwickeln sind?
- In welchen Ländern sollte das Unternehmen grundsätzlich vertreten sein?
- Inwieweit sind die bisher entwickelten SGF-Strategien durch die regionalspezifischen Aspekte zu modifizieren?

Nach der Entwicklung einer Regionalstrategie lassen sich dann für die einzelnen Regionen die meist kritischen Probleme im Rahmen der taktischen und operativen Planung lösen, z.B.:
- Wie sollte das Unternehmen in den einzelnen Regionen bzw. Ländern rechtlich und finanziell repräsentiert sein, z.B.
  - 100% Tochtergesellschaft,
  - Mehrheits-/Minderheitsbeteiligung,
  - Joint Venture,
  - Lizenznehmer,
  - Handelsvertretung.
- In welchem Ausmaß muß die regionale Eigenleistung gesteigert werden? In welchen Regionen/Ländern sollen die Fertigungskapazitäten auf-, aus- oder abgebaut werden?

## 3.3 Zusammenfassung

Die Auswahl einer geeigneten Strategiekombination ist ein Prozeß, der sich im Rahmen einer Portfolio Management Konzeption nicht allein durch rein quantifizierbare Merkmale, (z. B. Modelle der Linearen Programmierung und Simulationsmodelle) bestimmen läßt, sondern auch wesentliche qualitative Aspekte, bedingt durch bestehende Verflechtungen, einschließt.

Neben der Branchenattraktivität (z.B. Marktwachstum) und der Geschäftsfeldstärke (z.B. relativer Marktanteil), die sich auf SGF-spezifische

Merkmale ausrichten, ist eine Art *Konsolidierungsattraktivität*, die sich auf die gesamtkombinatorischen Auswirkungen wie auf die kombinierten Cash Flow Merkmale sowie die Ausnutzung möglicherweise vorhandener Synergiepotentiale bezieht, zu berücksichtigen [119, S. 86]. Eine Analyse der SGF-Cash Flow Kombinationen kann sich an dem zeitlichen Verlauf, der Höhe und dem Risiko (Minimum-Maximum-Abweichung) des gesamten Cash Flows sowie der Korrelation einzelner Cash Flows orientieren. Ebenso kann in einer übergeordneten unternehmensspezifischen Analyse für die Auswahl einer geeigneten SGF-Strategiekombination der Ausnutzungsgrad vorhandener Synergiepotentiale in einzelnen funktionalen Bereichen wie F&E, Fertigung und Marketing erwogen werden.

# 4. Teil: Anwendungsvoraussetzungen

Im vorhergehenden Teil (3. Teil) wurde mit der Vorstellung der Portfolio Management Konzeption eine Grundlage für die strategische Unternehmensplanung entwickelt [140, S. 86]. Für eine praktische Anwendung sind jedoch eine Reihe von Voraussetzungen zu erarbeiten, bevor eine Unternehmensstrategie in taktische und operative Pläne detailliert und zur Durchführung freigegeben werden kann (s. Abb. 45):

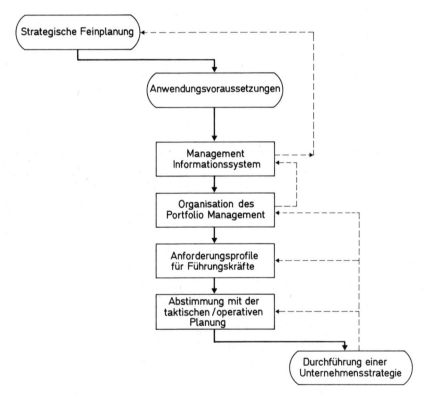

Abb. 45: Detaillierung der Anwendungsvoraussetzungen für die Durchführung einer Unternehmensstrategie auf der Basis der Portfolio Management Konzeption.

- Für eine strategische Planung, aufgebaut auf der Portfolio Management Konzeption, ist ein an die neuen Erfordernisse angepaßtes *Management Informationssystem* zu entwickeln, das sich an den wichtigen strategischen Erfolgsfaktoren für einzelne SGFs und den grundlegenden strategischen Verhaltensweisen für die unterschiedlichen Portfolio Kategorien orientiert.
- Für eine effiziente Planerstellung und Plandurchführung ist ein Organisationsmodell zu entwickeln, das die *Organisation des Portfolio Management* für die strategische Planung in die bestehende operativ ausgerichtete Organisation integriert.
- In Abstimmung mit den differenzierten Zielvorgaben einzelner SGFs sind die *Anforderungsprofile* und *Leistungskriterien* für Führungskräfte zu verändern.
- Zur reibungslosen Durchführung einer Unternehmensstrategie ist eine Abstimmung der strategischen mit der *taktischen* und *operativen Planung* erforderlich.

Die Darstellung zeigt, daß zwischen der strategischen Feinplanung, den Anwendungsvoraussetzungen und der Durchführung einer Unternehmensstrategie wechselseitige Beziehungen bestehen, die gegebenenfalls entsprechende Veränderungen und/oder Anpassungen in diesen Bereichen erfordern.

## A. Management Informationssystem

Für die Erstellung und Kontrolle einer auf der Portfolio Management Konzeption aufgebauten strategischen Planung ist ein entsprechendes Informationssystem zu entwickeln, das sich in seinem Aufbau an den differenzierten, auf die SGF-spezifischen Umweltsysteme ausgerichteten Steuerungsgrößen orientiert. Mit Hilfe eines solchen Management Informationssystems (MIS) werden die erforderlichen Daten systematisch zusammengestellt, die eine Planung überhaupt ermöglichen. Darüber hinaus erfüllt ein MIS zwei wichtige Überwachungsfunktionen:
- als *Kontrollsystem* zur Rückkopplung (feed back) von Abweichungen in den Plan- und Ist-Werten einzelner SGF-Strategien,
- als *Frühwarnsystem* zur Vorkopplung (feed forward) von Informationen über künftige und unvorhergesehene Ereignisse, die eine Unternehmensstrategie positiv oder negativ beeinflussen können.

# 1. MIS als Kontrollsystem

In einem permanenten Planungsprozeß ist Steuerung nur durch laufende Kontrolle möglich [213, S. 44]. Eine Kontrolle wird dann wirksam, wenn mit geeigneten Kontrollmaßstäben die Ist-Ergebnisse festgestellt und diese frühzeitig an die zuständigen Kontrollinstanzen weitergeleitet werden, um die Zielerreichung zu beurteilen. Das setzt voraus, daß in der Phase der strategischen Feinplanung Planwerte präzise formuliert sind. Die Basis für ein effizientes Kontrollsystem bildet ein auf die Kontrollinstanzen abgestuftes MIS. Meist lassen sich in großen Multiprodukt-Unternehmen die Kontrollinstanzen für verschiedene Unternehmensebenen wie die SGF-, Geschäftsbereichs- und Unternehmensleitung festlegen.

Auf der *SGF-Ebene* kann für eine Abweichungsanalyse der Plan- und Ist-Werte das zur Entwicklung einer SGF-Strategie geschaffene Datenblatt genutzt werden. Es beinhaltet geeignete Kontrollgrößen, die sich nicht nur auf den kurzfristigen Erfolg, sondern vielmehr auf die Branchenattraktivität und die Geschäftsfeldstärke (z. B. erwartete Zuwachsrate des Marktvolumens und RMA) sowie die SGF-spezifische Kostenstruktur und die Cash Flow Werte einzelner Jahre beziehen. Darüber hinaus liefert ein solches System eine Basis für eine differenzierte Leistungsbewertung von Führungskräften.

Auf der *Geschäftsbereichsebene* lassen sich die SGF-Cash Flow Werte vor Bereichs- und Unternehmensumlagen z. B. nach den Portfolio Kategorien der Marktanteils-Wachstums-Matrix zusammenfassen (s. Tab. 28).

Tab. 28: Management Informationssystem für eine Geschäftsbereichsleitung

| Portfolio Kategore | | Geschäftsbereich: | Basis-jahr | Jahr | | | | | | | | |
|---|---|---|---|---|---|---|---|---|---|---|---|---|
| | | | | 1 | | 2 | | 3 | | 4 | | 5 |
| | | | | Plan | Ist | P | I | P | I | P | I | P | I |
| 1. Cash-Kühe | 1.1 | SGF-Betriebsergebnis (vor Abschreibungen u. Umlagen) | | | | | | | | | | |
| | 1.2 | SGF-Investitionen | | | | | | | | | | |
| | 1.3 | SGF-Cash Flow vor Umlagen | | | | | | | | | | |
| 2. Stars | 2.1 | | | | | | | | | | | |
| | 2.2 | | | | | | | | | | | |
| | 2.3 | | | | | | | | | | | |

Tab. 28: Management Informationssystem für eine Geschäftsbereichsleitung (Forts.)

| | | | | | | | | |
|---|---|---|---|---|---|---|---|---|
| 3. Nachwuchs | 3.1 | | | | | | | |
| | 3.2 | | | | | | | |
| | 3.3 | | | | | | | |
| 4. Probleme | 4.1 | | | | | | | |
| | 4.2 | | | | | | | |
| | 4.3 | | | | | | | |
| 5. Gesamt | 5.1 | Summe SGF-Cash Flow vor Umlagen (1.3 + 2.3 + 3.3 + 4.3) | | | | | | |
| | 5.2 | Direkt zuordenbare ausgabenwirksame Geschäftsbereichskosten | | | | | | |
| | 5.3 | Geschäftsbereichsinvestitionen | | | | | | |
| | 5.4 | Geschäftsbereichsspezifischer Cash Flow vor Unternehmungsumlagen (5.1–5.2–5.3) | | | | | | |

Auf der Ebene der zentralen *Unternehmensleitung* ist eine Cash Flow-bezogene Kontrolle für das gesamte Unternehmen durchzuführen. Es lassen sich die Ergebnisse der einzelnen Geschäftsbereiche (s. Tab. 29) zusammenfassen und die Kontrollmaßstäbe herausstellen, die von einer Geschäftsführung beeinflußt werden (z. B. Dividendenzahlung, Eigen- und Fremdkapitalerhöhung).

Ein solches MIS ermöglicht ein abgestuftes Kontrollsystem, in dem sich differenzierte Abweichungsanalysen, abhängig von dem Abweichungsgrad, mit unterschiedlicher Analysetiefe (Unternehmen, Geschäftsbereich, SGF) durchführen lassen. So können mit einem MIS Ergebnis-, Planfortschritts- und Prämissenkontrollen ausgeführt werden. Im Rahmen dieser Überprüfungen werden alle zugrunde gelegten Annahmen auf ihren Realitätsgrad bezüglich der sich verändernden Umwelteinflüsse untersucht und bei der nächsten Planerstellung berücksichtigt. Diese Tätigkeit ermöglicht das Auffinden sowohl neuer Chancen, die mit geeigneten Aktionen zum Vorteil des Unternehmens genutzt werden können, als auch neuer Bedrohungen, deren negative Auswirkungen, wenn frühzeit erkannt, durch Korrekturmaßnahmen neutralisiert oder aber auf ein Minimum reduziert werden können.

Tab. 29: Management Informationssystem für eine Unternehmensleitung

| Unternehmen: | Basis-jahr | 1 | | 2 | | 3 | | 4 | | 5 | |
|---|---|---|---|---|---|---|---|---|---|---|---|
| | | Plan | Ist | P | I | P | I | P | I | P | I |
| Geschäftsbereich A: Cash Flow vor Unternehmensumlagen | | | | | | | | | | | |
| Geschäftsbereich B: Cash Flow vor Unternehmensumlagen | | | | | | | | | | | |
| — | | | | | | | | | | | |
| — | | | | | | | | | | | |
| 1. Summe Geschäftsbereichs-Cash Flows vor Unternehmungsumlagen | | | | | | | | | | | |
| 2. Direkt zuordenbare ausgabenwirksame Unternehmenskosten | | | | | | | | | | | |
| 3. Unternehmensinvestitionen | | | | | | | | | | | |
| 4. Unternehmensspezifischer Cash Flow (1–2–3) | | | | | | | | | | | |
| 5. Cash Flow beeinflussende Maßnahmen (5.1+5.2+5.3) | | | | | | | | | | | |
| 5.1 Dividendenauszahlung | | | | | | | | | | | |
| 5.2 ± Veränderungen im Eigenkapital | | | | | | | | | | | |
| 5.3 ± Veränderungen im Fremdkapital | | | | | | | | | | | |
| 6. Einnahmen-/Ausgabenüberschuß (4 + 5) vor Steuern | | | | | | | | | | | |

## 2. MIS als Frühwarnsystem

Neben der *vergangenheitsorientierten Rückkopplung* (MIS zur Informationsspeicherung) ist eine *zukunftsbezogene Vorkopplung* als Vormeldung künftiger Chancen und Bedrohungen (MIS überwiegend zur Informationsgewinnung) erforderlich, um rechtzeitig Maßnahmen zur Revision einer Unternehmensstrategie vorbereiten und einleiten zu können [213, S. 35].

Eine Unternehmensstrategie basiert auf Hypothesen über externe Umwelt- und unternehmensinterne Entwicklungen. Die Planung berücksichtigt meist nur die Veränderungen, die nach gegenwärtigem Erkenntnisstand mit hoher Wahrscheinlichkeit eintreten werden (s. Abb. 46).

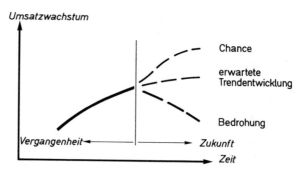

Abb. 46: Die Auswirkungen von Chancen und Bedrohungen auf das Umsatzwachstum einer Branche, eines Unternehmens und/oder SGFs.

Wie auch das Beispiel der Ölkrise verdeutlicht, werden durch die Umweltveränderungen in den letzten Jahren Unternehmen zunehmend zu einschneidenden Anpassungsmaßnahmen als Reaktion auf „unvorhergesehene" Ereignisse gezwungen [16, S. 131; 101, S. 155]. Für die Bewältigung „strategischer Diskontinuitäten" [16, S. 129] wie z. B. eine Rohstoffverknappung, eine neue Umweltschutzgesetzgebung, eine Auf- oder Abwertung einer Währung wie des Yens oder eine Fusion von zwei Hauptwettbewerbern, ist die Bildung eines Frühwarnsystems erforderlich. Herauszustellen sind „kritische Situationen", Entwicklungen mit geringer Eintrittswahrscheinlichkeit, aber bedeutenden finanziellen Auswirkungen auf den Erfolg oder Mißerfolg einer Unternehmensstrategie, und „schwer vorhersehbare Ereignisse", die sich meist nur durch gewisse Anzeichen, sogenannte „schwache Signale", ankündigen [16, S. 129 ff.].

In einigen Multiprodukt-Unternehmen wie ITT [137] hat sich die „Contingency"-Planung [55, S. 70 ff.] durchgesetzt, in der in Form von Wenn/Dann-Analysen mögliche „kritische" Umweltentwicklungen detailliert auf ihre Auswirkungen auf die Strategie einzelner SGFs und des gesamten Unternehmens untersucht werden.

Das Idealziel von Contingency-Plänen ist es, auf *alle* kritischen Situationen mit erforderlichen Anpassungsmaßnahmen vorbereitet zu sein. Damit sollen die Situationen soweit wie möglich vermieden werden, in denen einer Unternehmensleitung als Folge ungeplanten Handelns leicht Entscheidungsfehler unterlaufen könnten.

Zur kontinuierlichen Überwachung der „strategischen Diskontinuitäten", die entweder im Rahmen der Contingency-Planung als mögliche künftige Ergebnisse identifiziert werden oder sich im Verlauf der strategischen Plandurchführung als schwer vorhersehbare Ereignisse darstellen, ist ein Frühwarnsystem zu entwickeln, das die „schwachen Signale" frühzeitig erkennt und die in ihnen enthaltene Information sinnvoll zu handlungsorientierten Maßnahmen auswertet [115, S. 200].

*Ansoff* führt zur Erkennung unterschiedlich starker „Signale" eine Einteilung von fünf Ungewißheitsgraden ein [16, S. 129 ff.]:
- Der höchste Grad an Ungewißheit liegt dann vor, wenn nur eine *Vermutung* vorhanden ist, daß mit Bedrohungen oder Chancen zu rechnen ist (Sense of threat/opportunity).
- Ein geringerer Ungewißheitsgrad ist dann vorhanden, wenn man schon weiß, aus welchen *Ursachenbereichen* sich Bedrohungen oder Chancen ergeben können (Source of threat/opportunity).
- Die Ungewißheit wird dann weiterhin eingeschränkt, wenn sich die *Bedrohung* oder *Chance konkret* darstellt (Threat/opportunity concrete).
- Ein weitaus niedrigerer Ungewißheitsgrad liegt vor, wenn man bereits die erforderlichen *Maßnahmen* zur Ausnutzung von Chancen und zum Vermeiden von Bedrohungen kennt (Response concrete).
- Der niedrigste Ungewißheitsgrad wird dort erreicht, wo man weiß, um welche Bedrohungen oder Chancen es sich handelt, wie man darauf reagieren kann und zu welchen *Ergebnissen* die zu ergreifenden Maßnahmen führen (Outcome concrete).

Reagiert ein Unternehmen erst wenn Informationen ermittelt sind, die dem niedrigsten Ungewißheitsgrad zuzuordnen sind, dann wird es meist durch Krisen überrascht, und sich bietende Chancen können aufgrund zu langen Zögerns häufig nicht genutzt werden. *Ansoff* folgert in seinen Ausführungen [16, 18], daß ein Unternehmen nicht immer mit seinen Reaktionen so lange warten sollte, bis der niedrigste Ungewißheitsgrad erreicht ist, sondern gegebenenfalls bereits zu einem früheren Zeitpunkt bei größerer Unsicherheit handeln sollte [16, S. 131 ff.].

Aus diesem Grund sind im Rahmen eines Frühwarnsystems die Reaktionen und Anpassungsmaßnahmen auf die verschiedenen Grade der Ungewißheit abzustimmen. Parallel zu den „schwachen" und „starken" Signalen, die eine Chance oder Bedrohung in ihrem Ausmaß schwach oder eindeutig erkennen lassen, sind unterschiedliche Maßnahmen zu ergreifen. Je nach Situation (Stärke der Signale) kann eine Reaktion darin bestehen, nur eine Chance oder Bedrohung zu erkennen, eine notwendige Flexibilität für künftige Maßnahmen zu erreichen oder gleich konkrete Aktionen zu ergreifen.

## B. Organisation und Führung des Portfolio Management

Eine Planung, die sich an der Portfolio Management Konzeption orientiert, erfordert von der Geschäftsleitung Entscheidungen über Entwicklung und Durchführung einer systembezogenen Unternehmensstrategie. Bei der Anwendung der Portfolio Management Konzeption liegen die strategischen Entscheidungen im Gegensatz zu einer an den Profit Centern ausgerichteten dezentralen Planungsorganisation vorrangig bei der *zentralen* Unternehmensleitung. Portfolio Management impliziert eine zentralistische Konzeption, die Systemverantwortung und gesamtunternehmerisches Handeln voraussetzt [19, S. 24]. Dabei ist sicherzustellen, daß zu dem Planungsprozeß alle Beteiligten unabhängig von hierarchischer Ebene und Funktion (z.B. Vorstandsmitglieder, Geschäfts- und Produktbereichsleiter) einbezogen [171] sind, und daß einem strategischen Planungsstab möglicherweise unter Leitung eines Geschäftsleitungsmitgliedes die Verantwortung für die Strategieentwicklung übertragen wird.

Für die Anwendung der Portfolio Management Konzeption in der strategischen Planung ist eine Organisation erforderlich, die sowohl die Arbeit der *Planungsinstanzen*, deren Aufgaben, Entscheidungskompetenzen und Verantwortung, als auch den Ablauf der *Interaktionsprozesse* festlegt, um eine sinnvoll integrierte Zusammenarbeit der einzelnen Teilbereiche und einen effizienten Planungsablauf zu gewährleisten.

### 1. Planungsinstanzen

Die Erfahrungen bei General Electric, in dem als erstem Unternehmen eine SGF-orientierte Organisation eingeführt wurde, zeigen, daß zu der bestehenden keine neue Organisation für strategische Planungsaufgaben aufgebaut werden muß. Die planerischen Tätigkeiten werden von den einzelnen Verantwortlichen (Planungsinstanzen) neben den bestehenden operationalen Aufgaben mit Unterstützung einer zentralen Stabstelle ausgeführt [78, 106, 160, 187]. Mit der Abgrenzung der SGF (Strategic Business Units) wurde eine Art „Sekundärorganisation" geschaffen, die in die bestehende „Primärstruktur" mit den operativen Einheiten [101, S. 213] integriert wurde (s. Abb. 47).

Die Aufteilung der Geschäftsaktivitäten in einzelne SGFs liefert die Basis für eine strategisch ausgerichtete „Sekundärorganisation". Die strategische Einheit (SGF) kann im Gegensatz zur operativen Einheit je nach erforderli-

Organisation und Führung des Portfolio Management

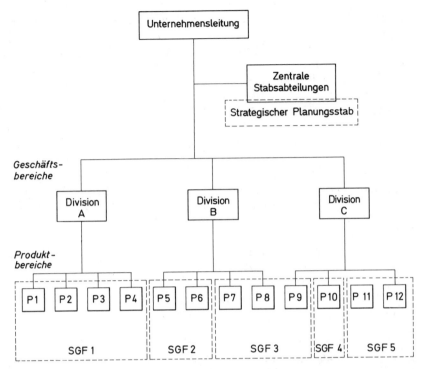

Abb. 47: Integration einer strategischen SGF-bezogenen Organisation in eine bestehende operational ausgerichtete Organisationsstruktur eines multidivisionalen Unternehmens (Auf der Basis der bei GE eingeführten Organisation).

cher Abgrenzung einen Produktbereich (SGF 4), einen Teil eines Geschäftsbereichs (SGF 2 und SGF 5) und in Ausnahmesituationen eine ganze Division (SGF 1) darstellen. Wenn Produktbereiche aus zwei Divisionen strategisch voneinander abhängig sind, werden diese zu einem strategischen Geschäftsfeld (SGF 3) zusammengefaßt.

Die organisatorisch auf viele dezentrale Profit Center aufgeteilten und damit fragmentierten Unternehmensaktivitäten der GE (1968 gab es 170 Produktbereiche) wurden für die strategische Planung in 43 SGFs zusammengefaßt. Die Bildung von SGFs und einer damit verbundenen „Sekundärorganisation" hat Einfluß auf die bestehende operativ ausgerichtete „Primärorganisation". Vorher stark operativ ausgerichtete Produktbereiche wurden in einigen Fällen nach den Kriterien einer SGF-Abgrenzung organisatorisch verändert. So z. B. wurden geographisch getrennte Produktbereiche weltweit zusammengefaßt. Produkt Managern (SGF-Leitern) wurde zunehmend die

Verantwortung für den *gesamten Weltmarkt* übertragen, um ein Strategiekonzept für den relevanten Markt zu entwickeln und durchzusetzen [153, S. 98]. Damit wurde die Organisationsstruktur sowie die Abgrenzung von Verantwortlichkeiten für eine erfolgreiche Durchführung strategischer Maßnahmen verändert. Organisatorische Veränderungen werden in der Regel besonders in den Unternehmen erforderlich, in denen große Umstrukturierungen (selektiver SGF-Ausbau und SGF-Abbau) durchgeführt werden.

Aus den veröffentlichten Erfahrungen der GE und den vorher abgeleiteten Anforderungen lassen sich wesentliche organisatorische Forderungen für die Anwendung der Portfolio Management Konzeption ableiten. In den in dieser Arbeit vorrangig betrachteten multidivisionalen Unternehmen sind die einzelnen Planungsaufgaben folgenden zentralen und dezentralen Planungsinstanzen [207, S. 7 ff.] zuzuordnen (s. Abb. 47):
- *Dezentrale Planungsinstanz*
  - SGF-Leitung
  - Geschäftsbereichsleitung
- *Zentrale Planungsinstanz*
  - Unternehmensleitung
  - Strategischer Planungsstab.

### 1.1 SGF-Leitung

Die Aufgaben eines SGF-Leiters orientieren sich inhaltlich an den vorher entwickelten SGF-spezifischen Analyseschritten:
- Ermittlung von Markt- und Finanzdaten für SGF-spezifische Auswertungen,
  - Analyse des aufgabenspezifischen Umweltsystems (Chancen/Bedrohungen),
  - Stärken/Schwächen-Analyse (im Vergleich zum stärksten Konkurrenten),
  - Marktsegment-Analyse,
  - Wettbewerbsanalyse,
- Ableitung von alternativen SGF-Zielvorstellungen,
- Entwicklung von alternativen SGF-Strategien,
- Plandurchführung,
- Kontrolle und Korrekturmaßnahmen.

Einige dieser SGF-spezifischen Aufgaben lassen sich in Einzelprojekten von ausgewählten Projektmitarbeitern aus einem SGF durchführen. Die Gesamtverantwortung aller erforderlichen Projekte trägt jedoch der SGF-Leiter.

Organisation und Führung des Portfolio Management

## 1.2 Geschäftsbereichsleitung

Geschäftsbereiche (Divisionen) sind *operative* organisatorische Einheiten, in denen mehrere Produktbereiche aufgrund bestehender und potentieller Synergien (F & E, Produktion, Marketing) zusammengefaßt sind [101, S. 129; 147, S. 28 f.]. Der Schwerpunkt strategischer Planungsaufgaben für eine Geschäftsbereichsleitung im Rahmen eines Lenkungs- oder Beratungsausschusses liegt vorrangig in der Steuerung, Abstimmung und Überwachung von einzelnen SGF-Strategien einer Division. Z. B. wird jede Geschäftsbereichsleitung versuchen, die erforderlichen Mittel für die ihrer Division angeschlossenen SGFs zu erhalten.

Individuelle, unabhängige Strategien für einzelne Geschäftsbereiche werden in der Portfolio Management Konzeption nicht entwickelt, um eine „Suboptimierung" der gesamten Unternehmensleistung zu vermeiden. Die Strategie für einen Geschäftsbereich läßt sich aus der Summe der ihm angeschlossenen SGF-Strategien ableiten.

## 1.3 Unternehmensleitung

Die Aufgaben der Unternehmensleitung bzw. eines Vorstandsausschusses zur Entwicklung einer Unternehmensstrategie liegen vorrangig in der
 – Formulierung von unternehmensbezogenen Zielvorstellungen,
 – Entwicklung von richtungsweisenden Umstrukturierungskriterien,
 – Festlegung von Restriktionen und Richtlinien,
 – Auswahl einer geeigneten SGF-Strategiekombination (Verteilung der Unternehmensressourcen),
 – Kontrolle und Revision der Unternehmensziele und -strategie.

Darüber hinaus sind im Rahmen der strategischen Unternehmensführung aktiv Beiträge zu den für das Unternehmen und seine Umwelt relevanten gesellschaftspolitischen Problemen zu leisten, wie z. B. zu den Themen Jugendarbeitslosigkeit, Humanisierung der Arbeitswelt, Energieeinsparung oder Umweltverschmutzung [101, S. 267 f.].

## 1.4 Strategischer Planungsstab

Abhängig von der Firmengröße und dem Produktleistungsspektrum (Anzahl SGFs) kann eine Unternehmensleitung von einer zentralen Stabsstelle bei der strategischen Planung unterstützt werden. In einigen großen Multiprodukt-Unternehmen wird die strategische Planung bereits als wichtige Führungsaufgabe der Unternehmensleitung angesehen, und deshalb einem Mitglied der Geschäftsleitung, z. B. einem Vorstandsmitglied für „Planung und Kontrolle" (Vice President of corporate planning and control) oder einem eigens dafür geschaffenen Direktor für „Unternehmensstrategie" (Director of strategic planning) übertragen, der dann meist direkt dem Vorstandsvorsitzenden (President) unterstellt ist [118, S. 41].

Generell sind Aufbereitung von Informationen und Vorbereitung von Entscheidungen die wesentlichen Aufgaben einer zentralen Stabsstelle [143, S. 626 ff.]. Von der Unternehmensleitung werden darauf aufbauend z. B. innerhalb eines Vorstandsausschusses die endgültigen Entscheidungen getroffen (s. Abb. 48).

Wie die Darstellung verdeutlicht, hängt die Wirksamkeit der strategischen Organisation im wesentlichen von einem qualifizierten Planungsstab ab. In vielen Unternehmen ist der strategische Planungsstab als einzige organisatorische Einheit personell neu einzurichten, da meist ein vollzeitlicher Einsatz von Planern notwendig wird. Im Gegensatz dazu sind die Projekte und Ausschüsse mit Führungskräften aus der bestehenden operativen Organisation zu besetzen, die die Projektaufgaben zusätzlich übernehmen.

Im einzelnen sind folgende Aufgaben von einem strategischen Planungsstab zu erfüllen:
- Organisation eines effizienten Planungsablaufs mit allen Beteiligten (z. B. Moderation/Durchführung von Problemlösungsklausuren und Informationsveranstaltungen),
- Aufbau einer für die Unternehmensstrategie erforderlichen Datenbasis und Dokumentation,
- Entwicklung und Anwendung von computergestützten Simulationsmodellen,
- Beratung und Unterstützung der SGF-Leitung und der Geschäftsbereichsleitungen bei der Entwicklung, Durchführungskontrolle und Korrektur einzelner SGF-Strategien,
- Erstellung von unternehmensbezogenen Auswertungen wie
  • Analyse der globalen Umwelt (Chancen, Bedrohungen),
  • Portfolio-Analyse (IST),
  • Analyse der Marktpositionsentwicklung,
  • Analyse der Cash Flow Ausgewogenheit,
  • Analyse des Finanzierungspotentials,
  • Erstellung des Plan-Portfolios,
  • Bewertung von möglichen Strategiekombinationen,
- Entwicklung einer Wettbewerbs- und Regionalstrategie,
- Überwachung der Plandurchführung mit Hilfe eines für das Unternehmen entwickelten Kontroll- und Frühwarnsystems,
  • Durchführung von Abweichungsanalysen,
  • Einleitung von Korrekturmaßnahmen,
- Entwicklung der Methode (fortlaufende Verbesserung der Planungsmethoden),

- Inanspruchnahme interner und externer Weiterbildungsmaßnahmen für alle Mitarbeiter des strategischen Planungsstabes und Durchführung von Lehr- und Lernveranstaltungen für alle an der Planung Beteiligten,
- Koordination des Einsatzes von externen Spezialisten wie z. B. Unternehmensberatern.

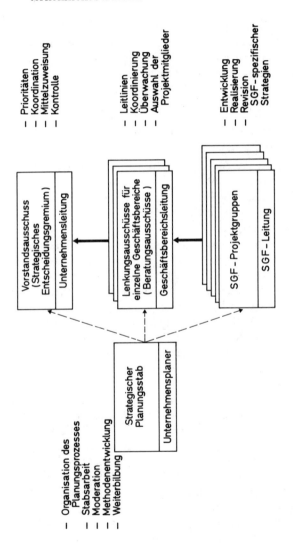

Abb. 48: Integration der Aufgaben einzelner Planungsinstanzen.

## 2. Interaktionsprozesse

Eine Unternehmensstrategie, die an der Portfolio Management Konzeption ausgerichtet ist, erfordert die Unterstützung vieler Mitarbeiter [101, S.209]. „Portfolio Management" verlangt eine *gemeinsame* Ausrichtung aller Planungsinstanzen auf einheitliche Zielvorgaben für das gesamte Unternehmen und für einzelne SGFs. „Portfolio Management" impliziert damit einen *gemeinsamen* Prozeß der Entscheidungsfindung aller Beteiligten und Betroffenen, der sich an einer *gemeinsamen* Prioritätensetzung ausrichtet und eine *gemeinsame* Willensbildung erfordert. Die Entwicklung und Durchführung einer Unternehmensstrategie sowie ihre ständige Anpassung (Revision) werden damit zu einem permanenten *Kommunikationsprozeß* aller mit Planung und Ausführung befaßten Instanzen (s. Abb. 49).

Dieser Prozeß
- läuft auf zwei Unternehmensebenen ab:
  - zentrale Entwicklung einer Unternehmensstrategie durch den Vorstandsausschuß (oder Geschäftsführungsausschuß),
  - dezentrale Entwicklung von SGF-Strategien durch die SGF-Leiter mit Unterstützung von Projekt-Teams sowie Koordination und Abstimmung der SGF-Strategien in entsprechenden Lenkungsausschüssen,
- erfolgt in einem kontinuierlichen Gegenstromverfahren (Planungsschritte 1–9 der Abb. 49), d.h. Integration des „top-down" und „bottom-up" Prozesses [29, S.341f.; 208, S.81ff.; 213, S.196ff.],
- erfordert damit ein ständiges Wechselspiel aller am Planungsprozeß Beteiligten und davon Betroffenen.

*Bircher* beschreibt den Planungsprozeß als „ein stufenweises Vorgehen, bei dem sowohl in die Analyse als auch in die Gestaltungsphase partizipative Aushandlungsprozesse eingebaut sind, die aber jeweils durch integrative und in Genehmigungen gipfelnde Zwischenentscheide abgeschlossen werden" [29, S.343]. Bei diesem Vorgehen, in einer Art „rollender Konflikthandhabung" sollte mehr das kooperative als das autoritäre Element zum Zuge kommen. Für eine effiziente Gestaltung der Interaktionsprozesse, die für die Durchführung der Portfolio Management Konzeption erforderlich sind, reichen in der Praxis die bisher eingesetzten Kommunikationsverfahren meist nicht aus. Vielmehr sind die Erkenntnisse zu berücksichtigen, die aus dem Gebiet der Organisationsentwicklung entlehnt sind und die sich in der Praxis als Verfahren der „kooperativen Willensbildung" [25, S.71ff. u. 131; 168, S.2ff.] bewährt haben. In Form eines gruppendynamischen Prozesses wird dabei durch die Förderung kommunikativer Verhaltensweisen sowie durch die Erweiterung der Bereitschaft zur Konfliktlösung aller Gruppenmitglieder eine gemeinsame Prioritätensetzung angestrebt.

# Organisation und Führung des Portfolio Management

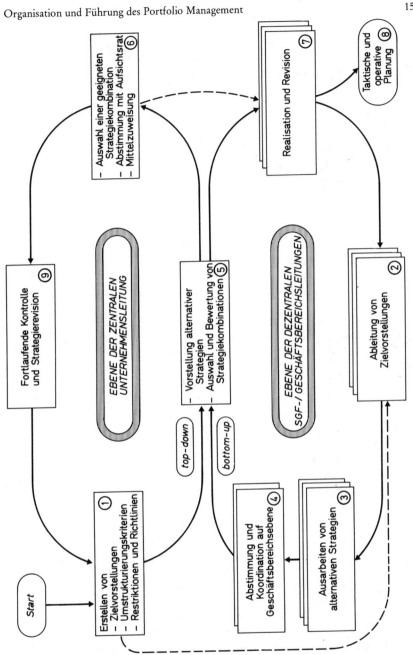

Abb. 49: Interaktionelle Anforderungen an das Portfolio Management im Rahmen des strategischen Planungsprozesses.

Erst wenn eine gemeinsame Willensbildung erreicht wird, sind damit meist auch folgende Durchführungsprogramme sichergestellt. Die Prioritätenfestlegung mit vielen Planungsbeteiligten (bis zu 1000 Personen in einem Großkonzern) verlangt neue *Kommunikationstechniken*, erfordert neue *Kooperationsverfahren* und stellt neue Anforderungen an die *technischen Voraussetzungen* zur Anwendung und Durchführung dieser Techniken und Verfahren. Es würde den Rahmen dieser Arbeit sprengen, die in der Literatur detaillierten Ausführungen in vollem Umfang nachzuvollziehen [24, 64, 129, 164, 167, 172, 173]. Die wesentlichen Elemente der Kommunikationstechniken und Kooperationsverfahren sollen jedoch dargestellt werden.

## 2.1 Kommunikationstechniken

Je größer die Zahl der Personen ist, die an der Strategieentwicklung und -durchführung *beteiligt* sind und je größer die Zahl derer ist, die von der Strategie und ihren Auswirkungen *betroffen* werden, um so umfangreicher ist auch der Kommunikationsaufwand. Es hat sich in der Praxis bewährt, zur effizienten Bewältigung eines großen erforderlichen Kommunikationsaufwandes in den Phasen Entwicklung, Durchführung und Revision einer Unternehmensstrategie, möglichst viele Angaben schriftlich zu formulieren. Dabei hat sich die Methode der „schriftlichen Diskussion" [129, S. 4; 164, S. 222; 172, S. 11 ff.] erfolgreich durchgesetzt. Sie ermöglicht das Visualisieren von Äußerungen. Jeder Diskussionsteilnehmer schreibt seine Vorschläge und Ideen leserlich zunächst auf Karten, die dann an große Stecktafeln angeheftet werden. Dadurch können mehrere Personen *gleichzeitig* „sprechen". Diese Vorgehensweise läßt auch die in einer Diskussion meist „Stillen" zu Wort kommen. Die Aussagen bleiben anonym und werden vorurteilsfrei von der Gruppe aufgenommen. Bei konsequenter Anwendung der „schriftlichen Diskussion" erhält man ein Simultanprotokoll, das die Argumente und gemeinsam erarbeiteten Vorgehensweisen einer Gesprächsrunde ohne zusätzlichen Aufwand dokumentiert.

Die Praxis zeigt, daß sich für eine effiziente Gruppenarbeit, zusätzlich zu der Methode der „schriftlichen Diskussion", weitere Kommunikationstechniken eignen, wie z. B.

- *Redezeitbegrenzung:* Zur Verhinderung abschweifender Monologe und zur Gesprächsbeteiligung möglichst vieler Teilnehmer läßt sich die Redezeit einzelner Teilnehmer auf eine Maximaldauer (z. B. ca. $1/2$ Minute) festlegen. Wer mehr sagen will, kann mehrfach das Wort ergreifen, dadurch wird sichergestellt, daß auch andere zwischendurch zu Wort kommen [64, S. 199 ff.; 129, S. 2 ff.].
- *Visualisierung:* Zur Verdeutlichung schwieriger Zusammenhänge, zum Vergleich und zum Festhalten von Aussagen ist eine Visualisie-

rung mit großen Schriftzügen, graphischen Symbolen und bildhaften Darstellungen anzustreben [172, S. 11 ff.; 173, S. 10 ff.].
Die Visualisierung von Aussagen ermöglicht eine Konzentration auf das Wesentliche und verhindert eine Wiederholung von gleichen oder ähnlich formulierten Aussagen. Ebenso können Aussagen markiert werden, an denen Meinungsverschiedenheiten auftreten. Durch das Herausarbeiten von Kontroversen ist man nicht gezwungen, diese sogleich auszudiskutieren, sondern kann zu einem günstigeren Zeitpunkt auf sie zurückkommen. Sie geraten auch nicht in Vergessenheit, da sie sichtbar dokumentiert sind.
- *Bewertungen:* In der Gruppenarbeit werden neben Fakten auch Meinungen diskutiert. Üblicherweise kommen in einer Diskussion mit vielen Teilnehmern nur die „opinion-leaders" zu Wort. Zum Setzen von Prioritäten, zur Transparenz von Gruppenmeinungen und zum Erkennen von Schwerpunkten hat sich das „Punkteverfahren" als Bewertungstechnik bewährt [129, S. 15 ff.]. Bei der Anwendung dieses Verfahrens kennzeichnet *jeder* Teilnehmer auf einer Skala oder einem Koordinatenfeld mit einem Selbstklebepunkt seine Meinung. So werden Vielfalt, Überstimmung und Widersprüchlichkeit *aller* Meinungen schnell sichtbar dargestellt. Es lassen sich aber auch Schwerpunkte und Prioritäten als Mehrheitsentscheid einer Gruppe herausarbeiten.

## 2.2 Kooperationsverfahren

Für die interaktionelle Planungsarbeit in Gruppen haben sich in der Praxis zwei Veranstaltungsformen bewährt, die sich situationsabhängig bei Bedarf in den strategischen Planungsprozeß integrieren lassen:
- Problemlösungsklausur
- Informationsmarkt.

### 2.2.1 Problemlösungsklausur

Die Problemlösungsklausur ist ein Kooperationsverfahren für Gruppen von 10–25 Personen, die innerhalb von 2–5 Tagen Problemübersichten herstellen, sich auf Schwerpunkte einigen und deren Realisierung in einem Stufenprogramm vorstrukturieren wollen [168, S. 3 f.]. Diese Klausur, an der Entscheidende, Betroffene, Experten und Planer teilnehmen, hat die Ziele, zunächst ein Problembewußtsein zu schaffen, dann Engagement zu erzeugen und schließlich Aktionen herbeizuführen [64, S. 198]. Eine Problemlösungsklausur eignet sich vorrangig dann, wenn Themen zu behandeln sind, die eine kooperative Vorgehensweise erfordern. Dazu gehören bereichs- und kom-

petenzübergreifende, konfliktgeladene und strategiebedürftige Themen.
Die Erfahrung zeigt, daß die Kommunikation in Großgruppen (mehr als 10 Personen) leicht ineffizient wird. Es wird häufig im Rahmen einer Problemlösungsklausur ein mehrfacher Wechsel zwischen den Aktivitäten im Plenum (Gruppen mit allen Teilnehmern) und in Kleingruppen (bis max. 5 Personen) durchgeführt [64, S. 201 ff.; 129, S. 7], der eine gleichzeitige intensive Behandlung mehrerer Themen erlangt und eine Möglichkeit schafft, Themen in konkurrierenden Gruppen zu bearbeiten. Ziel der *Kleingruppe* ist dabei, Vorschläge und Lösungen zu finden sowie spezielle Fragen zu vertiefen. Die Arbeit in mehreren Kleingruppen ist intensiver und läuft durch die parallele Bearbeitung verschiedener oder gleicher Themen effizienter ab, als es bei Arbeiten in Großgruppen möglich wäre. Außerdem ist das „psychologische Risiko" sich zu äußern und seine Meinung darzulegen, in einer Kleingruppe geringer als im Plenum [172, S. 40]. Durch das Vorstellen der Kleingruppenergebnisse im Plenum wird eine regelmäßige Rückkopplung erreicht. Ziel des Plenums ist es dann, die Ergebnisse konstruktiv zu kritisieren und möglicherweise die Probleme neu zu strukturieren, Maximen und abgestimmte Handlungen zu verabschieden sowie neue Themen für die weitere Kleingruppen- oder Einzelarbeit festzulegen.

Die Personen, die zu einer Problemlösungsklausur geladen werden, haben meist ihre Aufgaben vorher in Einzelarbeit durchgeführt und sollen nun in Groß- und Kleingruppen miteinander kooperativ zusammenarbeiten. Zur Unterstützung werden Moderatoren eingesetzt, die den gruppendynamischen Prozeß steuern, jedoch jede themenbezogene Beeinflussung vermeiden. Sie nehmen als „Katalysatoren" am Lern- und Entscheidungsprozeß der Gruppe teil und erfüllen folgende Aufgaben [64, S. 227; 129, S. 43]:

- Einsatz des methodischen Instrumentariums bekanntgeben und seine Anwendung kontrollieren,
- Aktivität und Kreativität aller Teilnehmer fördern, ohne selbst Mittelpunkt der Gruppe zu werden,
- Ergebnisse und Konsequenzen dokumentieren sowie Engagement für konkrete Handlungen erzeugen.

Das Klausurgeschehen läßt sich generell in drei Hauptphasen gliedern, deren Einhaltung von den Moderatoren (ca. 2–4 Moderatoren je Klausur) überwacht werden soll [169, S. 38]:

- *Einarbeitungsphase*
  • Kennenlernen der Teilnehmer,
  • Einüben von Kooperationsregeln,
  • Entwickeln einer Problem- und Themenliste,
- *Problemlösungsphase*
  • Entwickeln von Soll-Modellen,
  • Analysieren von möglichen Widerständen und Problemen bei

Einführung der Soll-Modelle,
- *Handlungsorientierungsphase*
  • Herstellen eines gemeinsamen, nicht unbedingt einheitlichen Problembewußtseins,
  • Festlegung von Prioritäten,
  • Aufstellen von Nachfolgeaktivitäten.

**2.2.2 Informationsmarkt**

Ein Informationsmarkt ist ein Kooperationsverfahren für Gruppen von 50–1000 Personen, die auf einer 1–3tätigen Veranstaltung sich intensiv über mehrere Problemschwerpunkte unterrichten und zu deren Lösung eigene Ideen beitragen [168, S. 3]. Er ist eine Alternative zu den traditionellen Kommunikationsveranstaltungen.

Der Informationsmarkt wurde entwickelt, nachdem beobachtet worden war, daß die Zahl der Kommunikationsveranstaltungen, wie Tagungen, Konferenzen und Symposien steigt, obwohl ihnen mehr und mehr die Effizienz abgesprochen wird, da [64, S. 261]

- die Erkenntnis über Gruppenverhalten und Gruppenarbeitstechniken nicht berücksichtigt werden:
  • Einzelne dominieren die Mehrheit (Verhalten von Vortragenden und Zuhörern),
  • geringe Rückkopplung zu den Teilnehmern,
  • wenig Kommunikation zwischen den Teilnehmern,
- die äußeren Gegebenheiten meist nicht den Kommunikationsbedürfnissen der Teilnehmer angepaßt sind:
  • Räume,
  • Einrichtungsgegenstände,
  • Arbeitsmittel.

Ein Informationsmarkt bietet die Möglichkeit, auf einer breiten Basis Ideen, Meinungen und Lösungen vorzustellen, auszutauschen und zu diskutieren [64, S. 198]. Ein Informationsmarkt als Ort des Austausches von Informationen basiert auf der Kommunikation in kleineren Gruppen. Während eines solchen Marktes verteilen sich die Teilnehmer nach ihren Interessen auf einzelne Themenstände. Die Standthemen, meist verschiedene Probleme zu einem bestimmten Rahmenthema, werden vorher durch die Tagungsteilnehmer und/oder ihre Repräsentanten ausgewählt. Jeder Stand ist mit 2-3 Moderatoren besetzt und visuell der Art aufbereitet, daß an jedem Themenstand mit einer Gruppe von ca. 20–30 Personen eine problemorientierte Wissens- und Meinungsdiskussion interaktionell geführt werden kann (schriftliches Diskutieren, Bewerten, Wechsel Plenum/Kleingruppe). Nach einer vereinbarten Frist (45–120 Minuten) können die Teilnehmer sich einem neuen Themenstand zuwenden, an dem sie innerhalb der nächsten „Standrunde" partizipieren möchten. So ist es möglich, daß jeder Teilnehmer während eines Tages an zwei bis drei Ständen intensiv mitarbeiten kann. In einer Schlußveranstaltung werden die wesentlichen Resultate aller Themenstände auf einem Podium allen Teilnehmern vorgestellt, um auf diese Weise jedem einen Überblick auch über jene Stände zu geben, an denen er nicht mitarbeiten konnte.

Die Erfahrungen mit Informationsmärkten in großen Multiprodukt-Unternehmen zeigen, daß die Informationsmarkt-Methode das Einbeziehen der Beteiligten und Betroffenen in fast beliebigem Umfang erlaubt [166, S. 4]:

- Hapag-Lloyd (ca. 350 Personen) [122, S. 95 ff.],
- Stinnes (ca. 600 Personen) [33, S. 13],
- Siemens (ca. 1000 Personen) [156, S. 60 ff.].

Bisher ist es üblich, den Fortschritt und *Abschluß* einer Projektarbeit in Form einer Präsentation und eines Berichtes zu geben. Der Informationsmarkt erlaubt es, eine Übersicht über *mehrere* Projekte und deren Interdependenzen zu geben. Diese Methode wird meist als eine Rückkopplungsveranstaltung im Rahmen eines laufenden Prozesses eingesetzt [166, S. 4].

### 2.2.3 Integration der Kooperationsverfahren in den strategischen Planungsprozeß

Die beiden Kooperationsverfahren „Problemlösungsklausur" und „Informationsmarkt" lassen sich nach Art der Aufgaben in den strategischen Planungsprozeß integrieren (s. Abb. 50).

Die Darstellung zeigt, daß für einzelne Planungsaufgaben (in numerischer Reihenfolge) sowohl die Gruppenarbeit in Form der vorgestellten Kooperationsverfahren als auch die traditionelle Projektarbeit einschließlich der Einzelarbeit einzusetzen ist.

## 2.3 Technische Voraussetzungen

Der Einsatz der vorgestellten Kommunikationstechniken und Kooperationsverfahren stellt neue Anforderungen an Arbeitsräume und Arbeitsmittel [29, S. 342 f.]. Die Anwendung dieser Techniken und Verfahren läßt sich dadurch unterstützen, daß die Gruppenarbeitsräume entsprechend gestaltet und mit geeigneten Kommunikationshilfsmitteln ausgestattet werden (s. Abb. 51).

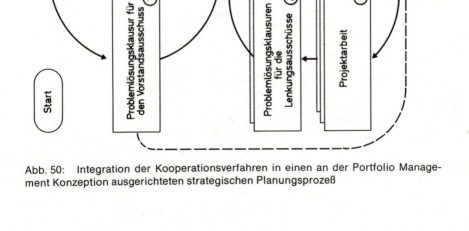

Abb. 50: Integration der Kooperationsverfahren in einen an der Portfolio Management Konzeption ausgerichteten strategischen Planungsprozeß

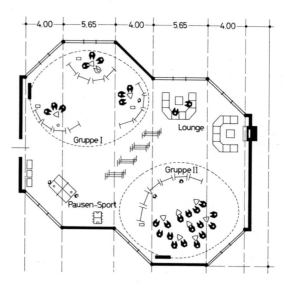

Abb. 51: Grundriß eines „idealen" Gruppenarbeitsraumes; Quelle: [173, S. 9].

Für das Arbeiten in verschiedenen Gruppenformen (Plenum, Kleingruppen und Individualarbeit) sind einerseits große, freie Flächen, die mit flexiblem Büromobiliar (leichte, kleine Arbeitstische und Rollensessel) auszustatten sind, und andererseits störungsfreie Räume mit hellen, blendfreien Leuchten sowie schallschluckenden Teppichen und Decken erforderlich [129, S. 52]. Flexible Steckwände dienen als Visualisierungshilfe. Im Idealfall sollte diese „Denkwerkstatt" den reibungslosen Wechsel von Arbeit (Spannung) und Erholung (Entspannung) ermöglichen. Dafür sind für die Pausen entsprechende Sitzeinrichtungen (Lounges) und Bewegungsmöglichkeiten zu schaffen. Gruppenarbeitsräume dieser Art sind in einigen deutschen Unternehmen wie Krupp, Siemens und in der Tochtergesellschaft KWU als Voraussetzung für eine effiziente Planungsarbeit bereits eingerichtet worden.

## 3. Anforderungsprofile und Leistungskriterien für Führungskräfte

Im Zusammenhang mit den Aufgaben, die sich bei Anwendung der Portfolio Management Konzeption ableiten, sind die *Anforderungsprofile* und *Leistungskriterien* sowie das *Anreizsystem* für das Führungspersonal anzupassen [14, S. 2 ff.]. Die folgende Darstellung (s. Tab. 30) zeigt die differenzierten Aufgabenstellungen für Führungskräfte.

Für die Mitglieder der SGF-, Geschäftsbereichs- und Unternehmensleitung

Tab. 30: Differenzierte Aufgabenstellungen für das Führungspersonal

| Führungspersonal | Aufgaben | |
|---|---|---|
| 1. SGF-Leitung | | |
|   – Nachwuchs | Cash Flow-Verluste tolerieren | RMA ausbauen |
|   – Star | Cash Flow ausgleichen | RMA halten/evtl. leicht erhöhen |
|   – Cash-Kuh | Cash Flow maximieren | RMA halten/evtl. leicht abbauen |
|   – Problem | Cash Flow-Verluste minimieren | RMA abbauen |
| 2. Geschäfts-bereichsleitung | Maximierung des divisionalen Cash Flows (in Abstimmung mit den einer Division angeschlossenen SGF-Strategien) | |
| 3. Unternehmens-leitung | Maximierung des Kapitalwertes der zukünftigen Cash Flows unter Berücksichtigung von unternehmensspezifischen Restriktionen und Richtlinien:<br>– Personal- und Rohstoffbedarf<br>– Cash Flow<br>– Risiko<br>– Verschuldung<br>– Dividenden | |
| 4. Strategischer Planungsstab | – Organisation des Planungsprozesses<br>– Stabsarbeit<br>– Moderation<br>– Methodenentwicklung<br>– Weiterbildung | |

sowie des strategischen Planungsstabes orientieren sich die spezifischen Anforderungsprofile vorrangig an den ihnen zugeordneten Aufgaben [101, S. 234f.; 228, S. 75]:

- *SGF-Leitung*
  - Ausgeprägte Reaktionsfähigkeit und Schnelligkeit in der Bildung von Urteilen sowie im Treffen von Entscheidungen,
  - Bereitschaft, auf der Grundlage eines persönlichen abgewogenen Urteils ein kalkulierbares Risiko einzugehen,
  - Fähigkeit, kreative und innovative Lösungen zu entwickeln,
  - Systematik beim Ermitteln und Prüfen von Auswirkungen der durchzuführenden Aktionen,
  - Überzeugungskraft, die Mitarbeiter zur Durchführung notwendiger Maßnahmen zu motivieren,
  - Fähigkeit, Spannungen zwischen Beteiligten und Betroffenen insbesondere in aufzugebenden SGFs zu lösen[13].

[13] Bei den erforderlichen Stillegungen gelingt meist nur dann ein zügiger Abbau eines „Problem-SGFs", wenn in dem Unternehmen den freizusetzenden Mitarbeitern neue Aufgaben zugesichert werden können [132, S. 126].

- *Geschäftsbereichsleitung*
  • Koordinationsfähigkeit, um die der Division angeschlossenen SGF-Strategien abzustimmen,
  • Administrative Fähigkeit, um den Einsatz der verfügbaren Ressourcen zu kontrollieren,
  • Initiative, um mit persönlichen Aktionen bestimmte Entwicklungen gezielt voranzutreiben.
- *Unternehmensbereichsleitung*
  • Fähigkeit, den Konsens zu organisieren und ein Team von Führungskräften in eine gemeinsame Zielrichtung zu führen,
  • Delegationsfähigkeit, damit alternative SGF-Strategien dezentral von den direkt Beteiligten und Betroffenen (SGF-Ebene) entwickelt werden,
  • Flexibilität und Bereitschaft, Unternehmensziele sowie eine gewählte Strategie zu ändern.
- *Strategischer Planungsstab*
  • Planungsfähigkeit, um eine vollständige unternehmensbezogene Strategie unter Berücksichtigung der Interaktionen zwischen einzelnen SGFs zu entwickeln,
  • Kreativität zur innovativen Problemlösung,
  • Kommunikationsfähigkeit, um mit Mitarbeitern aus dem operativen Management konstruktiv zusammenzuarbeiten,
  • Vertrautheit mit Planungskonzepten, -verfahren und -analysen.

Eine leistungsorientierte Beurteilung beruht auf dem Vergleich zwischen dem vereinbarten Ziel und den tatsächlich erreichten Werten (Soll-Ist-Vergleich). Die Führungseffektivität einer SGF-, Geschäftsbereichs- und Unternehmensleitung läßt sich anhand von quantitativen und qualitativen Faktoren beurteilen, u.a. [101, S. 263]:

- *quantitativ*
  • Relative Marktanteilsposition,
  • Cash Flow,
  • Rentabilität,
  • Produktivität,
  • Anzahl erfolgreicher Produktinnovationen.
- *qualitativ*
  • Abbau von Wettbewerbsnachteilen (Schwächen) und Ausbau der Stärken,
  • Entwicklung und Ausbildung potentieller Führungskräfte,
  • Beziehungen zu Vorgesetzten, Mitarbeitern und wichtigen Interessengruppen (z. B. Gewerkschaften).

Im Rahmen einer Unternehmensstrategie sind die Führungskräfte auch durch ein „*Anreizsystem*" [29, S. 236; 188, S. 1 ff.] zu motivieren, damit sie ihre Kräfte und Anstrengungen auf die Entwicklung von Strategiealternativen konzentrieren und sich mit der Durchführung einer festgelegten Strategie identifizieren. Ein solches System kann durch materielle und ideelle Anreize unterstützt werden [101, S. 256]:

- Gehaltserhöhung bei einer positiven, konsistenten Leistung, nicht nur in einem, sondern über mehrere Jahre,
- Zuteilung von Prämien, Gewinnbeteiligungen und/oder Optionen auf Aktien bei außergewöhnlichen Beiträgen zur Verwirklichung von Strategien,
- Schaffen von Positionen mit hohem Prestige (z. B. die Stellung eines SGF-Leiters),
- Dokumentation der Leistung und der Anerkennung nach außen durch Statussymbole wie z. B. Dienstwagen,
- Miteinbeziehen der erfolgreichen Mitarbeiter in einflußreiche Aufgaben (z. B. Teilnahme in Projektteams, Lenkungsausschuß, Vorstandsausschuß).

Die Motivationswirkung obiger Faktoren auf einzelne Mitarbeiter ist unterschiedlich und demnach situationsbedingt anzuwenden.

## C. Von der strategischen zur operativen Planung

In einem dreistufig gegliederten Planungssystem ist zur effizienten Durchführung der Unternehmensstrategie und insbesondere der einzelnen SGF-Strategien eine Koordination mit der taktischen und operativen Planung notwendig (s. Abb. 52).

Abb. 52: Dreistufig gegliedertes Planungssystem; Quelle: [213, S. 167].

Die taktische und die operative Planung ist in einzelne funktionale Bereiche gegliedert. Diese haben in einer divisionalen Organisation die Aufgabe, die dezentralen operationalen Einheiten zu unterstützen sowie bereichsübergreifende Probleme und Themen innerhalb eines funktionalen Sachgebietes zu lösen und zu koordinieren.

Es ist deshalb erforderlich, die SGF-bezogenen Maßnahmenprogramme mit der Politik und den Richtlinien einzelner funktionaler Bereiche abzustimmen (s. Tab. 31).

Tab. 31: Koordination der SGF-bezogenen Maßnahmen mit den Aktionen einzelner funktionaler Bereiche

|  |  | SGF-bezogene Maßnahmen (SGF) | | | | |
| --- | --- | --- | --- | --- | --- | --- |
|  |  | SGF 1 | SGF 2 | SGF 3 | | Σ FB |
| Funktionsbezogene Aktionen | F & E | ① | | | | |
|  | Produktion | ② | | | | → |
| (FB) | Marketing | | | | | |
|  | Personal | | | | | |
|  | Finanzen | ↓ | | | | |
|  | Σ SGF | | | | | |

Dabei sind die SGF-bezogenen Maßnahmen den funktionsbezogenen Aktionen *zeitlich* vorzuziehen. Die Aktionen für einzelne funktionale Bereiche werden *nach* Erstellung der SGF-Maßnahmen erarbeitet. Beispielsweise kann eine Strategie zur Sicherung des Marktanteils eines Starproduktes aus verschiedenen Einzelmaßnahmen bestehen (s. Abb. 53).

Dieses Beispiel zeigt für jede Maßnahme, welche funktionalen Bereiche in die Entscheidung und/oder Ausarbeitung spezifischer Maßnahmen einbezogen werden sollen. Durch Summierung aller SGF-Maßnahmen lassen sich die Anforderungen an die einzelnen Funktionsbereiche ableiten. So ist z. B. zu überprüfen, inwieweit die F & E Kapazitäten des Unternehmens ausreichen, welche Politik und welche Richtlinien für ein Überwachungssystem zur effizienten Durchführung der F & E Projekte einzuhalten sind und welche organisatorischen Änderungen erforderlich werden.

Darüber hinaus zeigt die Abbildung, daß die einzelnen Maßnahmen hinsichtlich ihrer erforderlichen Zeitdauer der operativen (1 Jahr), taktischen (3 Jahre) und strategischen (5 Jahre) Planung zugeordnet werden können. Durch Summierung aller SGF-Maßnahmen lassen sich für das gesamte Un-

Von der strategischen zur operativen Planung 167

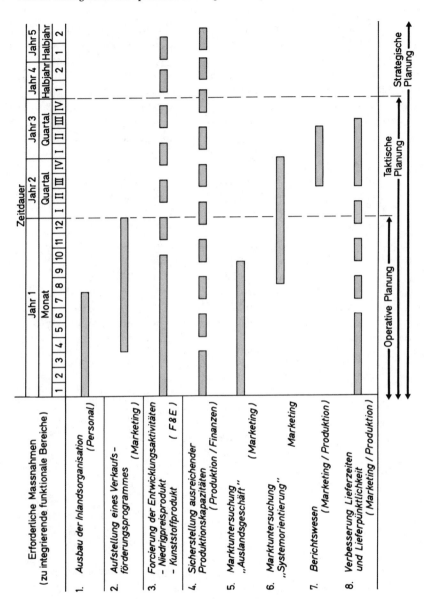

Abb. 53: Ein Beispiel: Maßnahmenprogramm für ein Starprodukt.

ternehmen regelmäßig operative und taktische Pläne aufstellen. Einige Unternehmen verzichten jedoch auf die Einteilung in eine operative (kurzfristige) und taktische (mittelfristige) Planung und fassen diese Planungsaktivitäten in einer operativen Unternehmensplanung zusammen, da eine eindeutige Abgrenzung in der Praxis nicht immer durchführbar ist. Schwerpunkt einer solchen kombinierten operativen und taktischen Planungsphase ist die Ausarbeitung der *Mittel* und *Verfahren*, um die in der strategischen Planungsphase festgelegten relativ groben Maßnahmen zur Zielerreichung zu detaillieren. Diese Planung orientiert sich vorrangig an folgenden drei Bereichen [29, S. 130ff.]:

- Vollzugsbereich (Marketing, Produktion, F&E),
- Versorgungsbereich (Anlagen, Personal, Material, Finanzen),
- Führungsbereich (Führungskräfte, Führungsmethoden, Organisation).

Im Rahmen eines fortlaufenden Planungsprozesses, bestehend aus der strategischen und operativen Planung, erfolgt eine permanente Detaillierung (sach- und zeitbezogen) der durchzuführenden Maßnahmen. Beide Planungsphasen verlaufen nicht unabhängig voneinander sondern sind durch erforderliche Rückkopplungen miteinander verzahnt. Denn häufig werden erst nach detaillierter Ausarbeitung der Zielvorgaben und Maßnahmen (operative Planung) erforderliche Korrekturen in den vorher festgelegten Strategien (strategische Planung) sichtbar gemacht.

# 5. Teil: Praktische Anwendungen der Portfolio Management Konzeption

In diesem Teil werden Beispiele vorgestellt, die zeigen, wie die in dieser Arbeit entwickelte Planungsmethode zur Steuerung eines „SGF-Portfolios" in einzelnen Unternehmen und zur Steuerung eines „Branchen-Portfolios" für eine nationale Volkswirtschaft ihre praktische Anwendung findet.

## A. Management eines „SGF-Portfolios"

Es werden einige praktische Beispiele aus der Literatur aufgeführt, die zeigen, wie Elemente der hier entwickelten Portfolio Management Konzeption mit Erfolg in der strategischen Unternehmensplanung einzelner Industrieunternehmen bisher Anwendung finden. Obwohl eine erfolgreiche Wirkungsweise dieser Planungsmethode durch die Beispiele nicht vollständig bewiesen wird, so läßt sich doch eine wirkungsvolle Anwendung erkennen.

### 1. American Standard

American Standard (New York) ist ein diversifiziertes Unternehmen, das Alarmanlagen, Schreibmaterial, Transportsysteme, Sanitäreinrichtungen, Baumaschinen und -fahrzeuge herstellt. 1973 wurde mit 61 000 Mitarbeitern ein Gewinn von $ 40 Mio. bei einem Umsatz von $ 1,5 Mrd. erwirtschaftet. Dieses Unternehmen entwickelte sich, wie viele andere amerikanische Firmen, während der 60er Jahre durch eine Reihe von Akquisitionen zu einem diversifizierten Großkonzern. Der Gewinn wuchs ständig bis auf $ 39 Mio. im Jahr 1969 [40, S. 88]. Ein Jahr später, 1970, sank er auf $ 3 Mio. und 1971 mußte sogar ein Verlust von $ 84 Mio. verbucht werden. Im Rahmen einer Konsolidierungsstrategie wurden zehn vorher akquirierte Firmen wieder veräußert. Die Unternehmensstrategie wurde auf ein ausgewogenes Portfolio ausgerichtet [40, S. 89]:

> „Marquard's (President, d. Verf.) over-all plan involves distinguishing between divisions that lack resources to build up longterm assets. Thus, the *security* and *graphic arts* division, which account for 20% of profits on only 14% of sales, and the *braking* and *transportation* division

which produces 30% of profits on 23% of sales, are tapped to finance divisions *manufacturing plumbing* and *off-highway vehicles*, which need huge capital outlays to retain market share in fiercely competitive fields".

1973 konnte nach der Durchführung der aus der Portfolio Analyse abgeleiteten erforderlichen Umstrukturierungsmaßnahmen wieder ein Gewinn von $ 40 Mio. bei einem Umsatz von $ 1,5 Mrd. erzielt werden.

## 2. Texas Instruments

Texas Instruments (Dallas), Hersteller von elektronischen Bauelementen und Endprodukten wie Taschenrechnern und Digitaluhren, hat eine gezielte Expansionsstrategie verfolgt. 1976 wurde mit 66 000 Mitarbeitern ein Gewinn von $ 97 Mio. bei einem Umsatz von $ 1,6 Mrd. erzielt. Das erklärte Ziel des Unternehmens war es, eine führende Marktposition in den einzelnen SGFs zu erreichen [43, S. 40].

Aus dem Verkauf hochentwickelter elektronischer Spezialgeräte an die amerikanische Regierung („Cash-Kuh") wurde das Wachstum der Nachwuchsprodukte finanziert. Mit Hilfe einer integrierten, strategischen Unternehmensplanung, einer an der Erfahrungskurve ausgerichteten Kostenplanung und einer aggressiven Preis- und Investitionspolitik konnte die Marktführung für eine Reihe von Produkten erreicht werden [201, S. 12 ff.]. Als Ergebnis dieser Strategie stieg der Umsatz von $ 0,3 Mrd. im Jahre 1964 auf $ 1,6 Mrd. im Jahre 1976. Der Gewinn nach Steuern erhöhte sich in diesem Zeitraum von $ 15 Mio. auf $ 97 Mio. Damit verbesserte sich auch die Umsatzrentabilität von 5% auf 6% [200, S. 10].

## 3. General Electric

General Electric (New York) ist der größte amerikanische Elektrokonzern mit einem Umsatz von $ 12 Mrd. und ca. 400 000 Mitarbeitern weltweit [79, S. 232]. In diesem Unternehmen wurden Anfang der 70er Jahre 170 bestehende Profit Center in 43 „Strategic Business Units" (SGFs) aufgeteilt, um die fragmentierten Unternehmensaktivitäten nach strategischen Aspekten neu zu ordnen. Mit der Portfolio Management Methode wurden die Ressourcen im Rahmen einer Unternehmensstrategie umverteilt. So wurde z. B. das „Computergeschäft" [81, S. 100 ff.] und das „Fernsehgeschäft" aufgegeben, um die knappen Ressourcen selektiert in verbleibende Nachwuchs-SGFs wie „Düsenantriebswerke" (jet engines), „Kernkraftwerke" (nuclear power stations), „medizintechnische Elektroniksysteme" (medical electronics), „Verkehrstransportsysteme" (mass transit) und „Fertighäuser" (modular housing) zu investieren [153, S. 101].

Seit Einführung des SGF-Portfolio Management ist diese Planungsmethode fester Bestandteil einer zukunftsorientierten Unternehmensführung bei GE geworden.

## 4. AEG-Telefunken

Der AEG-Telefunken Konzern (Frankfurt) ist mit DM 13,5 Mrd. Umsatz und 62 000 Mitarbeitern der zweitgrößte deutsche Elektrokonzern [6, S.66; 226]. In seiner Rede vom 23. Juni 1977 an die Aktionäre erläuterte *Dr. Cipa*, Vorstandsvorsitzender der AEG, die Bedeutung der strategischen Planung als Grundlage für die Entwicklung einer erforderlichen Konsolidierungsstrategie. In diesem Unternehmen wurden mit Hilfe der Portfolio Management Konzeption die Geschäftstätigkeiten in 51 Planungseinheiten aufgeteilt [7, S.4ff.]. Kriterien für die Gliederung waren:
- Eindeutig abgrenzbare Produkt- bzw. Marktkombinationen,
- Einheitliche Zielbildungsmöglichkeit,
- Einheitliche Technologie.

Aus der Analyse ergab sich eine Grobgliederung der Planungseinheiten des Unternehmens in
- auszubauende,
- zu stabilisierende oder
- abzubauende Arbeitsgebiete

unter besonderer Berücksichtigung der Entwicklung im In- und Ausland. Als Fazit gab *Dr. Cipa* bekannt [7, S.5]:

„Wir haben auf diese Weise das zukünftige Produktprogramm bestimmt, dem nicht alle profitablen Bereiche des Unternehmens angehören, da die Finanzkraft des Unternehmens nicht ausreicht, alle rentablen Bereiche auszubauen.

Durch den Abbau der nicht bzw. nicht ausreichend profitablen Bereiche beabsichtigen wir die Eigenmittelbasis zu stärken; dies auch dadurch, daß wir den weiteren Abfluß von Eigenmitteln durch den Abbau der verlustbringenden Bereiche verhindern werden. Je nach Notwendigkeit – ich erwähnte, daß wir nicht alle rentablen Tätigkeitsbereiche ausbauen können – werden wir uns auch von dem einen oder anderen guten Arbeitsgebiet ganz oder teilweise trennen müssen, um befriedigende Bilanzrelationen zu erreichen".

# B. Management eines „Branchen-Portfolios"

## 1. Erfordernis strategischer Planung auf nationaler Ebene

Analog zur Planung in Industrieunternehmen ist eine strategische Planung auf nationaler Ebene erforderlich. Zur Steuerung einer Volkswirtschaft kann möglicherweise der Grundansatz der Portfolio Management Konzeption angewendet werden. Das Management des japanischen „Branchen-Portfolios" dient als demonstratives Fallbeispiel für einen erfolgreichen Einsatz der strategischen Planung auf nationaler Ebene.

Nur eine leistungsfähige Volkswirtschaft mit ihren im internationalen Vergleich konkurrenzfähigen Branchen bzw. Unternehmen kann für die Zukunft einen höheren Lebensstandard, gesicherte Arbeitsplätze und verbesserte Sozialleistungen gewährleisten. Dafür ist eine effektive Verteilung von begrenzten Ressourcen für ein hochindustrialisiertes Land mit starker Exportabhängigkeit wie z.B. die Bundesrepublik Deutschland in die „erfolgversprechenden" Branchen notwendig. Ein gezielter Einsatz der Ressourcen erfordert eine strategische Planung auf nationaler Ebene, die

- die Umweltveränderungen einbezieht,
- langfristig orientiert ist (mindestens auf 5 Jahre),
- auf das gesamtwirtschaftliche System ausgerichtet ist.

Ökonomische, technologische, soziologische und politische Umweltveränderungen vollziehen sich immer schneller und bringen rascher neue Chancen und Bedrohungen. Den Wandel als Chance nutzen kann aber nur das Land, welches den Wandel erkennt, die erforderlichen Ressourcen bereitstellt und sie schnell und gezielt einsetzt. Voraussetzung dafür ist eine Beobachtung der sich ständig verändernden Umwelteinflüsse:

- In den Branchen, in denen die Zuwachsraten zurückgingen, hat sich der Wettbewerb verstärkt. Ein Verdrängungswettbewerb zeichnet sich ab. Der Kampf um Marktanteile hat sich vermehrt vom inländischen auf den internationalen Markt verlagert. Insbesondere japanische Unternehmen demonstrieren z.B. mit Automobilen, Motorrädern, Kugellagern und Schiffsbauten die erfolgreiche Anwendung einer international ausgerichteten Strategie [161]. Wichtige Fragen, die sich in diesem Zusammenhang stellen, sind:
  • Soll der Konzentrationsprozeß im Inland in einigen Branchen unterstützt oder verhindert werden?
  • Soll z.B. eine japanische Offensive mit Einfuhrsteuern und anderen restriktiven Maßnahmen gebremst oder soll diese Herausforderung im Rahmen einer freien Marktwirtschaft akzeptiert werden?

- Ein technologischer Knowhow-Vorsprung war noch bis vor wenigen Jahren die gesicherte Grundlage für den weltweiten Export der Produkte und Serviceleistungen bestimmter Industrieländer. Jedoch hat sich dieser Vorsprung teilweise abgebaut. Ein umfangreicher Technologietransfer und eine zunehmende Industrialisierung einer wachsenden Zahl von Entwicklungsländern verringern die technologische Konkurrenzfähigkeit der Produkte industrialisierter Länder. Die Fragen, die sich für die Industrieländer aufdrängen sind:
  • Wie kann der für ein Land existenznotwendige Export und die Innovationsfähigkeit am sinnvollsten gefördert werden?
  • Soll man nach dem bisherigen „Gießkannenprinzip" die Förderungsgelder streuen oder gezielt auf einige wenige Branchen verteilen?
- Die ständig ansteigenden sozialen Forderungen z.B. von Gewerkschaften zum Schutz der Arbeitnehmer wie Mitbestimmung, Kündigungsschutz, Arbeitszeitverkürzung und Rationalisierungsstop, erhöhen die Kostenbelastung und Inflexibilität der einzelnen Firmen. Dagegen verlangt der Markt mit einer differenzierten, stärker schwankenden Nachfrage eine erhöhte Flexibilität von den einzelnen Unternehmen. Ein kritischer Problembereich liegt in einer kooperativen Zusammenarbeit zwischen Staat, Industrie und Gewerkschaften, um die Konkurrenzfähigkeit einzelner Unternehmen langfristig unter Berücksichtigung gerechtfertigter und realisierbarer sozialer Forderungen zu gewährleisten.
- Rechtlich-politische Faktoren beeinflussen in zunehmendem Maße das gesamtwirtschaftliche Geschehen, bedingt durch die steigende Anzahl von Gesetzgebungen, Kontrollen und staatlichen Interventionen. Kontrollmaßnahmen wie z.B. Preis- und Lohnstopps oder die Verstaatlichung von privaten Unternehmen haben erhebliche Auswirkungen auf die Investitionsentscheidungen einzelner Unternehmen. Darin enthalten ist eine praxisnahe Kartellpolitik, die die Bildung schlagkräftiger, international konkurrenzfähiger Unternehmenseinheiten nicht verhindert, sondern unterstützt [163].

Dieser Wandel erfordert vom Staat schnelle Anpassungs- sowie aktive Veränderungsstrategien, die erst durch eine *längerfristige* Planung ermöglicht werden können. Die Reserven zur Erhöhung der Produktivität liegen in der Umverteilung von Kapital und Arbeitskräften aus unproduktiven Industriezweigen in produktivere Branchen [179, S. 6ff.]. Diese Umstrukturierung wird zum einen zwischen einzelnen Branchen und zum anderen zwischen dem industriellen Produktions- und dem Dienstleistungssektor erfolgen. Dieser Prozeß ist jedoch zeitaufwendig. Er verlangt eine hohe Mobilität der Arbeitskräfte und verursacht vorübergehend strukturelle Arbeitslosigkeit. Ein möglicher Widerstand für die Erstellung und Durchführung einer langfristigen Konzeption liegt in der kurzfristigen Ausrichtung der bestehenden demokratischen Systeme. Politiker müssen häufig unter dem Zwang einer Wiederwahl kurzfristige Erfolge nachweisen und sind meist nicht daran interessiert, bestimmte Langfristprogramme zu verfolgen. Der kurzfristige Erfolg kann aber die Verurteilung zum langfristigen Mißerfolg bedeuten.

Traditionell ist der Haushaltsplan nach organisatorischen und funktionalen Gesichtspunkten gegliedert. So werden z.B. in Deutschland Subventionen an einzelne Branchen und Unternehmen von den verschiedenen Ministerien wie Forschung und Technologie (Forschungsmittel), Arbeit und Soziales (Ausbildungsprogramme) und Wirtschaft (Förderung von Unternehmen in Zonenrandgebieten) unabhängig voneinander vergeben. Eine umfassende Koordination zur Verteilung der Förderungsmittel und eine Koordination der steuerlichen Anreize (z.B. Abschreibungen für ausgewählte aus- und abzubauende Branchen) fehlt.

## 2. Mögliche Anwendung der Portfolio Management Methode

Im Hinblick auf die aus dem Strukturwandel abgeleiteten erforderlichen Maßnahmen ist sicherlich eine sektorale staatliche Strukturpolitik mit stärkeren direkten und indirekten Eingriffen in die Unternehmens- und Branchenstrukturen zu verfolgen. Dabei sind die flankierenden Maßnahmen des Staates zur besseren Bewältigung des Strukturwandels wünschenswert, die um so wirkungsvoller sein können, je weniger sie der Erhaltung der Schwachen (einzelne Branchen und Unternehmen) dienen und je mehr sie den Erfolgreichen helfen, weitere Chancen wahrzunehmen. Diese vom Darwinismus abgeleitete Anschauung, das „Überleben der Stärksten" (survival of the fittest) zu fördern, wird z.B. von der japanischen Regierung in der Wirtschaftspolitik konsequent verfolgt [206, S.13].

Zum Aufzeigen von Alternativen lassen sich die in dieser Arbeit entwickelten Grundlagen der Portfolio Management Konzeption anwenden. Analog zu der Darstellung eines „SGF-Portfolios" kann ein nationales „Branchen-Portfolio" erstellt werden. Im Gegensatz zu der SGF-Einteilung in eine Branchenattraktivitäts-Geschäftsfeldstärken-Matrix (9-Felder Matrix) ist eine Marktattraktivitäts-Branchenstärken-Matrix für eine Einteilung der einzelnen Branchen in die Portfolio Kategorien aufzustellen. Strategische Erfolgsfaktoren für einzelne SGFs wie beispielsweise der RMA sind für ganze Branchen bisher noch nicht empirisch abgesichert ermittelt. Dennoch lassen sich qualitative Faktoren zur Beurteilung einer „Marktattraktivität" und „Branchenstärke" festlegen:

- Faktoren für die Beurteilung der „Marktattraktivität" (gering beeinflußbar von einzelnen Staaten),
  - zukünftiges Marktwachstum
  - Marktgröße
  - Marktrisiko (u. a. politisches Risiko)
  - Konkurrenzsituation (internationale Branchenstruktur)
  - Investitionsattraktivität
  - Rohstoffattraktivität
  - Innovationspotential
  - soziale Attraktivität (u. a. Umweltfreundlichkeit)
- Faktoren für die Beurteilung der eigenen „Branchenstärke" (von einzelnen Staaten beeinflußbar) z. B.
  - Marktposition (u. a. nationale Branchenstruktur)
  - Technische Position (u. a. F+E Aufwand, Schutzrechtsituation)
  - Fertigung (u. a. Ausstattung von Produktionsanlagen)
  - Marketing (u. a. Distributionssysteme).

Anhand eines Punktebewertungssystems lassen sich die Branchen in eine Portfolio Darstellung einordnen. Eine solche Positionsbewertung vermittelt in anschaulicher Weise einen Einblick in die Struktur und die Ausgewogenheit eines nationalen „Branchen-Portfolios" und ermöglicht die Aufstellung von Zielvorstellungen für einzelne Branchen und für eine ganze Nation, die sich dann im Rahmen einer strategischen Feinplanung detaillieren und abstimmen lassen. So ist z. B. innerhalb eines deutschen „Branchen-Portfolios" die Chemiebranche aufgrund der Vormachtstellung der deutschen Unternehmen Hoechst, BASF und Bayer im Weltmarkt [110, S. 22] sowie einer relativ hohen künftigen Zuwachsrate in der Kategorie „Wachsen" einzuordnen, während die deutsche Uhrenindustrie aufgrund einer starken schweizer und amerikanischen Uhrenbranche eher dem Bereich „Ernten" zugeordnet werden kann.

## 3. Management des japanischen „Branchen-Portfolios"

### 3.1 Japan als Konglomerat

Besonders wettbewerbsfähige Unternehmen sind generell die Firmen, in denen sich Geldströme von SGFs mit niedriger zu denen mit hoher Wachstumsrate umleiten lassen und in denen die Verschuldungskapazität von sicheren, reifen SGFs zum Vorteil schnell wachsender SGFs ausgenutzt werden kann. Das „Konglomerat" ist eine solche Wirtschaftsform. SGFs im „Cash-Kuh" Bereich erzeugen hohen positiven Cash Flow und ermöglichen ein weiteres Ausschöpfen der Verschuldungskapazität, die für SGFs im „Nachwuchsbereich" genutzt werden kann. Eine Nation wie Japan läßt sich als ein solches Konglomerat bezeichnen [3, 35, 36, 108, 206, 224]. Die Zentralbank dient als finanzielles Zentrum und unterstützt aktiv schnell wachsende Branchen bzw. Unternehmen, indem sie ihnen hohe und günstige Kredite gewährt. Die Verschuldungskapazität der gesamten japanischen Industrie steht so den Wachstumsbranchen zur Verfügung. Japan ist in der Lage, Gelder von den reifen, langsam wachsenden in die dynamischen Branchen umzuleiten, um erforderliche Forschungsprojekte zum Ausbau der technischen Position sowie Investitionen in Kapazitätserweiterungen zu finanzieren. So ist beispielsweise ein gigantisches Förderungsprogramm zur Unterstützung der elektronischen Bauelemente-Industrie verabschiedet worden. Pressenotizen sprechen von einer Investition von $ 1,5 Mrd., die innerhalb von drei Jahren zur Förderung der internationalen Wettbewerbsfähigkeit ausgegeben werden sollen [215, S. 46f.]. Grundlage ist eine enge Zusammenarbeit zwischen dem Staat und der Zentralbank, die durch regulative Maßnahmen das Kreditgeschäft der japanischen Banken beeinflußt. Die Basis für den gezielten Einsatz der finanziellen Ressourcen bildet ein langfristiger strategischer Plan, der von einer eigens dafür organisierten volkswirtschaftlichen Planungsabteilung zusammengestellt wird. Dieser Plan ist das Ergebnis vieler vorausgehender Gespräche über Zielvorstellungen in den einzelnen Branchen zwischen den Vertretern der staatlichen Ministerien und Industrieunternehmen, die in einem Netz von vielen Beratungsgremien stattfinden. Hauptorganisatoren dieser Veranstaltungen sind das Ministerium für internationalen Handel und Industrie (MITI) sowie das Ministerium für Finanzen, die nach Erarbeitung von Zielvorstellungen für einzelne Branchen, detaillierte Maßnahmen und Richtlinien für die Durchführung der strategischen Konzeption aufstellen [35, S. 9ff.].

### 3.2 Hoher Verschuldungsgrad

Die Besonderheit der japanischen Finanzierungsmethode liegt in dem außergewöhnlich hohen Verschuldungsgrad. Die durchschnittliche Eigenkapitalquote für japanische Firmen schwankt zwischen 18% und 22% im Vergleich zu 35% bis 40% für deutsche Unternehmen [216, S. 25f.].

Einige besondere Umstände unterstützen diesen hohen Verschuldungsgrad japanischer Unternehmen. Die japanische Zentralbank unterstützt eine expansive Darlehenspolitik der einzelnen Banken, die so ihre Darlehenskapazität voll ausschöpfen können. Sie setzt dadurch Geldmengen in Umlauf, die für Investitionen der Industrie zur Verfügung stehen. Darüber hinaus vergibt die Zentralbank in Ausnahmefällen kommerzielle Kredite direkt an Firmen.

Die großen japanischen Firmen wie Mitsubishi, Sumitomo und Mitsui sind Unternehmen, die aus einer Reihe von unabhängigen Geschäftsaktivitäten sowie einer finanziellen Institution, meist einer Bank bestehen. Diese Art der Konglomeration in Verbindung mit einer finanziellen Wirtschaftstätigkeit besteht unter dem Namen „Zaibatsu" schon seit vielen Jahren in Japan [35, S. 5 f.]. Durch die Risikostreuung der Wirtschaftsaktivitäten in diesen Großunternehmen ist das finanzielle Risiko einer hohen Fremdverschuldung reduziert.

## 3.3 Auswirkungen und Ergebnis

Das japanische Wirtschaftswachstum ist ein Ergebnis aus der Kombination von niedriger Umsatzrentabilität und hohem Verschuldungsgrad. Ausgaben, nicht nur in Sachanlagen, sondern auch in Marketing, wie z. B. in ein verbessertes Distributionssystem und in einen Kundenservice, reduzieren kurzfristig die Umsatzrentabilität, aber ermöglichen eine kontinuierliche Durchdringung der Absatzmärkte. Zusätzliches Fremdkapital stellt die dafür erforderlichen Investitionsmittel zur Verfügung.

Westliche Geschäftsleute scheinen die japanische Strategie nicht immer zu durchschauen. Hohe Verschuldung gilt als riskant. Eine niedrige Umsatzrentabilität gilt als ein Zeichen für „Dumping" [161, S. 82 ff.]. Jedoch bleiben folgende Fragen offen:
- Warum können japanische Unternehmen den kontinuierlichen Ausbau ihrer Kapazitäten finanzieren, wenn ihre Marktstellung durch „Dumping" erzielt wird?
- Warum wachsen japanische Firmen im Vergleich zu ihrer westlichen Konkurrenz in Umsatz und Gewinn relativ schneller?

Das Konzept der Erfahrungskurve und die Ergebnisse der PIMS-Untersuchung verdeutlichen, daß ein hoher relativer Marktanteil durch niedrige Stückkosten langfristig einen hohen Gewinn abwerfen kann. Um den Marktanteilsausbau in den Weltmärkten zu finanzieren, müssen Kredite die Finanzierungslücke schließen. In dem Maße, wie die japanischen Firmen ihre Märkte durchdringen, gewinnen sie jedoch durch ihre sinkenden Produktionskosten Vorteile und vermindern langfristig das wirtschaftliche Risiko, obwohl das dafür eingegangene finanzielle Risiko der Verschuldung nicht unbedeutend ist. Mit dieser Strategie haben japanische Unternehmen in Branchen wie der Automobil-, Motorrad-, Fernseh-, Hifi-, Kugellager- und Schiffsbauindustrie eine Führungsposition im Weltmarkt erreicht. Zusammenfassend stellt sich die Strategie der „Japan AG" folgendermaßen dar:
- Japan setzt seine finanziellen Mittel zum Ausbau von Marktanteilen in ausgewählten Branchen ein.
- Trotz niedriger Gewinnspannen werden durch die Zentralbank erforderliche Finanzierungshilfen bereitgestellt.
- Es werden gezielte Umstrukturierungen (selektiver Aus- bzw. Ab-

bau) vom Staat durchgeführt. Z. B. wurde Anfang der 60er Jahre mit gezielten Maßnahmen ein Programm zur Rationalisierung und Konsolidierung der Textilindustrie begonnen, Ende der 60er Jahre wurden Förderungsmittel für den Aufbau einer Computerindustrie bereitgestellt [36, S. 13].

Japans Art der Finanzierung und das Zusammenspiel der staatlichen Ministerien mit der Wirtschaft sind beispielhaft für andere Länder. Die Strategie, ausgerichtet an einem „Branchen-Portfolio" [36, S. 10 ff.], ermöglicht es der japanischen Wirtschaft – wie einem Konglomerat – die sich bietenden Chancen schnell zu nutzen und damit langfristig die Ziele einer Gesellschaft, wie Sicherung der Arbeitsplätze, verbesserte Sozialleistungen und Erhöhung des Lebensstandards zu realisieren.

## Schlußbetrachtung

Die in dieser Arbeit entwickelte Portfolio Management Konzeption für die strategische Unternehmensplanung in Multiprodukt-Unternehmen wurde in drei Phasen dargestellt (s. Abb. 54).

Bei dieser Vorgehensweise ist die „Portfolio Darstellung" (Ist, Soll, Plan) ein praxisnahes Planungsinstrument, das eine relativ komplexe Situation in leicht verständlicher Form wiedergibt [61, S. 29]. Die kritischen strategischen Probleme eines Unternehmens werden deutlich herausgestellt, vorausgesetzt, daß die Einteilung der SGFs in die Portfolio Kategorien auf realistischen Schätzungen basiert. Die qualitative und quantitative Bewertung der strategischen Erfolgsfaktoren eines SGF zur Beurteilung der Branchenattraktivität (z. B. zukünftiges Marktwachstum) und der Geschäftsfeldstärke (z. B. derzeitiger RMA-Faktor im relevanten Markt) schließt Fehlerquellen nicht aus. Anwendungsprobleme liegen meist in einer
- nicht eindeutig abgegrenzten SGF-Bestimmung,
- zu engen Auslegung des relevanten Marktes,
- Unterschätzung der Wettbewerbsfähigkeiten,
- unvollständigen Prognose.

Ein erhebliches Problem in der Anwendung dieser Planungsmethode liegt in der Beschaffung erforderlicher Daten. Es wird häufig unter Kosten- und Zeitzwängen mit ungenauen und unvollständigen Informationen gearbeitet, die damit meist eine erfolgreiche Planungsarbeit verhindern [206, S. 21].

Der umfassende mehrdimensionale Ansatz dieser Arbeit soll sicherstellen, daß alles Wissen zur Lösung der vielschichtigen strategischen Probleme herangezogen wird, d. h. neben quantitativen auch die qualitativen Methoden eingesetzt werden, um die Wertvorstellungen einzelner und die sozialen

Aspekte der erforderlichen Interaktionsprozesse zur Konfliktbewältigung und gemeinsamen Willensbildung einzubeziehen. Die Wirkungsweise dieser Planungsmethode ist noch unvollständig und nicht ausreichend empirisch abgesichert. Dennoch lassen die angeführten praktischen Beispiele eine wirkungsvolle und erfolgreiche Anwendung erkennen.

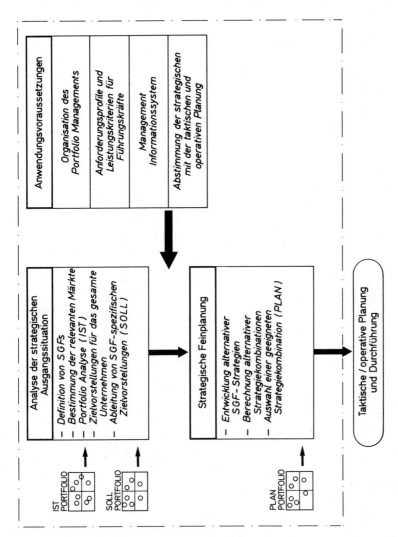

Abb. 54: Strategische Unternehmensplanung mit den 3 Hauptphasen der Portfolio Management Konzeption.

Der Zweck der Arbeit liegt darin, eine neue Planungsmethode zur Bewältigung der zunehmenden Strukturprobleme vorzustellen und damit zu zeigen, daß bei Anwendung der Portfolio Management Konzeption mit einer systemorientierten Methodik ein Ansatz verfügbar ist, der sich insbesondere für die strategische Planung in Multiprodukt-Unternehmen und möglicherweise darüber hinaus für die Lösung von makroökonomischen Problemen eignet.

# Literaturverzeichnis

[1] Abell, D.: Competitive Market Strategies: Some Generalizations and Hypotheses, Marketing Science Institute, Report No. 75–107, Cambridge, April 1975.
[2] Abernathy, W. J., und K. Wayne: Limits of the Learning Curve, Harvard Business Review, September–October 1974, S. 109–119.
[3] Absatzwirtschaft: Nippon-Marketing: Strategie des Lächelns; Absatzwirtschaft, Juli 1977, S. 36–53.
[4] Ackoff, R. L.: A Concept of Corporate Planning, New York et al. 1970.
[5] Ackoff, R. L.: Unternehmensplanung – Ziele und Strategien rationeller Unternehmensführung, München–Wien 1972.
[6] AEG-Telefunken: Geschäftsbericht 1976, Frankfurt, Mai 1977.
[7] AEG-Report: Hauptversammlung 1977, AEG-Report, Juli 1977, S. 4–6.
[8] Agthe, K.: Aktuelle Planungsprobleme eines internationalen Unternehmens, Zeitschrift für betriebswirtschaftliche Forschung, 28. Jahrgang, Heft 6, 1976, S. 352–361.
[9] Agthe, K.: Strategie und Wachstum der Unternehmensplanung, Baden-Baden und Bad Homburg v. d. H. 1972.
[10] Agthe, K.: Langfristige Unternehmensplanung, in: Agthe K., und E. Schnaufer: Unternehmensplanung, Baden-Baden 1963, S. 47–81.
[11] Albach, H.: Kritische Wachstumsschwellen in der Unternehmensentwicklung, Zeitschrift für Betriebswirtschaft, Nr. 10, 1976, S. 683–696.
[12] Albach, H., M. Dierkes, P. Rogge und K. Steinbach: Management in der Zukunft, Manager Magazin, Heft 1, 1975, S. 12–21.
[13] Allen, S. A.: Fourth Generation Organisations: Problems, Emerging Solutions, and Human Implications. In: Invited Address to IEEE Systems, Man and Cybernetics Conference, Boston, November 1973.
[14] Ansoff, H. I.: The Concept of Strategic Management, Journal of Business Policy, Summer 1972, S. 2–7.
[15] Ansoff, H. I.: Corporate Strategy, New York–San Francisco–Toronto–London–Sydney 1965.
[16] Ansoff, H. I.: Managing Surprise and Discontinuity-Strategic Response to Weak Signals, Zeitschrift für betriebswirtschaftliche Forschung, Heft 3, 1976, S. 129–152.
[17] Ansoff, H. I.: The State of Practice in Planning Systems, Sloan Management Review, Winter 1977, S. 1–24.
[18] Ansoff, H. I., J. Eppink and H. Gomer: Management of Strategic Surprise and Disconuity: Problem of Managerial Decisiveness. In: Euro-

pean Institute for Advanced Studies in Management, Working Paper, No. 75–29, Juli 1975.
[19] Ansoff, H. I., and J. C. Leontiades: Strategic Portfolio Management. In: European Institute for Advanced Studies in Management, Working Paper 76–16, May 1976.
[20] Ansoff, H. I., R. P. Declerck and R. L. Hayes: From Strategic Planning to Strategic Management, London–New York–Sydney–Toronto 1976.
[21] Baloff, N.: The Learning Curve – Some Controversial Issues, Journal of Industrial Economics, July 1966, S. 275–282.
[22] Baloff, N.: Manufacturing Start up: A Model. Unpublished Doctor's Dissertation, Stanford University 1963.
[23] Baur, W.: Neue Wege der betrieblichen Planung, Berlin 1967.
[24] Bendixen, P., E. Schnelle und W. H. Staehle: Evolution des Managements, Quickborn 1968.
[25] Bendixen, P., und H. W. Kemmler: Planung – Organisation und Methodik innovativer Entscheidungsprozesse, Berlin–New York 1972.
[26] Benisch, W.: Neuauflage der Kooperationsfibel des Bundesministers für Wirtschaft, Wirtschaft und Wettbewerb, April 1976, S. 223–128.
[27] Berthel, J.: Zielorientierte Unternehmenssteuerung: Die Formulierung operationaler Zielsysteme, Stuttgart 1973.
[28] Biedenkopf, K.: Der Vorsprung hat sich abgebaut, Manager Magazin, Juli 1977, S. 24–25.
[29] Bircher, B.: Langfristige Unternehmensplanung, Bern–Stuttgart 1976.
[30] Bleicher, K.: Organisation der Unternehmensplanung. In: Agthe, K., und E. Schnaufer: Unternehmensplanung, Baden-Baden 1963.
[31] Bloom, P. N., and P. Kotler: Strategies For High Market-Share Companies, Harvard Business Review, November–December 1975, S. 63–72.
[32] Böttcher, A.: Bedarf an gesellschaftspolitisch versierten Mitarbeitern wächst, Handelsblatt, 8. 1. 1976, S. 11.
[33] Böttcher, A.: Konzeption des Stinnes-Forums: Möglichst viele sollen mitmachen, Handelsblatt, 12. 2. 1976, S. 13.
[34] Bolten, S. E.: Security Analysis and Portfolio Management, New York 1972.
[35] Boston Consulting Group: Business Strategies for Japan, Tokio 1970.
[36] Boston Consulting Group: Japan in 1980, London–New York, May 1974.
[37] Bradley, S. P., and D. B. Crane: Management of Bank Portfolios, Chichester 1975.
[38] Braun, J. W.: Leserbrief, Manager Magazin, Juni 1977, S. 175–176.
[39] Buckley, A.: Disinvestment for Profit, Accountancy, October 1972, S. 83–86.

# Literaturverzeichnis

[40] Business Week: How American Standard cured its Conglomeritis, Business Week, September 28, 1974, S. 88–90.
[41] Business Week: The Portfolio Strategy at Bankers Trust, Business Week, October 26, 1974, S. 85–86.
[42] Business Week: GE's New Strategy for Faster Growth, Business Week, July 8, 1972, S. 52–58.
[43] Business Week: The Semiconductor Becomes a New Marketing Force, Business Week, August 24, 1974, S. 34–42.
[44] Business Week: General Electric's „Stoplight Strategy" for Planning, Business Week, April 28, 1975, S. 49.
[45] Buzzell, R. D., B. T. Gale and R. G. M. Sultan: Market Share – A Key to Profitability, Harvard Business Review, January–February 1975, S. 97–106.
[46] Carbonnel, F. E., and R. G. Dorrance: Information Sources for Planning Decisions, California Management Review, Summer 1973, S. 42–53.
[47] Carleton, W. T., and J. V. Davis: Financing of Strategic Action. In: Ansoff, H. I., et al.: From Strategic Planning to Strategic Management, London–New York–Sydney–Toronto 1976, S. 145–160.
[48] Carter, E., and K. J. Cohen: Portfolio Aspects of Strategic Planning, Journal of Business Policy, Summer 1972, S. 8–30.
[49] Catry, B., and M. Chevalier: Market Share Strategy and the Product Life Cycle, Journal of Marketing, Vol. 38, October 1974, S. 29–34.
[50] Chandler, Jr., A. D.: Strategy and Structure: Chapters on the History of the American Industrial Enterprise, Cambridge, Mass. 1962.
[51] Channon, D. R.: The Strategy and Structure of British Enterprise, London 1973.
[52] Chevalier, M.: The Strategy Spectre Behind Your Market Share, European Business, Summer 1972, S. 63–72.
[53] Chevalier, M., and B. Catry: Don't Misuse Your Market Share Goal, European Business, Winter/Spring 1974, S. 43–50.
[54] Chevalier, M., and D. Zumino: Product Line Strategy, INSEAD, Research Paper Series No. 135, 1976.
[55] Clay, M. J.: Contingency Planning, Long Range Planning, April 1971, S. 70–73.
[56] Clifford Jr., D. K.: Managing the Threshold Company, New York 1973.
[57] Cohen, K. J., and R. M. Cyert: Strategy: Formulation, Implementation, and Monitoring, The Journal of Business, July 1973, S. 349–367.
[58] Conway, R. W., and A. J. Schultz: The Manufacturing Progress Function, Journal of Industrial Engineering, Vol. X, No. 1, January–February 1959, S. 39–53.

[59] Corey, E. R.: Key Options in Market Selection and Product Planning, Harvard Business Review, September–October 1975, S. 25–34.
[60] Corey, E. R., and S. H. Star: Organisation Strategy: A Marketing Approach, Cambridge 1971.
[61] Day, G. S.: Diagnosing the Product Portfolio, Journal of Marketing, Vol. 42, No. 2, 1977, S. 29–38.
[62] Dearden, J.: What's Wrong With Financial Control Systems, European Business, Summer 1971, S. 27–33.
[63] Dearden, J.: Limits on Decentralized Profit Responsibility, Harvard Business Review: Decentralized Management Series, Boston 1966, S. 135–143.
[64] von Deym, A., et al.: Organisationsplanung – Planung durch Kooperation, Siemens AG, 3. Auflage, Berlin–München 1977.
[65] Dierkes, M., und U. Kopmann: von der Sozialbilanz zur gesellschaftsbezogenen Unternehmenspolitik – Ansätze zu einem Management System for Social Goals, Betriebswirtschaftliche Forschung und Praxis, Vol. 26, No. 4, 1974.
[66] Dow Chemical: Annual Report, Midland, Michigan 1977.
[67] Drucker, P. F.: Management: Tasks, Responsibilities, Practices, New York 1974.
[68] Drucker, P. F.: Long Range Planning Means Risk-Taking. In: Ewing, D. W.: Long Range Planning for Management, New York–Evanston–London 1964.
[69] Drucker, P. F.: Managing for Results, London 1964.
[70] Drucker, P. F.: Sinnvoll Wirtschaften, Wien–Düsseldorf 1965.
[71] Dunst, K. H.: Konkurrenzanalyse. In: Marketing Enzyklopädie, Bd. 2, München 1974, S. 147–154.
[72] Enis, B. M., R. La Garce and A. E. Prell: Extending the Product Life Cycle, Business Horizon, June 1977, S. 46–56.
[73] Farrell Jr., J. L.: Homogeneous Stock Groupings – Implications for Portfolio Management, Financial Analysts Journal, May–June 1975, S. 50–62.
[74] Ferguson, R.: Active Portfolio Management, Financial Analysts Journal, May–June 1975, S. 63–72.
[75] Fisher, L.: Using Modern Portfolio Theory to Maintain an Efficiently Diversified Portfolio, Financial Analysts Journal, May–June 1975, S. 83–85.
[76] Flögel, H.: Konkurrenz-Analyse. In: Management Enzyklopädie, Bd. 3, München 1970, S. 926–933.
[77] Fogg, C. D.: Planning Gains in Market Share, Journal of Marketing, Vol. 38, July 1974, S. 30.
[78] Forsyth, W. E.: Strategic Planning in the 70's, Financial Executive,

October 1973, S. 96–102.
[79] Fortune: The Fortune Directory of the 500 Largest Industrial Corporations, Fortune, May 1974, S. 230–257.
[80] Fox, H. W.: A Framework for Functional Coordination, Atlanta Economic Review, Vol. 23, No. 6, 1973, S. 8–11.
[81] Fruhan Jr., W. E.: Pyrrhic Victories in Fights for Market Share, Harvard Business Review, September–October 1972, S. 100–107.
[82] Gälweiler, A.: Steuerung der Kostenhöhe und der Kostenstruktur durch strategische Planung, Deutsche Betriebswirtschaft, Heft 1, 1977, S. 67–75.
[83] Gälweiler, A.: Strategische Unternehmensplanung, Fortschrittliche Betriebsführung/Industrial Engineering, Heft 2, 1976, S. 67–72.
[84] Gälweiler, A.: Unternehmensplanung, Frankfurt/Main 1974.
[85] Gälweiler, A.: Unternehmenssicherung und strategische Planung, Zeitschrift für betriebswirtschaftliche Forschung 1976, S. 362–379.
[86] Gälweiler, A.: Wissen ersetzt nicht den Unternehmer, Frankfurter Allgemeine Zeitung, Blick durch die Wirtschaft, 23. 5. 1977, S. 3.
[87] Gale, B. T.: Market Share and Rate of Return, Review of Economics & Statistics, November 1972, S. 412–423.
[88] Gasser, C.: Die industrielle Unternehmung vor den Aufgaben der Zukunft, Industrielle Organisation, Heft 5, 1970, S. 191–202.
[89] Glueck, W. F.: Business Policy: Strategy Formation and Executive Action, New York, 1976.
[90] Gup, B. E.: Portfolio Theory – A Planning Tool, Long Range Planning, June 1977, S. 10–13.
[91] Gutenberg, E.: Grundlagen der Betriebswirtschaftslehre, erster Band: Die Produktion, 19. Auflage, Berlin–Heidelberg–New York 1972.
[92] Häusler, J.: Planung als Zukunftsgestaltung. In: Schriftenreihe des Berliner Arbeitskreises für Betriebliche Führungskräfte: Fortschrittliche Unternehmensführung, Band I, Wiesbaden 1969.
[93] Hahn, D., und weitere Mitglieder des Arbeitskreises „Langfristige Unternehmensplanung" der Schmalenbach-Gesellschaft: Strategische Planung, Zeitschrift für betriebswirtschaftliche Forschung, Heft 1, 1977, S. 1–20.
[94] Hammond, J. S.: A Note on the Boston Consulting Group Concept of Competitive Analysis and Corporate Strategy. In: Harvard Business School, Case No. 9–175–175, 1975.
[95] Hammond, J. S.: Note on the Use of Experience Curves in Competitive Decision Making. In: Harvard Business School, Case No. 9-175-174, 1975.
[96] Hedley, B.: Strategy and the Business Portfolio, Long Range Planning, February 1977, S. 9–15.

[97] Hedley, B.: A Fundamental Approach to Strategy Development, Long Range Planning, December 1976, S. 2–11.
[98] Hendersen, B. D.: Die Erfahrungskurve in der Unternehmensstrategie, Frankfurt 1974.
[99] Hiller, F. S., and G. J. Liebermann: Introduction to Operations Research, 3. Auflage, San Francisco–Cambridge–London–Amsterdam 1968.
[100] Hinterhuber, H. H.: Innovation und gesellschaftliche Entwicklung, Journal für Betriebswirtschaft, Februar 1976, S. 65–82.
[101] Hinterhuber, H. H.: Strategische Unternehmensführung, Berlin–New York 1977.
[102] Hirschmann, W. B.: Profit from the Learning Curve, Harvard Business Review, January–February 1964, S. 125–139.
[103] Hofer, C. W.: Some Preliminary Research on Patterns of Strategic Behavior, Academy of Management, Boston, August 1973.
[104] Hofer, C. W.: Toward a Contingency Theory of Business Strategy, Academy of Management Journal, December 1975, S. 784–810.
[105] Hofer, C. W.: Research on Strategic Planning: A Survey of Past Studies and Suggestions for Future Efforts, Journal of Economics and Business, Bd. 28, 1975/76, S. 261–286.
[106] Irwin, P. H.: Towards Better Strategic Management, Long Range Planning, December 1974, S. 64–67.
[107] Johnson, R. A., F. E. Kast, and J. E. Rosenzweig: The Theory and Management of Systems, New York et al. 1963.
[108] Keegan, W. J.: Productivity: Lessons from Japan, Long Range Planning, April 1975, S. 61–99.
[109] Kegelmann, J.: Unternehmensplanung in der Sackgasse, Frankfurter Allgemeine Zeitung, 15. 1., 19. 1., 21. 1., 22. 1. 1975, Teil 1, 2, 3, 4.
[110] Kerlikowsky, H.: Chemie, Spitzentanz der Elefanten, Die Zeit, 8. Juli 1977, S. 22.
[111] Kitching, J.: Why Do Mergers Miscarry, Harvard Business Review, November–December 1967, S. 84–101.
[112] Koch, H.: Wirtschaftsunruhe und Unternehmensplanung, Zeitschrift für betriebswirtschaftliche Forschung, 28. Jahrgang, Heft 6, 1976, S. 330–341.
[113] Kubicek, H., und N. Thom: Betriebliches Umsystem. In: Grochla, E., und W. Wittmann: Handwörterbuch der Betriebswirtschaft, 4. Auflage, Stuttgart 1976, S. 3978–4017.
[114] Kudla, R. J.: Elements of Effective Corporate Planning, Long Range Planning, August 1976, S. 82–93.
[115] Kühn, R.: Marketing-Audit: Ein Führungsinstrument, Die Unternehmung, 1977, S. 199–212.

## Literaturverzeichnis

[116] Lambin, J. J.: Advertising, Competition and Market Conduct in Oligopoly over Time, Amsterdam–Oxford 1976.
[117] Lintner, J.: The Valuation of Risk Assets and the Selection of Risky Investments in Stock Portfolios and Capital Budgets. In: Archer, S. H., and C. A. D'Ambrosio: The Theory of Business Finance, New York–London 1967, S. 671–713.
[118] Litschert, R. J.: The Structure of Long Range Planning Groups, Academy of Management Journal, March 1971, S. 33–43.
[119] Lorange, P.: Divisional Planning Setting Effective Direction, Sloan Management Review, Fall 1975, S. 77–91.
[120] Luhmann, N.: Zweckbegriff und Systemrationalität, Tübingen 1968.
[121] Manager Magazin: AEG-Telefunken: Langsam wieder aufwärts, Manager Magazin, 6. Juni 1977, S. 58–66.
[122] Manager Magazin: Führungssysteme: Hapag Lloyd AG – Talk Show für Steuermänner, Manager Magazin, November 1974, S. 95–100.
[123] Markowitz, H.: Portfolio Selection. In: Archer, S. H., and C. A. D'Ambrosio: The Theory of Business Finance, New York–London 1967, S. 588–601.
[124] McCaskey, M. B.: A Contingency Approach to Planning: Planning with Goals and Planning without Goals, Academy of Management Journal, February 1974, S. 281.
[125] Mead Corporate Planning Department: Investment Intensity a Major Business Problem, unveröffentlichtes internes Memorandum, 1976.
[126] Meffert, H.: Marketing-Einführung in die Absatzpolitik, 2. Auflage, Wiesbaden 1977.
[127] Mellerowicz, K.: Allgemeine Betriebswirtschaftslehre, Bd. III, 13. Auflage, Berlin 1971.
[128] Menz, W. D.: Die Profit Center Konzeption, Bern–Stuttgart 1973.
[129] Metaplan: Gesprächstechnik – Kommunikationswerkzeug für planende und lernende Gruppen, Metaplan-Reihe, Heft 2, 1973.
[130] Michael, G. C.: Product Petrification: A New Stage in the Life Cycle Theory, California Management Review, Vol. 14, Heft 1, 1971, S. 88 ff.
[131] Mockler, R. J.: Situational Theory of Management, Harvard Business Review, May–June 1971, S. 146–155.
[132] Mommsen, E. W.: Manpower mobil machen, Manager Magazin, Juni 1977, S. 120–126.
[133] Monsanto: Annual Report, St. Louis, Missouri 1977.
[134] Moose, S. O., and A. J. Zakon: Frontier Curve Analysis: As a Resource Allocation Guide, Journal of Business Policy, Spring 1972, S. 63–70.
[135] Moose, S. O., and A. J. Zakon: Divestment – Cleaning Up Your Portfolio, European Business, Autumn 1971, S. 19–26.

[136] Müller, H.: Portfolio Selection als Entscheidungsmodell deutscher Investmentgesellschaften, Wiesbaden 1970.
[137] Müller, P. F.: Contingency Planning, Speech given at the European Management Forum, Fifth Management Symposium, Davos, February 9, 1975.
[138] Murdick, R. G.: Nature of Planning and Plans. In: Basil, W. D.: Corporate Planning, Selected Concepts, London 1971, S. 39–51.
[139] Myers, P. F.: A Comparative Study of Corporate Long Range Planning and its Influence on the Management Practices of Several Large Electronics Companies. Unpublished Doctoral Dissertation, Harvard Business School, June 1966.
[140] Nagtegaal, H.: Wie überlebt mein Unternehmen, Wiesbaden 1977.
[141] Nowill, P.: The Impact of Company Characteristics on Business Level Profitability, Marketing Science Institute, Working Paper, July 1974.
[142] Oberkampf, V.: Systemtheoretische Grundlagen einer Theorie der Unternehmensplanung, Berlin 1976.
[143] O'Donnell, J.: An Open Letter to the President. Re.: Hiring a Corporate Planner, Personnel Journal, July 1973, S. 626–628.
[144] Peters, L.: Simultane Produktions- und Investitionsplanung mit Hilfe der Portfolio Selektion, Berlin 1971.
[145] Pilz, V. F.: Orientierungspunkte langfristiger Unternehmensplanung: Produkt Portfolio und Erfahrungskurven, Rationalisierung, 28. Jahrgang, Heft 2, 1977, S. 44–48.
[146] Pike, E. W.: A Note on „Learning Curves", American Statistical Association Journal, Vol. 64, December 1969, S. 70–73.
[147] Poensgen, O. H.: Geschäftsbereichsorganisation, Opladen 1973.
[148] Poensgen, O. H.: Geschäftsbereichsorganisation – Mode oder Muß, Journal für Betriebswirtschaft, Februar 1976, S. 103–109.
[149] Rapp, W. V.: Strategy Formulation and International Competition, Columbia Journal of World Business, Summer 1973, S. 98–112.
[150] Reguero, M. A.: An Economic Study of the Military Airframe Industry, Wright-Patterson Air Force Base, Ohio, October 1957.
[151] Ringbakk, K. A.: Strategic Planning in a Turbulent International Environment, Long Range Planning, June 1976, S. 2–11.
[152] Ringbakk, K. A.: Organised Corporate Planning Systems: An Empirical Study of Planning Practice and Experiences in American Big Business, Unpublished Doctoral Dissertation, University of Wisconsin, 1968.
[153] Rogers, C. D.: Essentials of Business Policy, New York–Evanston–San Francisco–London 1975.
[154] Rudwick, B. H.: Systems Analysis for Effective Planning, New York et al. 1969.

[155] Rue, L. W.: The How and Who of Long Range Planning, Business Horizon, December 1973, S. 23–30.
[156] Rüssmann, K. H.: Siemens-Forum – Olympischer Disput bei Siemens, Manager Magazin, April 1973, S. 60–62.
[157] Rumelt, R.: Strategy, Structure, and Economic Performance, Cambridge, Mass. 1974.
[158] Rytz, R., und A. Seiler: Strategie der Investitionsentscheide, Industrielle Organisation, Nr. 9, 1974, S. 374–380.
[159] Sallenave, J. P.: Experience Analysis for Industrial Planning, Lexington, Mass. 1976.
[160] Salveson, M. E.: The Management of Strategy, Long Range Planning, February 1974, S. 19–26.
[161] Schierz, J.: Strategische Planung – Nicht Kleckern, mehr Klotzen, Manager Magazin, März 1977, S. 82–84.
[162] Schierz, J.: Gewinnverantwortung im Profit Center – Das Ende einer Legende, unveröffentlichter Aufsatz, Düsseldorf, Dezember 1975, S. 1–16.
[163] Schierz, J.: Strategische Planung: Nicht mehr nach Gefühl entscheiden, Manager Magazin, Oktober (Teil 1)/November (Teil 2) 1974, S. 116–120/S. 82–87.
[164] Schlicksupp, H.: Kreative Ideenfindung in der Unternehmung – Methoden und Modelle, Berlin–New York 1977.
[165] Schneider, D.: Investition und Finanzierung, 2. verbesserte Auflage, Opladen 1971.
[166] Schnelle, E.: Informationsmarkt, unveröffentlichtes Manuskript, 1977.
[167] Schnelle, E.: Entscheidung im Management, Quickborn 1966.
[168] Schnelle, E.: Metaplanung – Zielsuche... Lernprozeß der Beteiligten und Betroffenen, Metaplan-Reihe, Heft 1, 1973.
[169] Schnelle, E.: Willensbildung in der Gruppe, unveröffentlichtes Manuskript, Quickborn 1977.
[170] Schnelle, E., und W. Schnelle: Zur Strategie des Planens in der Industrie, Kommunikation Vol. II, Heft 3, 1966, S. 132–151.
[171] Schnelle, E., und K. Schrader-Klebert: Organisation von Zentralstellen – Macht, Kontrolle, Kooperation, Metaplan-Reihe, Heft 5, 1973.
[172] Schnelle, W., und I. Stoltz: Interaktionelles Lernen – Leitfaden für die Moderation lernender Gruppen, Quickborn 1976.
[173] Schnelle-Cölln, T.: Visualisierung: die optische Sprache für problemlösende und lernende Gruppen, Metaplan-Reihe, Heft 6, 1974.
[174] Schoeffler, S.: Schoeffler-Cope Team Tells How PIMS Academic-Business Search for Basic Principles Can Get Line Managers into Strategic Planning, Marketing News, July 16 1976, S. 6–7.

[175] Schoeffler, S.: Key Impacts on Profitability, The Strategic Planning Institute, Cambridge, April 1974.
[176] Schoeffler, S.: Cross-Sectional Study of Strategy, Structure and Performance, Aspects of the PIMS Program, The Strategic Planning Institute, Cambridge, November 1975.
[177] Schoeffler, S., R. D. Buzzell, and D. F. Heany: Impact of Strategic Planning on Profit Performance, Harvard Business Review, March–April 1974, S. 137–145.
[178] Schrello, D. M.: Improving Your Competitive Position, Long Beach, Cal. 1974.
[179] Schwab, K.: Chancenmanagement, Düsseldorf 1976.
[180] Seidel, E.: Zur Bestimmung der Grenzen dezentraler Unternehmensführung, Journal für Betriebswirtschaft, Heft 3, 1976, S. 163–177.
[181] Sharpe, W. F.: Capital Asset Prices: A Theory of Market Equilibrium under Conditions of Risk. In: Archer, S. H., and C. A. D'Ambrosio: The Theory of Business Finance, New York–London 1967, S. 653–670.
[182] Sloan, P. A.: My Years with General Motors, New York 1964.
[183] Smith, A.: Wealth of Nations, Bd. I, II und III, New York, 1937.
[184] Sölter, A.: Kooperation und Wettbewerb, Rationalisierung, Heft 9, 1975., S. 206–208.
[185] Sölter, A.: Systematik der Unternehmenskooperation, Der Betrieb, Beilage Nr. 9/69 zu Heft Nr. 17, 25. April 1969, S. 1–12.
[186] Spiesshofer, M. J.: Iveco erwartet 1977 die dritte Umsatz-Milliarde, Rheinische Post, 9. September 1977.
[187] Springer, C. H.: Strategic Management in General Electric, Operations Research, November–December 1973, S. 1177–1182.
[188] Staehle, W. H.: Die Anreiz-Beitrags-Theorie als Ausgangspunkt empirischer Untersuchungen über das Zufriedenheitsniveau von Organisationsteilnehmern, Kommunikation, Vol. 1, 1969, S. 1–25.
[189] Staehle, W. H.: Situational Approach to Management, Management International Review, Vol. 16, 1976, S. 59–69.
[190] Staehle, W. H.: Kennzahlen und Kennzahlensysteme als Mittel der Organisation und Führung von Unternehmen, Wiesbaden 1969.
[191] Staehle, W. H.: Organisation und Führung sozio-technischer Systeme, Stuttgart 1973.
[192] Staehle, W. H.: Der Situative Ansatz in der Betriebswirtschaftslehre. In: Ulrich, H.: Zum Praxisbezug der Betriebswirtschaftslehre, Bern–Stuttgart 1976, S. 33–50.
[193] Staehle, W. H.: Das Du Pont-System und verwandte Konzepte der Unternehmenskontrolle. In: Börker, F., und E. Dichtl: Erfolgskontrolle im Marketing, Berlin 1975, S. 317–336.

[194] Steiner, G. A.: Pitfalls in Comprehensive Long Range Planning, Oxford, Ohio 1972.
[195] Steiner, G. A., and H. Schöllhammer: Pitfalls in Comprehensive Long Range Planning: A Comparative Multinational Survey. In: Proceedings of the Third International Conference of the International Affiliation of Planning Societies, Brussels, September 1973.
[196] Strategic Planning Institute: The PIMS Program, Cambridge 1976.
[197] Strategic Planning Institute: The PIMS Program – Selected Findings, Cambridge 1977.
[198] Taylor, M. L.: The Learning Curve – A Basic Cost Projection Tool, NAA-Bulletin, Vol. 42, February 1961, S. 21–26.
[199] Taylor, B.: Managing the Process of Corporate Development, Long Range Planning, June 1976, S. 81–100.
[200] Texas Instruments: Annual Report, Dallas, Texas 1976.
[201] Texas Instruments: Stockholders Meeting Report, Dallas, Texas, First Quarter 1977.
[202] Thanheiser, H. T.: Strategy and Structure of German Industrial Enterprise. Unpublished Doctoral Dissertation, Harvard Business School, Boston, March 1972.
[203] Thomas, P. S.: Environmental Analysis für Corporate Planning, Business Horizons, October 1974, S. 27–38.
[204] Tilles, S.: Making Strategy Explicit. In: Ansoff, H. I.: Business Strategy, Harmondsworth, England 1969, S. 180–212.
[205] Timmermann, M.: Strukturanpassung und Diversifikationsplanung, Zeitschrift für betriebswirtschaftliche Forschung, Kontaktstudium 29, S. 101–104.
[206] Tsurumi, Y.: The Japanese Are Coming, Cambridge, Mass. 1976.
[207] Vancil, R. F.: Strategy Formulation in Complex Organisations, Sloan Management Review, Winter 1976, S. 1–18.
[208] Vancil, R. F., and P. Lorrange: Strategic Planning in Diversified Companies, Harvard Business Review, January–February 1975, S. 81–90.
[209] Wasson, C. R.: Dynamic Competitive Strategy and Product Life Cycles, St. Charles, Ill. 1974.
[210] Waters, R. C.: The Impact of Technological Change on the Long-Run Costs of Selected Products, Unpublished Doctor's Dissertation, University of Southern California 1968.
[211] Weitzig, J. K.: Die Gesellschaftspolitische Verantwortung der Großunternehmen – Ein institutioneller Ansatz zur Entwicklung und Durchsetzung einer gesellschaftsbezogenen Unternehmenspolitik, bisher noch unveröffentlichte Dissertation, Darmstadt, Dezember 1977.

[212] White, J. M.: Uses of Learning Curve Theory in Settling Management Goals, The Journal of Industrial Engineering, November–December 1961, S. 409–411.
[213] Wild, J.: Grundlagen der Unternehmensplanung, Reinbek b. Hamburg 1974.
[214] Willard, W. R.: Portfolio Review, A. T. Kearney, internes Memorandum, January 26, 1977.
[215] Wirtschaftswoche: Bauelemente – Neid auf japanische Milliarden, Wirtschaftswoche, 1. Juli 1977, S. 46–47.
[216] Wirtschaftswoche: Unternehmensfinanzierung – Thesen zur Kapitalstruktur, Wirtschaftswoche, 14. Januar 1972, S. 22–26.
[217] Wittmann, W.: Unternehmung und unvollkommene Information, Köln–Opladen 1959.
[218] Wöhe, G.: Einführung in die Allgemeine Betriebswirtschaftslehre, 11. Auflage, München 1973.
[219] Woolley, K. M.: Experience Curves and Their Use in Planning, Unpublished Doctor's Dissertation, Stanford University 1972.
[220] Wrapp, H. E.: Organisation for Long Range Planning, Harvard Business Review, January–February 1957, S. 37–47.
[221] Wright, R. V. L.: Strategy Centers – A Contemporary Managing System, Arthur D. Little, Inc. Cambridge 1974.
[222] Wright, R. V. L.: A System for Managing Diversity, Arthur D. Little, Inc. Cambridge, December 1974.
[223] Wrigley, L.: Divisional Autonomy and Diversification, Unpublished Doctor's Dissertation, Harvard Business School, Boston 1970.
[229] Yoshihara: The Japanese Multinational, Long Range Planning, April 1977, S. 41–45.
[225] Zakon, A.: Growth and Financial Strategies, The Boston Consulting Group, Boston 1968.
[226] Die Zeit: Die 100 größten Industrieunternehmen in der Bundesrepublik, Die Zeit, 2. September 1977.
[227] Zettergren, L.: Financial Issues in Strategic Planning, Long Range Planning, June 1975, S. 23–32.
[228] Ziegenbein, K.: Der Boston-Effekt, Absatzwirtschaft, Dezember 1975, S. 72–75.
[229] Ziemer, D. R.: Quantifying Level of Investment in Growth and Renewal, Long Range Planning, August 1976, S. 2–17.
[230] Ziemer, D. R., und Maycock, P. D.: A Framework for Strategic Analysis, Long Range Planning, June 1973, S. 6–17.

# Sachregister

Abgrenzungskriterien
–, allgemeine 57
–, spezifische 61
Abnehmerbranche 57
Abnehmerklasse 57
Absatzmarktidentisch 134
Analyse, Cash Flow 112
–, Finanzierungspotential 113
–, Marktsegment- 63
–, Regressions- 80
–, SGF-Portfolio- 108
–, strategische Ausgangssituation 107
–, Umwelt- 29
–, Wettbewerbs- 132
Anbieter, Grenz- 124
–, nachrangiger 122
Anforderungsprofil 162
Anlagenportfolio 51
Anpassungszeitdauer 18
Anreizsystem 162
Anwendungsvoraussetzungen 141
Arbeitsorganisation 102
Attraktivität, Branchen- 100
–, Investitions- 101
–, Konsolidierungs- 140
–, Rohstoff- 101
–, soziale 102
Ausgabenkurve, kumulierte 70
Ausgangssituation, strategische 107

Bedarfsidentisch 134
Bestellhäufigkeit 84, 101
Bewertung 34, 104, 157
Bezugsverflechtungen 130
Branchenattraktivitäts-Geschäftsfeld-
 stärken-Matrix 100
Branchen-Portfolio 172, 175
Budget 17

Cash Flow, Analyse 112
–, Definition 94
Cash-Kuh 96, 99
Contingency-Plan 146

Daten, erforderliche 124
Detaillierungsgrad 17, 63
Diskontinuität 146

Distribution 102
Diversifikation 31, 51
Dividendenpolitik 113
Dysfunktionalität 92

Eigenkapitalrendite 116
Einarbeitungsphase 158
Einführungsphase 66
Eintrittswahrscheinlichkeit 48
Endrestwert 127
Erfahrungskurve 68, 69
Erfolgsfaktor 65
Erfolgspotential 37
Erfolgssicherung 14
Ernten 105, 106

F + E Aufwand, relativer 83
Feinplanung, strategische 121
Finanzierung, Außen- 113
–, Innen- 113
Finanzierungspotential 113
Flexibilitätserhöhung 15
Fortschritt, technischer 73
Frühwarnsystem 145
Führungskräfte 162
Führungsprozeß 35
Funktionsorientierung 58

Geschäftsbereichsleitung 151
Geschäftsfelder, strategische (SGF) 56
–, –, Abgrenzungskriterien 57, 61
–, –, Bildung 56
–, –, Definition 56
Geschäftsfeldstärke 102
Gewinn 45
Gewinn- und Verlustrechnung 34
Größenklasse 58
Gruppenarbeitsraum 162

Handlungsorientierungsphase 159
Hardware 57

Informationsmarkt 159
Innovationspotential 101
Institution, staatliche 27, 28
Integration, vertikale 86
Interaktionsprozeß 154

Interdependenzen 130
Investitionsattraktivität 101
Ist-Portfolio 179

Kapitalgeber 26, 28
Kapitalintensität 84
Kapitalrendite 47
Kapitalverzinsung 47
Kapitalwert 127
Kategorie, strategische 91
Kommunikationstechnik 156
Komplexitätsreduktion 15, 91
Konglomerat 52, 175
Konkurrent 27, 28
Konkurrenzanalyse 132
Konsolidierungsattraktivität 140
Kontrollsystem 143
Kooperation 137
Kooperationsverfahren 157, 160
Korrelationskoeffizient 49
Kostendegression 72
Kostenelemente 70, 73
Kosten-Erfahrungskurve 70, 71
Kostenplanung 79
Kostenstruktur 59
Kovarianz 49
Kunde 25, 28

Leistungskriterien 162
Lernkurve 68
Lernprozeß 129
Lieferant 26, 28
Lieferverflechtungen 130
Lineare Programmierung 128
Liquidität 112

Management Informationssystem 142
Marketing-Mix 103
Markowitz-Modell 47, 50
Markt 58
–, direkter 58
–, relevanter 58
Marktanteil, relativer (RMA) 75, 81
Marktanteils-Wachstums-Matrix 94
Markteintrittskosten 101
Marktführer 122
Marktgröße 100
Marktkomponente 59
Marktpositionsentwicklung 110, 111
Marktrisiko 100
Marktsegment-Analyse 63

Marktwachstum 78, 86, 100
Maßnahmen, strategische 122, 167
Motivationswirkung 42
Multiprodukt-Unternehmen 6, 42, 91

Nachwuchsprodukt 96
Normstrategie 91

Organisation 14, 148
Organisationsstruktur 31

PIMS-Modell 79
Plan-Portfolio 179
Planung, Erfolgs- 20, 34
–, Finanz- 20, 33
–, Langfrist- 20, 34
–, Liquiditäts- 34
–, operative 13, 17, 165
–, strategische 13, 17, 75, 165, 172
–, taktische 13, 17, 165
–, Unternehmens- 13, 39, 42
Planungsebene 54
Planungsfrist 17
Planungshorizont 18
Planungsinstanz 148, 153
Planungsmerkmale 13
Planungsmethode 19, 33
Planungsphase 19
Planungsprozeß 39, 155, 160
Planungsstab 151
Planungszeitraum 19
Planungs-Programming-Budgeting-System
   (PPBS) 20, 36
Portfolio, Anlagen- 51
–, Branchen- 172, 175
–, SGF- 107, 108, 112, 169
–, Wertpapier- 47
Portfolio Analyse 107
Portfolio Darstellung 90
Portfolio Kategorie 94, 100
Portfolio Management Konzeption 53, 89, 169
Portfolio Selektion 47
Preis, Stück- 73
Preiseinbruch 75
Preiselastizität 101
Preis-Erfahrungskurve 73, 74
Preisschirm 73
Problemlösungsklausur 157
Problemlösungsphase 158
Problemprodukt 96, 99
Produkt 57, 67

# Sachregister

Produktdefinition 58
Produktgleich 133
Produktgruppe 57, 67
Produktinnovation 58
Produktion 102
Produktionsverwandt 134
Produktivität 86
Produktkomponente 59
Produktlebenskurve 65
Produkt-Markt Kombination 59
Produkt-Portfolio 5
Produktqualität 82, 102
Produktstrategie 16
Produktstruktur 30
Produktsystem 25
Produktverwandt 133
Profit Center 42, 43, 44

Qualitätsklasse 58

Rationalisierung 73
Redezeitbegrenzung 156
Regionalstrategie 138
Regionalverflechtungen 138
Regressionsanalyse 80
Reifephase 66
Restriktionen 128
Return on Investment (ROI) 36, 80
Risikobewertung 48
Risikoerkenntnis 14
Rückgangsphase 66
Rohstoffattraktivität 101
Rückkopplung 35, 142

Sättigungsphase 66
Selektieren 105, 106
Selektionsverfahren 128
Service 57
SGF-Leitung 150
SGF-Portfolio 107, 108, 112, 169
SGF-Portfolio-Verflechtung 136
SGF-Strategie 121
Signal, schwaches 147
–, starkes 147
Simulationsmodell 129
Software 57
Soll-Portfolio 179
Sozialbilanz 20, 37
Stabilität (Preis) 75
Standardabweichung 48
Star 96, 99

Steuerungsgröße 45
Strategic Business Unit (SBU) 56, 61
Strategie, Anpassungs- 29
–, Norm- 91
–, Regional- 138
–, Veränderungs- 29
Strategieketten 54
Strategiekombination, alternative 126
–, Auswahl 128
Synergieeffekt 15
Synergiepotential 52, 117, 140
System, Gesamt- 14
–, Teil- 43
Systemorientierung 14

Technische Position 102

Umwelt 21
–, aufgabenspezifische 23, 28
–, globale 21
–, ökonomische 21
–, rechtlich-politische 22
–, sozio-kulturelle 23
–, technologische 22
Umweltanalyse 29
Umweltfaktoren 19
Unternehmensgröße 29, 85
Unternehmensleitung 151
Unternehmensplanung 13, 39, 42
Unternehmenssicherung 37

Verhaltensmuster, kategorie-spezifische 93, 99, 105
Verschuldungsgrad 116, 176
Verschuldungspolitik 116
Vertriebsorganisation 103
Vertriebsweg 58, 102
Voraussetzungen, technische 160
Vorkopplung 35, 142
Visualisierung 156

Wachsen 105, 106
Wachstumsphase 66
Wertpapier-Portefeuille (Portfolio) 47
Wertschöpfungsanteil 69
Wettbewerbsanalyse 132
Wettbewerbsstrategie 136
Wettbewerbsverflechtungen 131
Willensbildung 154
Wirkungsreichweite 18

Zielorientierung 14